Emmanuel KANT

CRITIQUE
DE
LA RAISON PRATIQUE

précédée

des Fondements de la métaphysique des mœurs.

Traducteur : Jules BARNI

ebouquin

Mentions légales

© 2020 Emmanuel KANT
Éditeur : BOD-Books on Demand
12-14 rond-point des Champs-Élysées, 75008 Paris
Impression : Books on Demand, Norderstedt, Allemagne.
ISBN : 9782322211524
Dépôt légal : 04/2020

FONDEMENTS
DE
LA METAPHYSIQUE DES MŒURS

Source

Ce livre est extrait de la bibliothèque numérique Wikisource et les illustrations de Wikimedia Commons, la médiathèque libre.

Cette œuvre est mise à disposition sous licence Attribution – Partage dans les mêmes conditions 3.0 non transposé. Pour voir une copie de cette licence, visitez :

http://creativecommons.org/licenses/by-sa/3.0/ or send a letter to Creative Commons, PO Box 1866, Mountain View, CA 94042, USA.

Préface

La philosophie grecque se divisait en trois sciences la *physique*, l'*éthique* et la *logique*. Cette division est parfaitement conforme à la nature des choses ; il ne reste qu'à y ajouter le principe sur lequel elle se fonde, afin de s'assurer, d'une part, qu'elle est complète, et de pouvoir, de l'autre, déterminer exactement les subdivisions nécessaires.

Toute connaissance rationnelle est ou matérielle ou formelle. Dans le premier cas, elle considère quelque objet ; dans le second, elle ne s'occupe que de la forme de l'entendement et de la raison même, et des règles universelles de la pensée en général, abstraction faite des objets. La philosophie formelle s'appelle logique. La philosophie matérielle, qui s'occupe d'objets déterminés et des lois auxquelles ils sont soumis, est double ; car ces lois sont un des lois do la nature ou des lois de la *liberté*. La science des lois de la nature s'appelle *physique* ; celle des lois de la liberté, *éthique*. On appelle encore la première *philosophie naturelle*, et la seconde *philosophie morale*[1].

La logique ne peut avoir de partie empirique, c'est-à-dire de partie où les lois universelles et nécessaires de la pensée reposeraient sur des principes dérivés de l'expérience ; car autrement elle ne serait plus la logique, c'est-à-dire un canon pour l'entendement ou la raison, applicable à toute pensée et susceptible de démonstration. An contraire la philosophie naturelle et la

---

[1] Les expressions *philosophie naturelle* et *philosophie morale*, dont je me sers ici comme d'équivalents pour rendre *Naturlehre* et *Sittenlehre* littéralement *doctrine de la nature* et *doctrine des mœurs*, sont employées un peu plus bas par Kant lui-même, comme synonymes de ces dernières. J. B.

philosophie morale ont chacune leur partie empirique, puisque la première doit déterminer les lois de la nature, en tant qu'objet d'expérience, c'est-à-dire les lois de tout ce qui arrive, et la seconde les lois de la volonté de l'homme, en tant qu'elle est affectée par la nature, c'est-à-dire les lois de ce qui doit être fait, mais de ce qui souvent aussi ne l'est pas, à cause de certaines conditions dont il faut tenir compte.

On peut appeler *empirique* toute philosophie qui s'appuie sur des principes de l'expérience, et *pure*, celle qui tire ses doctrines de principe *à priori*. Lorsque cette dernière est simplement formelle, elle prend le nom de *logique* ; mais si elle est restreinte à des objets déterminés de l'entendement elle s'appelle *métaphysique*

Nous sommes ainsi conduits à l'idée d'une double métaphysique d'une *métaphysique de la nature* et d'une *métaphysique des mœurs*. La physique a en effet, outre sa partie empirique, sa partie rationnelle. De même de l'éthique. Mais on pourrait désigner particulièrement sous le nom d'*anthropologie pratique* la partie empirique de cette dernière science et réserver spécialement celui de morale pour la partie rationnelle.

Toutes les professions, tous les métiers et tous les arts ont gagné à la division du travail. En effet, dès que chacun, au lieu de tout faire, se borne à un certain genre particulier de travail, il peut le pousser au plus haut degré de perfection et le faire avec beaucoup plus de facilité. Là au contraire où les travaux ne sont pas distingués et divisés, où chacun fait tous les métiers, tous restent dans la plus grande barbarie. La philosophie pure n'exigerait-elle pas, pour chacune de ses parties, un homme spécial : et, si ceux qui ont coutume d'offrir au public, conformément à son goût, un mélange d'éléments empiriques et d'éléments rationnels, combinés d'après toutes sortes de rapports qu'eux-mêmes ne connaissent pas, si ces hommes, qui s'arrogent le titre de penseurs et traitent de subtils tous ceux qui s'occupent de la partie purement rationnelle de la science, comprenaient qu'il ne faut pas entreprendre à la fois deux choses qui ne s'obtiennent pas de la même manière, mais dont chacune demande peut-être un talent particulier, et qu'un même individu ne peut réunir sans se montrer en toutes deux un méchant ouvrier, n'en résulterait-il pas de grands avantages pour l'ensemble de la science ? C'est une question qui ne serait certainement pas indigne d'examen. Mais je me borne ici à demander si la nature de la science n'exige pas qu'on sépare toujours soigneusement la partie empirique de la partie rationnelle, et qu'on place avant la physique proprement dite la physique empirique ; une métaphysique de la nature, et avant l'anthropologie pratique une métaphysique des mœurs, de telle sorte qu'en écartant scrupuleusement tout élément empirique, on sache ce que peut la raison pure dans les deux cas, et à quelles sources elle puise elle-même ses données *à priori*, que cette dernière tâche soit d'ailleurs entreprise par tous les moralistes (dont le nom est Légion), ou par ceux-là seulement qui s'y sentent appelés.

N'ayant ici en vue que la philosophie morale, je restreins encore la question. et je demande s'il n'est pas de la plus haute nécessité d'entreprendre une philosophie morale pure, qui serait entièrement dégagée de tout élément empirique et appartenant à l'anthropologie ; car qu'il doive y avoir une telle philosophie, c'est ce qui résulte clairement de l'idée commune du devoir et de la loi morale. Tout le monde conviendra qu'une loi, pour avoir une valeur morale, c'est-à-dire pour fonder une obligation. doit être marquée d'un caractère de nécessité absolue ; que ce commandement : « Tu ne dois point mentir, » ne s'adresse pas seulement aux hommes, mais que les autres êtres raisonnables devraient aussi le respecter ; qu'il en est de même de toutes les autres lois morales particulières ; que, par conséquent, le principe de l'obligation ne doit pas être cherché dans la nature de l'homme ni dans les circonstances extérieures où il se trouve placé, mais seulement *à priori* dans des concepts de la raison pure, et que tout autre précepte, fondé sur des principes de l'expérience, fût-il universel en un sens, par cela qu'il s'appuie, si peu que ce soit, même par un seul mobile, sur des principes empiriques, peut bien être appelé règle pratique, mais jamais loi morale.

Ainsi les lois morales et leurs principes se distinguent essentiellement, dans l'ensemble de la connaissance pratique, de tout ce qui peut contenir quelque élément empirique, et même toute philosophie morale repose uniquement sur sa partie pure. Appliquée à l'homme, elle n'emprunte pas la moindre chose à la connaissance de l'homme même (à l'anthropologie), mais elle lui donne des lois *à priori*, comme à un être raisonnable. Seulement il faut un jugement exercé par l'expérience pour discerner, d'une part, dans quels cas ces lois doivent être appliquées, et pour leur procurer, de l'autre, un accès facile auprès de la volonté de l'homme, et une influence efficace sur sa conduite, car cette volonté est affectée par tant d'inclinations, que, si elle est capable de concevoir l'idée d'une raison pure pratique, il ne lui est pas si facile de la réaliser *in concreto* dans le cours de la vit.

Une métaphysique des mœurs est donc indispensablement nécessaire, non seulement parce qu'elle répond à un besoin de la spéculation, en recherchant la source des principes pratiques, qui résident *à priori* dans notre raison. mais parce que la moralité même est exposée à toute sorte de corruption, si nous n'avons, pour la juger exactement, ce fil conducteur et cette règle suprême. En effet, pour qu'une action soit moralement bonne, il ne suffit pas qu'elle soit conforme à la loi morale, mais il faut qu'elle soit faite *en vue de cette loi* ; autrement il n'y aurait là qu'une conformité accidentelle et variable. car si un principe, qui n'est pas moral, produit parfois des actions légitimes, il en produira souvent aussi d'illégitimes. Or. s'il n'y a qu'une philosophie pure qui puisse nous montrer la loi morale dans toute sa pureté (ce qui est la chose essentielle dans la pratique), il faut donc commencer par là (par la métaphysique), et sans ce fondement il ne peut y avoir de philosophie morale. Celle même qui mêle les principes purs avec les principes empiriques ne mérite pas le nom de philosophie (car la philosophie ne se distingue justement de la connaissance rationnelle vulgaire, qu'en faisant une science a part de ce que celle-ci ne conçoit que d'une manière complexe), et bien moins encore celui de philosophie morale, puisque, par ce mélange, elle altère la pureté de la moralité même et va contre son propre but.

Il ne faut pas croire d'ailleurs quoiqu'on demande ici se trouve déjà dans la propédeutique que le célèbre *Wolf* a placée en tête de sa philosophie morale, sous le titre de *philosophie pratique générale*, et qu'il n'y ait pas à ouvrir ici un champ tout à fait nouveau. Précisément parce qu'il s'agissait d'une philosophie pratique générale, il n'y examine aucune volonté d'une espèce particulière, par exemple une volonté capable d'être déterminée uniquement par des principes *à priori* et indépendamment de tout mobile empirique, mais il y traite de la volonté en général, ainsi que de toutes les actions et de toutes les conditions qui se rapportent à la volonté ainsi considérée. Par conséquent, cette propédeutique se distingue d'une métaphysique des mœurs, comme la logique générale, qui traite des opérations et des règles de la pensée *en général*, se distingue de la philosophie transcendentale, qui étudie les opérations particulières et les règles de la pensée *pure*, c'est-à-dire de la pensée par laquelle des objets sont connus tout a fuit *à priori*. La métaphysique des mœurs doit examiner l'idée et les principes d'une volonté pure possible, et non les actions et les conditions de la volonté humaine en général, lesquelles sont tirées en grande partie de la psychologie. Que dans la philosophie pratique générale, l'on parle aussi quoiqu'à tort) de lois morales et de devoir, cela ne prouve rien contre mon opinion. En effet, les auteurs de cette science se montrent en cela même fidèles à l'idée qu'ils s'en font. Ils ne distinguent pas les motifs qui nous doivent être présentés *à priori* par la raison, et sont véritablement moraux, d'avec les motifs empiriques, que l'entendement érige en concepts généraux par la comparaison des expériences ; mais, sans songer à la différence des sources d'où dérivent ces motifs, ils n'en considèrent que la plus ou moins grande quantité puisque tous sont de la même espèce à leurs yeux), et ils forment ainsi leur concept d'*obligation*. Ce concept, assurément, n'est rien moins que moral, mais c'est le seul qu'on puisse obtenir dans une philosophie qui néglige l'*origine* de tous les concepts pratiques possibles et ne s'inquiète pas de savoir s'ils sont *à priori* ou seulement *a posteriori*.

Or, ayant dessein de donner plus tard une métaphysique des mœurs, je fais d'abord paraître ces fondements. A la vérité il n'y a d'autres fondements de la métaphysique des mœurs qu'une *critique de la raison pure pratique*, de même que la critique de la raison pure spéculative, que j'ai déjà publiée, sert de base à la métaphysique de la nature. Mais d'abord celle-là n'est pas aussi absolument nécessaire que celle-ci. parce que, dans les choses morales, la raison humaine, même la plus vulgaire, peut arriver aisément à un haut degré d'exactitude et de développement, tandis qu'au contraire, dans son usage théorique mais pur, elle est entièrement dialectique. Et puis, pour que la critique de la raison pure pratique soit complète, il faut qu'on puisse montrer l'union de la raison pratique avec la raison spéculative en un principe commun car en définitive il ne peut y avoir qu'une seule et même raison, dont les applications seules sont distinctes. Or je ne pourrais aller si loin sans entrer ici dans des considérations d'un tout autre ordre et sans embrouiller le lecteur. C'est pourquoi, au lieu du titre de *critique de la raison pratique*, je me suis servi de celui de *fondements de la métaphysique des mœurs*. Enfin, comme une métaphysique des mœurs, quelque effrayant que soit ce titre, peut recevoir aisément une forme populaire et appropriée au sens commun, il m'a paru bon d'en détacher ce travail préliminaire, où en sont posés les fondements, afin de préparer le lecteur aux choses subtiles et aux difficultés, inévitables en pareille matière.

Ces fondements ne sont autre chose que la recherche et l'établissement du principe suprême de la moralité, ce qui constitue un travail tout particulier et qui doit être séparé de toute autre étude morale. Il est vrai que mes assertions sur cette importante question, qui n'a pas été traitée jusqu'ici d'une manière satisfaisante, recevraient une vive lumière de l'application du principe à tout le système et seraient grandement confirmées par ce caractère de principe suffisant qu'il montre partout ; mais j'ai dû renoncer à cet avantage, qui au fond serait plutôt personnel que général, parce que la facile application d'un principe et le caractère de principe suffisant, qu'il peut avoir en apparence, ne nous donnent pas une preuve entièrement assurée de son exactitude, mais excitent au contraire en nous une certaine partialité, qui nous empêche de l'examiner sévèrement en lui-même et indépendamment des conséquences.

J'ai suivi dans cet écrit lu méthode que j'ai jugée la plus convenable, lorsqu'on veut s'élever analytiquement de la connaissance vulgaire à la détermination du principe suprême sur lequel elle se fonde, et ensuite redescendre synthétiquement de l'examen de ce principe et de ses sources à la connaissance vulgaire, où l'on en trouve l'application. Je le diviserai donc de la manière suivante ;

1. *Première section :* Passage de la connaissance morale de la raison commune à la connaissance philosophique.

2. *Seconde section* : Passage de la philosophie morale populaire à la métaphysique des mœurs.

3. *Troisième section :* Dernier pas qui conduit de la métaphysique des mœurs a la critique de la raison pure pratique.

Première section
Passage de la connaissance rationnelle commune de la moralité à la connaissance philosophique

De tout ce qu'il est possible de concevoir dans le monde, et même en général en dehors du monde, il n'y a qu'une seule chose qu'on puisse tenir pour bonne sans restriction, c'est une bonne volonté. L'intelligence, la finesse, le jugement, et tous les *talents* de l'esprit, ou le courage, la résolution, la persévérance, comme qualités du *tempérament*, sont sans doute choses bonnes et désirables à beaucoup d'égards ; mais ces dons de la nature peuvent aussi être extrêmement mauvais et pernicieux, lorsque la volonté, qui en doit faire usage et qui constitue ainsi essentiellement ce qu'on appelle le *caractère*, n'est pas bonne. Il en est de même des *dons de la fortune*. Le pouvoir, la richesse, l'honneur, la santé même, tout le bien-dire, et ce parfait contentement de son état qu'on appelle le *bonheur*, toutes ces choses nous donnent une confiance en nous, qui dégénère même souvent en présomption, lorsqu'il n'y a pas là une bonne volonté pour empêcher qu'elles n'exercent une fâcheuse influence sur l'esprit, et pour ramener toutes nos actions à un principe universellement légitime. Ajoutez d'ailleurs qu'un spectateur raisonnable et désintéressé ne peut voir avec satisfaction que tout réussisse a un être que ne décore aucun trait de bonne volonté, et qu'ainsi la bonne volonté semble être une condition indispensable pour mériter d'être heureux

Il y a même des qualités qui sont favorable à cette bonne volonté et peuvent rendre son action beaucoup plus facile, mais qui n'ont, malgré cela, aucune valeur intrinsèque absolue, car elles supposent toujours une bonne volonté qui restreint l'estime, que nous leur accordons justement d'ailleurs, et ne nous permet pas de les tenir pour absolument bonnes. La modération dans les affections et les passions, l'empire de soi et le sang-froid ne sont pas seulement des qualités bonnes à quelques égards, mais ces qualités semblent même constituer une partie de la valeur *intrinsèque* de la personne ; pourtant il s'en faut de beaucoup qu'on puisse les considérer comme bonnes sans restriction (quoique les anciens leur aient accordé une valeur absolue. En effet, sans les principes d'une bonne volonté, elles peuvent devenir très-mauvaises, et le sang-froid d'un scélérat ne le rend pas seulement beaucoup plus dangereux, mais il nous le fait aussi paraître immédiatement plus méprisable encore.

La bonne volonté ne tire pas sa bonté de ses effets ou de ses résultats, ni de son aptitude à atteindre tel ou tel but proposé, mais seulement du vouloir, c'est-à-dire d'elle-même, et, considérée en elle-même, elle doit être estimée incomparablement supérieure a tout ce qu'on peut exécuter par elle au profit de quelque penchant, ou même de tous les penchants réunis. Quand un sort contraire ou l'avarice d'une nature marâtre priveraient cette volonté de tous les moyens d'exécuter ses desseins quand ses plus grands efforts n'aboutiraient à rien, et quand il ne resterait que la bonne volonté toute seule (et je n'entends point par là un simple souhait, mais l'emploi de tous les moyens qui sont en notre pouvoir), elle brillerait encore de son propre éclat, comme une pierre précieuse, car elle tire d'elle-même toute sa valeur. L'utilité ou l'inutilité ne peut rien ajouter ni rien ôter à cette valeur. L'utilité n'est guère que comme un encadrement qui peut bien servir à faciliter la vente d'un tableau, ou à attirer sur lui l'attention de ceux qui ne sont pas assez connaisseurs, mais non à le recommander aux vrais amateurs et à déterminer son prix.

Cependant il y a dans cette idée de la valeur absolue qu'on attribue à la simple volonté, sans tenir aucun compte de l'utilité, quelque chose de si étrange, que, encore qu'elle soit parfaitement conforme à la raison commune, on est naturellement conduit à se demander s'il n'y a pas ici quelque illusion de l'imagination produite par un faux enthousiasme, et si nous ne nous trompons pas en interprétant ainsi le but pour lequel la nature a soumis notre volonté au gouvernement de la raison. C'est pourquoi nous allons examiner cette idée, en nous plaçant à ce point de vue.

Quand nous considérons la constitution naturelle d'un être organisé, c'est-à-dire d'un être dont la constitution a la vie pour but, nous posons en principe que dans cet être il n'y a pas d'organe qui ne soit le plus propre à la fin pour laquelle il existe. Or, si, en donnant à un être la raison et la volonté, la nature n'avait eu pour but que la *conservation*, le *bien-être*, en un mot le *bonheur* de cet être, elle aurait bien mal pris ses mesures, en confiant à la raison de sa créature le soin de poursuivre ce but. En effet, toutes les actions que cette créature doit faire dans ce but, tout le système de conduite qu'elle doit suivre pour y arriver, l'instinct les lui révélerait avec bien plus d'exactitude, et le but de la nature serait bien plus sûrement atteint par ce moyen qu'il ne peut l'être par la raison. Ou si la créature la plus favorisée devait recevoir en outre le privilège de la raison, cette faculté n'aurait dû lui servir que pour contempler les heureuses dispositions de sa nature. les admirer, s'en réjouir et en rendre grâces à la cause bienfaisante qui les lui aurait données, et non pour soumettre sa faculté de désirer à ce guide faible et trompeur, et empiéter sur l'œuvre de la nature. En un mot, la nature aurait empêché que la raison ne servit à un usage pratique, et n'eut la présomption de découvrir, avec sa faible vue, tout le système du bonheur et des moyens d'y parvenir. Elle ne nous aurait pas seulement enlevé le choix des fins, mais aussi celui des moyens, et elle aurait sagement confié l'un et l'autre à l'instinct.

Et dans le fait nous voyons que plus une raison cultivée s'applique à la recherche des jouissances de la vie et du bonheur, moins l'homme est véritablement satisfait. De là, chez la plupart de ceux qui se montrent les plus raffinés en matière do jouissances, un certain dégoût de la raison[2]. En effet, après avoir pesé tous les avantages qu'on peut retirer, je ne dis pas seulement de l'invention des arts de luxe, mais même des sciences (qui ne leur paraissent être en définitive qu'un luxe de l'entendement), ils trouvent en dernière analyse qu'ils se sont donné plus de peine qu'ils n'ont recueilli de bonheur, et ils finissent par sentir plus d'envie que de mépris pour le vulgaire, qui s'abandonne davantage à la direction de l'instinct naturel et n'accorde à la raison que peu d'influence sur sa conduite. Or, loin d'accuser de mécontentement ou d'ingratitude envers la bonté de la cause qui gouverne le monde ceux qui rabaissent si fort et regardent même comme rien les prétendus avantages que la raison peut nous procurer relativement au bonheur de la vie, il faut reconnaître que ce jugement a son principe caché dans cette idée que notre existence a une fin tout autrement noble, que la raison est spécialement destinée à l'accomplissement de cette fin, et non à la poursuite du bonheur, et que l'homme y doit subordonner en grande partir ses fins particulières, comme à une condition suprême.

En effet, si la raison ne suffit pas à diriger sûrement la volonté dans le choix de ses objets et dans la satisfaction de tous nos besoins (qu'elle-même

---

[2] Misologie.

multiplie souvent), s'il faut reconnaître que ce but aurait été beaucoup plus sûrement atteint au moyen d'un instinct naturel, et si néanmoins la raison nous a été départie, comme une faculté pratique, c'est-a-dire comme une faculté qui doit avoir de l'influence sur la volonté, il faut, puisqu'on voit partout ailleurs dans les dispositions du lu nature une parfaite appropriation des moyens aux fins, que sa vraie destination soit de produire une volonté *bonne*, non pas comme *moyen* pour quelque but étranger, mais *en soi*, ce qui exige nécessairement la raison. Cette bonne volonté peut sans doute n'être pas le seul bien, le bien tout entier, mais elle doit être regardée comme lu bien suprême et la condition à laquelle doit être subordonné tout autre bien, tout désir même du bonheur. Il n'y a rien là qui ne s'accorde parfaitement avec la sagesse de la nature et, si l'on voit que la culture de la raison, exigée par le premier but, qui est inconditionnel, restreint de diverses manières, et peut même réduire à rien, du moins dans cette vie, la poursuite et la possession du second but qui est toujours conditionnel, le bonheur, il ne faut pas croire que la nature agisse en cela arbitrairement à son dessein car la raison, reconnaissant que sa suprême destination pratique est de fonder une bonne volonté, ne peut trouver que dans l'accomplissement de cette destination la satisfaction qui lui est propre, c'est-à-dire celle que procure, quand on l'atteint, le but qu'elle seule détermine, cette satisfaction fût-elle liée d'ailleurs à quelque point de l'inclination contrariée dans ses fins.

Il s'agit donc de développer le concept d'une volonté bonne en soi et indépendamment de tout but ultérieur, ce concept que nous avons toujours en vue dans l'estime que nous faisons de la valeur morale de nos actions, et qui est la condition à laquelle nous devons tout rapporter ; c'est-a-dire il s'agit de développer ce qui est déjà naturellement contenu dans toute saine intelligence, car ce concept a moins besoin d'être enseigné qu'expliqué. Pour cela, nous prendrons le concept du *devoir*, qui contient celui d'une bonne volonté. Il est vrai que le premier implique certaines restrictions et certains obstacles subjectifs ; mais ces restrictions et ces obstacles, loin d'étouffer le second et de le rendre méconnaissable, le font au contraire ressortir par le contraste et le rendent d'autant plus éclatant.

Je laisse ici de côté, toutes les actions qu'on juge d'abord contraires au devoir, quoiqu'elles puissent être utiles dans tel ou tel but ; car pour ces actions il ne peut être question de savoir si elles ont été faites *par devoir*, puisqu'elles ont au contraire pour caractère d'être opposées au devoir. Je laisse aussi de côté les notions, qui sont réellement conformes au devoir, mais pour lesquelles les hommes n'ont *aucune inclination* directe, et qu'ils n'accomplissent que parce qu'ils y sont poussés par une autre inclination ;

car il est facile en cette rencontre de distinguer si l'action conforme au devoir est faite par devoir ou par intérêt personnel. Cette distinction est beaucoup plus difficile, lorsque l'action est conforme au devoir et qu'en outre le sujet y a une inclination *immédiate*.

Par exemple, il est sans doute conforme au devoir qu'un marchand ne surfasse pas sa marchandise aux acheteurs inexpérimentés ; et, quand il fait un grand commerce, le marchand sage ne surfait jamais, mais il a un prix fixe pour tout le monde, en sorte qu'un enfant peut acheter chez lui tout aussi bien qu'un autre. On est donc *loyalement* servi, mais cela ne suffit pas pour croire que le marchand agit ainsi par devoir et d'après des principes de probité ; son intérêt l'exigeait car il ne peut être ici question d'inclination immédiate, et l'on ne peut supposer en lui une sorte d'amour pour tous ses chalands qui l'empêcherait de traiter l'un plus favorablement que l'autre. Voilà donc une action qui n'a été faite ni par devoir, ni par inclination immédiate, mais seulement par intérêt personnel.

Au contraire, si c'est un devoir de conserver sa vie, c'est aussi une chose à laquelle chacun est porté par une inclination immédiate. Or c'est précisément ce qui fait que ce soin, souvent si plein d'anxiété, que la plupart des hommes prennent de leur vie, n'a aucune valeur intrinsèque, et que leur maxime à ce sujet n'a aucun caractère moral. Ils conservent leur vie *conformément au devoir* sans doute, mais non pas par devoir. Mais que des malheurs et un chagrin sans espoir ôtent à un homme toute espace de goût pour la vie si ce malheureux, fort de caractère, plutôt irrité de son sort qu'abattu ou découragé, conserve la vie. sans l'aimer, et tout en souhaitant la mort, et ainsi ne la conserve ni par inclination ni par crainte, mais par devoir, alors sa maxime aura un caractère moral.

Être bienfaisant, lorsqu'on le peut, est un devoir, et, de plus, il y a certaines âmes si naturellement sympathiques, que, sans aucun motif de vanité ou d'intérêt, elles trouvent une satisfaction intérieure à répandre la joie autour d'elles, et jouissent du bonheur d'autrui, en tant qu'il est leur ouvrage. Mais je soutiens que dans ce cas l'action, si conforme au devoir, si aimable qu'elle soit, n'a pourtant aucune vraie valeur morale, et qu'elle va de pair avec les autres inclinations, par exemple avec l'ambition qui, lorsque, par bonheur, elle a pour objet une chose d'intérêt public, conforme au devoir, et, par conséquent, honorable, mérite dos éloges et des encouragements, mais non pas notre respect car la maxime manque alors du caractère moral, qui veut qu'on agisse *par devoir* et non par inclination. Supposez maintenant qu'un de ces hommes bienfaisants soit accablé par un chagrin personnel, qui éteigne en son cœur toute compassion pour le malheur d'autrui, et qu'ayant toujours le pouvoir de soulager les malheureux, sans être touché par leur malheur, tout absorbé qu'il est par le sien, il s'arrache à cette morne insensibilité pour venir à leur secours, quoiqu'il n'y soit poussé par aucune inclination, mais parce que cela est un devoir, sa conduite alors a une véritable valeur morale. Je dis plus si le cœur d'un homme n'était naturellement doué que d'un faible degré de sympathie si cet homme (honnête d'ailleurs) était froid et indifférent aux souffrances d'autrui, par tempérament, et peut-être aussi parce que, sachant lui-même supporter ses propres maux avec courage et patience, il supposerait dans les autres ou exigerait d'eux la même force ; si enfin la nature n'avait pas précisément travaillé à faire de cet homme qui ne serait certainement pas son plus mauvais ouvrage, un philanthrope, ne trouverait-il pas en lui un moyen de se donner à lui-même une valeur bien supérieure à celle que lui donnerait un tempérament compatissant ? Sans doute ! Et c'est ici précisément qu'éclate la valeur morale du caractère, la plus haute de toutes sans comparaison, celle qui vient de ce qu'on fait le bien, non par inclination, mais par devoir.

Assurer son propre bonheur est un devoir du moins indirect, car celui qui est mécontent de son état peut aisément se laisser aller au milieu des soucis et des besoins qui le tourmentent, à la *tentation de transgresser ses devoirs*. Mais aussi, indépendamment de la considération du devoir, tous les hommes trouvent en eux-mêmes la plus puissante et la plus profonde inclination pour le bonheur, car cette idée du bonheur contient et résume en somme toutes leurs inclinations. Seulement les préceptes qui ont pour but le bonheur ont, la plupart du temps, pour caractère de porter préjudice et quelques inclinations, et d'ailleurs l'homme ne peut se faire un concept déterminé et certain de cette somme de satisfaction de tous ses penchants qu'il désigne sous le nom de bonheur. Aussi ne faut-il pas s'étonner qu'une seule inclination, qui promet quelque chose de déterminé, et peut être satisfaite à un moment précis, puisse l'emporter sur une idée incertaine ; qu'un goutteux, par exemple, puisse se dérider à jouir de tout ce qui lui plait, quoiqu'il doive souffrir, et que, d'après sa manière d'évaluer les choses, au moins dans cette circonstance, il ne croie pas devoir sacrifier la jouissance du moment présent à l'espoir, peut-être vain, du bonheur que donne la santé. Mais, quand même ce penchant, qui porte tous les hommes à chercher leur bonheur, ne déterminerait pas su volonté, quand même la santé ne serait pas, pour lui du moins, une chose dont il fut si nécessaire de tenir compte dans ses calculs, il resterait encore, dans ce cas, comme dans tous les autres, une loi, celle qui commande de travailler à son bonheur, non par inclination, mais par devoir, et c'est par là seulement que sa conduite peut avoir une vraie valeur murale.

C'est ainsi sans doute qu'il faut entendre les passages de l'Écriture, où il est ordonné d'aimer son prochain et même son ennemi. En effet, l'amour, comme inclination, ne se commande pas, mais faire le bien par devoir, alors même qu'aucune inclination ne nous y pousse, ou qu'une répugnance naturelle et insurmontable nous en éloigne, c'est là un amour *pratique* et non un amour pathologique, un amour qui réside dans la volonté et non dans un penchant de la sensibilité, dans les principes qui doivent diriger la conduite et non dans celui d'une tendre sympathie, et cet amour est le seul qui puisse être ordonné.

Ma seconde proposition[3] est qu'une action faite par devoir ne tire pas sa valeur morale du but qu'elle doit atteindre, mais de la maxime qui la détermine, et que, par conséquent, cette valeur ne dépend pas de la réalité de l'objet de l'action, mais du *principe* d'après lequel la *volonté* se résout à cette action, abstraction faite de tous les objets de la faculté de désirer. Il résulte clairement de ce qui précède que les buts, que nous pouvons nous proposer dans nos actions, et que les effets de ces actions, considérés comme buts et comme mobiles de la volonté, ne peuvent leur donner une valeur absolue et morale. Où donc réside cette valeur, si elle n'est point dans le rapport de la volonté à l'effet attendu ? Elle ne peut être que dans le *principe de la volonté*, considéré indépendamment des résultats qui peuvent être obtenus par l'action ; en effet, la volonté est placée entre son principe *à priori*, qui est formel, et son mobile *a posteriori*, qui est matériel, comme entre deux routes, et, puisqu'elle doit être déterminée par l'un ou l'autre de ces principes, elle le sera nécessairement par le principe formel du vouloir en général, lorsque l'action sera faite par devoir : car, dans ce cas, tout principe matériel lui est enlevé.

Des deux propositions précédentes je déduis cette troisième comme conséquence : *le devoir est la nécessité de faire une action par respect pour la loi*. Je puis bien avoir de l'*inclination*, mais jamais du *respect* pour l'objet qui doit être l'effet de mon action, précisément parce que cet objet n'est qu'un effet et non l'activité d'une volonté. De même je ne puis avoir du respect pour une inclination, qu'elle soit la mienne ou celle d'un autre ; je ne puis que l'agréer dans le premier cas et quelquefois l'aimer dans le second, c'est-à-dire la regarder comme favorable à mon propre intérêt. Il n'y a que ce qui est lié à ma volonté comme principe, et non comme effet, ce qui ne

---

[3] La première proposition est celle qui vient d'être développée, à savoir qu'une action, pour avoir une valeur morale ne doit pas être seulement conforme au devoir, mais avoir été faite par devoir et non par inclination ou par intérêt. J. B.

sert pas mon inclination mais en triomphe, ou du moins l'exclut entièrement de la délibération, et, par conséquent, la loi, considérée en elle-même, qui puisse être un objet de respect et en même temps un ordre. Or, si une action faite par devoir exclut nécessairement toute influence des penchants, et par là tout objet de la volonté, il ne reste plus rien pour déterminer la volonté, sinon, objectivement, la *loi*, et subjectivement le *pur respect* pour cette loi pratique, par conséquent cette maxime[4] qu'il faut obéir a cette loi, même au préjudice de tous les penchants.

Ainsi la valeur monde de l'action ne réside pas dans l'effet qu'on en attend, ni dans quelque principe d'action qui tirerait son motif de cet effet ; car tous ces effets (le contentement de son état, et même le bonheur d'autrui) pouvaient aussi être produits par d'autres causes, et il n'y avait pas besoin pour cela de la volonté d'un être raisonnable. C'est dans cette volonté seule qu'il faut chercher le bien suprême et absolu. Par conséquent, se *représenter* la loi en elle-même, *ce que seul assurément peut faire un être raisonnable*. et placer dans cette représentation, et non plus dans l'effet attendu, le principe déterminant de la volonté, voilà ce qui seul peut constituer ce bien si éminent, que nous appelons le bien moral, ce bien qui réside déjà dans la personne même, agissant d'après cette représentation, et qu'il ne faut pas attendre de l'effet produit par son action[5].

---

[4] On appelle maxime le principe subjectif du vouloir ; le principe objectif (c'est-à-dire celui qui serviraient aussi subjectivement de principe pratique à tous les êtres raisonnables, si la raison avait toujours une pleine puissance sur la faculté de désirer) est la loi pratique.

[5] On m'objectera peut être qu'en employant le mot *respect* je me retranche derrière un sentiment vague, au lieu de résoudre clairement la question par un concept de la raison. Mais, quoique le respect soit un sentiment, ce n'est point un de ces sentiments que nous recevons par l'influence : il est *spontanément produit* (*selbstgewirkten Gefühl*) par un concept rationnel, et il se distingue aussi spécifiquement de tous les sentiments de la première espèce, qui se rapportent à l'inclination ou à la crainte. Ce que je considère immédiatement comme une loi pour moi, je le considère avec respect, et ce sentiment ne signifie autre chose sinon que ma volonté a conscience d'être soumise à cette loi, indépendamment de toute autre influence sur ma sensibilité. La détermination de la volonté, immédiatement produite par la loi, et la conscience de cette détermination immédiate, c'est ce que j'appelle le *respect*, en sorte que le respect doit être considéré comme l'*effet* de la loi sur le sujet, et non comme la cause de cette loi. Le respect, à proprement parler, naît de l'idée d'une chose dont la valeur porte préjudice à l'amour de soi. Cette chose ne peut donc être ni un objet d'inclination ni un objet de crainte, quoique le sentiment qu'elle inspire ait quoique analogie avec ces deux sentiments. L'*objet* du

Mais quelle peut être enfin cette loi dont la représentation doit déterminer la volonté par elle seule et indépendamment de la considération de l'effet attendu, pour que la volonté puisse être appelée bonne absolument et sans restriction ? Puisque j'ai écarté de la volonté toutes les impulsions qu'elle pourrait trouver dans l'espérance de ce que permettrait l'exécution d'une loi, il ne reste plus que la légitimité universelle des actions en général qui puisse lui servir de principe, c'est-à-dire que *je dois toujours agir de telle sorte nue je puisse vouloir que maxime devienne une loi universelle*. Le seul principe qui dirige ici et doive diriger la volonté, si le devoir n'est pas un concept chimérique et un mot vide de sens, c'est donc cette simple conformité de l'action à une loi universelle et non à une loi particulière applicable à certaines actions. Le sens commun se montre parfaitement d'accord avec nous sur ce point dans ses jugements pratiques, et il a toujours ce principe devant les yeux.

Soit par exemple la question de savoir si je puis, pour me tirer d'embarras, faire une promesse que je n'ai pas l'intention de tenir. Je distingue ici aisément les deux sens que peut avoir la question : Est-il prudent, ou est-il légitime de faire une fausse promesse ? Cela peut, sans doute être prudent quelquefois. A lu vérité je vois bien que ce n'est pas assez de me tirer, au moyen de ce subterfuge, d'un embarras actuel, mais que je dois examiner si je ne me prépare point, par ce mensonge, des embarras beaucoup plus grands que ceux auxquels j'échappe pour le moment ; et comme, malgré toute la *pénétration* que je m'attribue les conséquences ne sont pas si faciles à prévoir qu'une confiance mal placée ne puisse nie devenir beaucoup plus funeste que tout le mal que je veux éviter maintenant, il faudrait examiner s'il n'est pas plus prudent de s'imposer ici une maxime générale, et de se faire une habitude de ne rien promettre qu'avec l'intention de tenir promesse. Mais je m'aperçois bientôt qu'une pareille maxime est fondée

---

respect n'est donc autre que la *loi*. Je parle d'une loi que nous nous imposons à *nous-mêmes* et que nous reconnaissons pourtant comme nécessaire en soi. En tant que nous la reconnaissons comme une loi nous devons nous y soumettre sans consulter l'amour de soi ; en tant que nous nous l'imposons à nous-mêmes, elle est un effet de notre volonté. Sous le premier rapport, le sentiment qu'elle excite en nous a quelque analogie avec la crainte ; sous le second avec l'inclination. Le respect que nous avons pour une personne n'est proprement que le respect pour la loi (de la probité, etc.), dont cette personne nous donne un exemple. Et, comme nous regardons comme un devoir d'étendre nos talents, nous croyons voir dans une personne qui a des talents l'exemple d'une loi, qui nous fait un devoir de travailler à ressembler à cette personne, et de là le respect que nous avons pour elle. Ce qu'on appelle intérêt moral consiste uniquement dans le respect pour la loi.

uniquement sur la crainte des conséquences. Or autre chose est d'être de bonne foi par devoir, autre chose de l'être par crainte des conséquences fâcheuses. Dans le premier cas, le concept de l'action renferme déjà pour moi celui d'une loi ; dans le second, il faut que je cherche dans les suites de l'action quelles conséquences en pourront résulter pour moi. Si je m'écarte du principe du devoir, je ferai très-certainement une mauvaise action ; si j'abandonne ma maxime de prudence, il se peut que cela me soit avantageux, quoiqu'il soit plus sûr de la suivre. Maintenant, pour arriver le plus vite et le plus sûrement possible à la solution de la question de savoir s'il est légitime de faire une promesse trompeuse, je me demande si je verrais avec satisfaction ma maxime de me tirer d'embarras par une fausse promesse, érigée en une loi universelle pour moi comme pour les autres et si je pourrais admettre ce principe chacun peut faire une fausse promesse, quand il se trouve dans un embarras dont il ne peut se tirer autrement ? Je reconnais aussitôt que je puis bien vouloir le mensonge, mais que je ne puis vouloir en faire une loi universelle. En effet, avec une telle loi, il n'y aurait plus proprement de promesse ; car à quoi me servirait-il d'annoncer mes intentions pour l'avenir à des hommes qui ne croiraient plus à ma parole, ou qui, s'ils y ajoutaient foi légèrement, pourraient bien, revenus de leur erreur, me payer de la même monnaie. Ainsi ma maxime ne peut devenir une loi générale sans se détruire elle-même.

Je n'ai donc pas besoin d'une bien grande pénétration pour savoir ce que j'ai à faire, pour que ma volonté soit moralement bonne. Ignorant le cours des choses, incapable de prévoir tous les cas qui peuvent se présenter, il me suffit de m'adresser cette question : peux-tu vouloir que ta maxime soit une loi universelle ? Si je ne le puis, la maxime n'est donc pas admissible, et cela, non parce qu'il en résulterait un dommage pour moi ou même pour d'autres, mais parce qu'elle ne peut entrer comme principe dans un système de législation universelle. La raison arrache immédiatement mon respect pour une telle législation ; et, si je n'aperçois pas encore maintenant sur quoi elle se fonde (ce que peut rechercher le philosophe), du moins puis-je comprendre qu'il y a là pour nos actions la source d'une valeur bien supérieure à celle que peut leur donner l'inclination, et que la nécessité d'agir uniquement par respect pour la loi pratique est ce qui constitue la devoir, auquel tout autre motif doit céder, parce qu'il est la condition d'une volonté bonne *en soi*, dont la valeur est au-dessus de tout.

Ainsi donc, en considérant la connaissance morale dans la raison commune, nous nous sommes élevés jusqu'au principe de cette connaissance. Sans doute le sens commun ne conçoit pas ce principe sous une forme générale et abstraite, mais il l'a toujours réellement devant les yeux, et s'en sort comme d'une règle dans ses jugements. On montrerait aisément comment, ce compas à la main, il sait parfaitement distinguer, dans tous les cas, ce qui est bien et ce qui est mal, ce qui est conforme et ce qui est contraire au devoir, pourvu que, suivant la méthode de Socrate, sans rien lui apprendre de nouveau, on appelle son attention sur le principe qu'il porte en lui-même : et l'on prouverait ainsi qu'il n'y a pas besoin de science et de philosophie pour savoir comment on peut devenir honnête et bon, et même sage et vertueux. On ne peut pas supposer que la connaissance de ce que chacun est obligé de faire, et, par conséquent, de savoir, ne soit pas à la portée de tout homme, même du plus vulgaire. Mais on ne remarquera pourtant pas ici sans étonnement combien le Jugement pratique du vulgaire l'emporte sur son Jugement théorique. Dans l'ordre théorique, quand la raison du vulgaire ose s'écarter des lois de l'expérience et des perceptions sensibles, elle tombe dans l'inintelligible et le contradictoire, ou tout au moins dans un chaos d'idées incertaines, obscures et sans consistance. Dans l'ordre pratique, au contraire, le vulgaire ne commence à montrer son Jugement avec avantage que quand il dégage les luis morales de tous mobiles sensibles. Il y montre même de la subtilité, soit qu'il veuille composer avec sa conscience ou chicaner sur quelque opinion émise en matière de juste ou d'injuste, soit qu'il veuille déterminer sincèrement, pour sa propre instruction, la valeur des actions ; et, ce qui est le principal, il peut dans ce dernier cas espérer de réussir tout aussi bien que le philosophe. Je dirais presque qu'il marche d'un pas plus sûr que ce dernier, car celui-ci n'a pas un principe de plus que celui-là, et, en outre, une foule de considérations étrangères peuvent aisément égarer son jugement et l'écarter de la bonne direction. Cela étant, ne serait-il pas plus sage de s'en tenir dans les choses morales au sens commun, ou de ne recourir tout au plus à la philosophie que pour mettre la dernière main au système de la moralité, le rendre plus facile à saisir et en présenter les règles d'une manière plus commode pour l'usage et surtout pour la discussion et non pour dépouiller le sens commun, en matière pratique, de son heureuse simplicité, et l'introduire par la philosophie dans une nouvelle carrière de recherches et d'instruction ?

C'est une belle chose sans doute que l'innocence, mais il est fâcheux qu'elle ne sache pas bien se défendre et se laisse facilement séduire. C'est pourquoi la sagesse – qui d'ailleurs consiste beaucoup plus à faire ou à ne pas faire qu'à savoir – a besoin aussi de la science, non pour apprendre d'elle quelque chose, mais pour donner à ses préceptes plus d'autorité et de consistance. L'homme seul en lui-même dans ses besoins et ses penchants, dont il désigne la complète satisfaction sous le nom de bonheur, un puissant contre-poids à tous lis commandements du devoir, que sa raison lui présente comme quelque chose de si respectable. La raison cependant ordonne sans transiger avec les inclinations ; elle, repousse impitoyablement et avec mépris toutes leurs prétentions si tumultueuses, et en apparence si bien fondées qu'aucun ordre ne peut étouffer. Or de là résulte une dialectique naturelle, c'est-à-dire un penchant à sophistiquée contre les lois sévères du devoir, à mettre en doute leur valeur, ou au moins leur pureté et leur sévérité, et à les accommoder autant que possible à nos désirs et à nos inclinations, c'est-à-dire à les corrompre dans leur source et à leur enlever toute leur dignité, c que pourtant la raison pratique de tous les hommes finira toujours par condamner.

Si donc la *raison commune* est poussée à s'élever au dessus de sa sphère, ce n'est point par un besoin de la spéculation car elle ne sent pas ce besoin tant qu'elle se contente de rester la saine et droite raison, mais par des motifs pratiques. En effet, elle ne met le pied dans le champ de la *philosophie pratique*, que pour y puiser des explications et des éclaircissements sur la source et la vraie détermination de son principe, en opposition aux maximes qui se fondent sur les besoins et les inclinations, afin de pouvoir se tirer d'embarras en présence de prétentions opposées, et de ne pas courir le risque de perdre dans les équivoques, où elle tombe aisément, tous les vrais principes de la morale. C'est ainsi que, dans l'ordre pratique, la raison commune, dès qu'elle est cultivée, se forme insensiblement une *dialectique*, qui la force à chercher du secours dans la philosophie, comme cela lui arrive dans son application théorique, et, dans ce nouveau cas comme dans l'autre. elle ne trouvera de repos que dans une critique complète de notre raison.

Deuxième section
Passage de la philosophie morale populaire
à la métaphysique des mœurs

Si jusqu'ici nous avons tiré notre concept du devoir du commun usage de notre raison pratique, il n'en faut pas du tout conclure que nous l'avons traité comme un concept empirique. L'expérience est bien loin de suffire ici : demandez-lui des instructions sur la conduite des hommes, vous aurez à vous plaindre souvent, et, ce semble, légitimement, de ne pouvoir citer un seul exemple certain de l'intention d'agir par devoir car, encore que beaucoup d'actions soient conformes à ce que le devoir ordonne, il reste toujours douteux si elles ont été véritablement faites par devoir et ont ainsi une valeur morale. C'est pourquoi il y a eu dans tous les temps des philosophes, qui ont absolument nié la réalité de cette intention, dans les actions humaines, et tout rapporté à un amour-propre plus ou moins raffiné, sans pourtant révoquer en doute la vérité du concept de la moralité. Ils déploraient profondément nu contraire la fragilité et la corruption de la nature humaine, assez noble pour placer dans une si haute idée la règle de sa conduite, mais aussi trop faible pour la suivre, et regrettaient amèrement qu'elle ne se servit du la raison, dont la destination est de lui donner des lois, qu'au profit de ses penchants, soit pour obtenir ainsi la satisfaction de quelqu'un d'eux en particulier, soit, tout au plus, pour les concilier tous entre eux le mieux possible.

Dans le fait il est absolument impossible de prouver par l'expérience, avec une entière certitude, l'existence d'un seul cas ou la maxime d'une action, d'ailleurs conforme au devoir, a reposé uniquement sur des principes moraux et sur la considération du devoir. A la vérité il arrive quelquefois que, malgré le plus scrupuleux examen de nous-mêmes, nous ne découvrons pas quel autre motif que le principe moral du devoir aurait pu être assez puissant pour nous porter à telle ou telle bonne action et à un si grand sacrifice mais nous ne pouvons en conclure avec certitude qu'en réalité quelque secret mouvement de l'amour de soi n'a pas été, sous la fausse apparence de cette idée, la véritable cause déterminante de notre volonté. Nous aimons à nous flatter en attribuant à nos motifs une noblesse qu'ils n'ont pas, et, d'un autre côté, il est impossible, même a l'examen le plus sévère, de pénétrer parfaitement les mobiles secrets de nos actions. Or, quand il s'agit de valeur morale, il n'est pas question des actions, qu'on voit, mais des principes intérieurs de ces actions, qu'on ne voit pas.

C'est pourquoi on ne peut rendre un plus grand service à ceux qui tiennent toute moralité pour une chimère de l'imagination humaine, exaltée par l'amour-propre, que de leur accorder que les concepts du devoir doivent être uniquement dérivés de l'expérience (comme d'ailleurs tous les autres concepts qu'on trouve fort commode de rapporter à la même origine) ; c'est leur préparer un triomphe certain. Je veux bien admettre, pour l'honneur de l'humanité, que la plupart de nos actions sont conformes au devoir ; mais si l'on examine de plus près le poids et la valeur, on voit partout paraître le cher moi, et l'on trouve que c'est toujours lui que nous avons en vue dans nos actions, et non l'ordre sévère du devoir, lequel exige souvent une entière abnégation du moi-même. Un observateur du sang-froid, qui ne prend pas le désir, même le plus vif, de faire le bien pour le bien lui-même, peut, sans être un ennemi de la vertu, douter en certains moments (surtout si l'expérience et l'observation ont, pendant de longues années, exercé et fortifié son jugement) qu'il existe réellement dans le monde quelque véritable vertu. Et, puisqu'il en est ainsi, il n'y a qu'une chose qui puisse sauver nos idées du devoir d'une ruine complète, et maintenir dans l'âme le respect que nous devons à cette loi, c'est d'être clairement convaincu, que, quand il n'y aurait jamais eu d'action dérivée de cette source pure, il ne s'agit pas de ce qui a ou n'a pas lieu, mais de ce qui doit avoir lieu, ou de ce que la raison ordonne par elle-même et indépendamment de toutes les circonstances ; qu'ainsi la raison prescrit inflexiblement des actions dont le monde n'a peut-être jusqu'ici fourni aucun exemple, et dont la possibilité[6] même peut être douteuse pour celui qui rapporte tout à l'expérience, et que, par exemple, quand même il n'y aurait pas encore eu jusqu'ici d'ami sincère, la sincérité dans l'amitié n'en serait pas moins obligatoire pour tous les hommes,

---

[6] Tunlichkeit. le mot possibilité, dont je me sers ici, ne rend qu'imparfaitement le mot allemand. Mais le substantif correspondant (réalisabilité) manque en français. J. B.

puisque ce devoir, comme devoir en général, réside, antérieurement à toute expérience, dans l'idée d'une raison qui détermine la volonté par des principes *à priori*.

Si l'on ajoute qu'à moins de soutenir que le concept de la moralité est absolument faux et sans objet, il faut admettre que la loi morale ne doit pas seulement valoir pour des hommes, mais pour *tous les êtres raisonnables en général*, et qu'elle ne dépend pas de conditions contingentes et ne souffre pas d'exceptions, mais qu'elle est *absolument nécessaire*, il est clair qu'aucune expérience ne peut nous conduire à ingérer même la possibilité de cette loi apodictique. En effet de quel droit honorer d'un respect sans bornes, comme un précepte qui s'applique à tous les êtres raisonnables, ce qui n'a peut-être de valeur que dans les conditions contingentes de l'humanité ? Et comment pourrions-nous considérer les lois de notre volonté comme étant celles de la volonté de tout être raisonnable en général et ne les considérer même comme n'étant des lois pour nous qu'à ce titre, si elles étaient purement empiriques, et si elles n'avaient pas une origine tout *à priori* dans la raison pure pratique ? Aussi n'y aurait-il rien de plus de plus funeste à la moralité que de vouloir la tirer d'exemples. En effet quelque exemple qu'on m'en propose, il faut d'abord que je le juge d'après les principes de la moralité, pour savoir s'il est digne de servir de modèle, et, par conséquent, il ne peut me fournir lui-même le concept de la moralité. Le Juste même de l'Évangile ne peut être reconnu pour tel qu'à la condition d'avoir été comparé à notre idéal de perfection morale ; aussi dit-il de lui-même : « Pourquoi m'appelez-vous bon (moi que vous voyez) ? Nul n'est bon (le type du bien) que Dieu seul (que vous ne voyez pas)[7] » Mais d'où avons-nous tirée l'idée de Dieu conçu comme souverain bien ? Uniquement de l'idée que la raison nous trace *à priori* de la perfection morale et lie inséparablement au concept d'une volonté libre. L'imitation est exclue de la morale, et les exemples ne peuvent servir qu'a encourager, en montrant que ce que la loi ordonne est praticable, et en rendant visible ce que la règle pratique exprime d'une manière générale, mais ils ne peuvent remplacer leur véritable original, qui réside dans la raison, et servir eux-mêmes de règles de conduite.

Si donc il n'y a pas de véritable principe suprême de la moralité qui ne soit indépendant de toute expérience, et qui ne repose uniquement sur la raison pure, je crois qu'il n'est pas nécessaire de demander s'il est bon, lorsqu'on veut donner à-propos la connaissance morale un caractère philosophique et

---

[7] Evangile selon saint Marc, chap. X, vers. 18.

la distinguer de la connaissance vulgaire, d'exposer ces concepts en général (*in abstracto*), tels qu'ils existent *à priori*, ainsi que les principes qui s'y rattachent. Mais, de nos jours, cette question pourrait bien être nécessaire. En effet qu'on recueille les suffrages, pour savoir laquelle doit être préférée, de la connaissance rationnelle pure, dégagée de tout élément empirique, c'est-à-dire de la métaphysique des mœurs, ou de la philosophie pratique populaire, et l'on verra bientôt de quel côté penche la balance.

Il est sans doute louable de descendre jusqu'aux concepts populaires, lorsqu'on s'est d'abord élevé jusqu'aux principes de la raison pure, et qu'on les a mis en pleine lumière. C'est ainsi qu'après avoir *fondé* d'abord la doctrine des mœurs sur la métaphysique, et l'avoir par là solidement établie, on pourrait tenter de la rendre *accessible*, en lui donnant un caractère populaire. Mais il est tout à fait absurde de rechercher ce caractère dans les premiers essais, qui doivent servir à fixer exactement les principes. En procédant ainsi, on ne peut pas même prétendre au mérite extrêmement rare d'une véritable *popularité philosophique*, car il n'y a aucun mérite à se faire comprendre du vulgaire, quand on renonce à toute solidité et à toute profondeur ; et, en outre, on n'aboutit qu'à un misérable mélange d'observations entassées sans discernement et de principes à moitié raisonnables en apparence, dont les têtes légères peuvent bien se repaître, parce qu'elles y trouvent un aliment pour leur bavardage quotidien mais où les clairvoyants ne trouvent que confusion, et dont ils détournent les yeux avec dégoût, sans pouvoir toutefois y porter remède. Et cependant les philosophes, qui découvrent la fausseté de toutes ces apparences, trouvent peu d'accueil, quand ils demandent à être dispensé, pour quelque temps, de cette prétendue popularité, afin d'acquérir le droit de redevenir populaires, lorsqu'ils auront une fois bien déterminé les principes.

Parcourez les traités de morale composés dans ce goût favori ; vous y trouverez tantôt la destination particulière de la nature humaine (dans laquelle se trouve comprise l'idée d'une nature raisonnable en général), tantôt la perfection, tantôt le bonheur, ici le sentiment moral, là la crainte de Dieu, quelque chose de ceci, mais quelque chose aussi de cela, le tout confondu en un merveilleux mélange, sans qu'on s'avise jamais du se demander si les principes de la moralité doivent être cherchés dans la connaissance de la nature humaine qui ne s'acquiert que par l'expérience), et, puisqu'il n'en est pas ainsi, puisque ces principes sont tout à fait *à priori*, purs de tout élément empirique, et doivent être cherchés uniquement dans les concepts purs de la raison, et nulle part ailleurs, en quoi que ce soit, sans qu'on songe à faire de cette étude une philosophie pratique pure, ou une métaphysique[8] des mœurs (s'il est encore permis de se servir d'un mot si décrié), à la traiter ainsi séparément, et à lui donner toute la perfection dont elle est capable par elle-même, en engageant le publie, qui demande quelque chose de populaire, à prendre patience jusqu'à l'achèvement de cette entreprise.

Une telle métaphysique des mœurs, parfaitement isolée, n'empruntant rien ni à l'anthropologie, ni à la théologie, ni à la physique, ni à l'*hyperphysique*, encore moins à des qualités occultes (qu'on pourrait appeler *hypophysique*, n'est pas seulement le fondement indispensable de toute véritable connaissance théorique des devoirs, mais elle est aussi un *desideratum* de la plus haute importance pour la pratique même de ces devoirs. En effet la considération du devoir et en général de la loi morale, quand elle est pure et dégagée de tout élément étranger, c'est-à-dire de tout attrait sensible, a sur le cœur humain, par la seule vertu de la raison (laquelle reconnaît tout d'abord qu'elle peut être pratique par elle-même), une influence bien supérieure à celle de tous les autres mobiles[9], qu'on peut trouver dans le champ de l'expérience, car la conscience de la dignité de la raison nous donne du mépris pour tous ces mobiles et prépare ainsi peu à

---

[8] On peut, si l'on veut (comme on distingue les mathématiques pures des mathématiques appliquées, la logique pure de la logique appliquée, distinguer la philosophie pure (la métaphysique des mœurs) de la philosophie appliquée (c'est-à-dire applicable à la nature humaine). Cette distinction a l'avantage de rappeler que les principes moraux ne doivent pas être fondés sur les qualités de la nature humaine, mais exister par eux-mêmes *à priori*, et que c'est en de tels principes qu'il faut chercher des règles pratiques, qui s'appliquent à toute nature raisonnable, et aussi, par conséquent, à la nature humaine.

[9] J'ai une lettre de feu l'excellent *Sulzer*, où il me demande pourquoi les traités de morale, quelque propres qu'ils paraissent à convaincre la raison, ont pourtant si peu d'influence. Je différai ma réponse, afin de n'y rien laisser à désirer. Mais il n'y a pas d'autre cause de ce fait, sinon que les moralistes eux-mêmes n'ont jamais entrepris de ramener leurs concepts à leur expression la plus pure, et qu'en cherchant de tous côtés, avec la meilleure intention du monde, des motifs au bien moral, ils gâtent le remède qu'ils veulent rendre efficace. En effet l'observation la plus vulgaire prouve que, si on nous présente un acte de probité, pur de toute vue intéressée sur ce monde ou sur un autre, et où il a fallu même lutter contre les rigueurs de la misère ou contre les séductions de la fortune, et d'un autre côté, une action semblable à la première, mais à laquelle ont concouru, si légèrement que ce soit, des mobiles étrangers, la première laisse bien loin derrière elle et obscurcit la seconde : elle élève l'âme et lui inspire le désir d'en faire autant. Les enfants même, qui atteignent l'âge de raison, éprouvent ce sentiment, et l'on ne devrait jamais leur présenter leurs devoirs d'une autre manière.

peu sa domination. Au lieu de cela, supposez une morale mixte, composte à la fois de mobiles sensibles et de concepts rationnels, l'esprit flottera entre des motifs, qui, ne pouvant être ramenés à aucun principe, le conduiront peut-être au bien par hasard, mais plus souvent le conduiront au mal.

Il résulte clairement de ce qui précède que tous les concepts moraux sont tout à fait *à priori* et ont leur source et leur siège dans la raison, dans la raison la plus vulgaire, aussi bien que dans la raison la plus exercée par la spéculation ; que ces concepts ne peuvent être abstraits d'aucune connaissance empirique et, par conséquent contingente ; que c'est précisément cette pureté d'origine qui fait leur dignité, et leur permet de nous servir de principes pratiques suprêmes ; qu'on ne peut rien y ajouter d'empirique. sans diminuer d'autant leur véritable influence et la valeur absolue des actions ; qu'il n'est pas seulement de la plus grande nécessité sous le rapport théorique, ou pour la pure spéculation, mais aussi de la plus haute importance sous le rapport pratique de puiser ces concepts et ces lois à la source de la raison pure, de les présenter purs et sans mélange, et même de déterminer toute la sphère de cette connaissance pratique rationnelle ou pure, c'est-à-dire toute la puissance de la raison pure pratique ; que, si la philosophie spéculative permet et trouve même quelquefois nécessaire de faire dépendre ses principes de la nature particulière de l'homme, les lois morales devant s'appliquer à tout être raisonnable en général, doivent être tirés du concept général d'un être raisonnable, et que, par conséquent, la morale, qui, dans son *application* à des hommes, a besoin de l'anthropologie, doit être traitée d'abord tout à fait indépendamment de celle-ci, comme une philosophie pure, c'est-à-dire comme une métaphysique (ce qui peut se faire aisément dans cette espace de connaissance tout abstraite) ; qu'enfin quiconque ne sera pas en possession d'une telle science, non-seulement essaiera vainement d'établir une théorie— spéculative, exacte et complète, de la morale du devoir, mais sera même incapable, en ce qui concerne la pratique » ordinaire et particulièrement l'enseignement moral, de fonder les mœurs sur leurs véritables principes, de produire ainsi des dispositions morales vraiment pures, et de préparer les cœurs à l'accomplissement du plus grand bien possible dans le monde.

Pour nous élever dans ce travail par une gradation naturelle, non plus seulement du jugement moral vulgaire (qui est ici fort digne d'estime au jugement philosophique comme nous l'avons déjà fait, mais d'une philosophé populaire, qui ne va que jusqu'où elle peut se traîner à l'aide des exemples, à la métaphysique (qui ne se laisse arrêter par rien d'empirique, et qui, devant mesurer toute l'étendue du domaine de cette espèce de connaissance rationnelle, s'élève jusqu'aux idées, où les exemples mêmes nous abandonnent), nous suivrons et nous décrirons clairement la puissance pratique de la raison, depuis ses règles universelles de détermination, jusqu'au point où nous en verrons jaillir le concept du devoir.

Toute chose dans la nature agit d'après des lois. Mais il n'y a que les êtres raisonnables qui aient la faculté d'agir d'après la *représentation des lois*, c'est-à-dire d'après des principes, ou qui aient une *volonté*. Puisque la raison est indispensable pour dériver les actions des lois, la volonté n'est autre chose que la raison pratique. Si, dans un être, la raison détermine inévitablement la volonté, les actions de cet être, qui sont objectivement nécessaires, le sont aussi subjectivement, c'est-à-dire que sa volonté est la faculté de ne choisir *que ce que* la raison, dégagée de toute influence étrangère regarde comme pratiquement nécessaire, c'est-à-dire comme bon. Mais, si la raison ne détermine pas seule la volonté, si celle-ci est soumise en outre à des conditions subjectives (à certains mobiles), qui ne s'accordent pas toujours avec les principes objectifs ; en un mot, si (comme il arrive chez l'homme) la volonté n'est pas en soi entièrement conforme à la raison, alors les actions, reconnues objectivement nécessaires, sont subjectivement contingentes, et pour une telle volonté, une détermination conforme à des lois objectives suppose une *contrainte* ; c'est-à-dire que le rapport des lois objectives à une volonté, qui n'est pas absolument bonne, est représenté comme une détermination de la volonté d'un être raisonnable qui obéit à des principes du la raison, mais qui n'y est point par sa nature nécessairement fidèle.

Un principe objectif qu'on se représente comme contraignant la volonté s'appelle un ordre (de la raison), et la formule de l'ordre, un *impératif*.

Tous les impératifs sont exprimés par le verbe *devoir* et désignent ainsi le rapport d'une loi objective de la raison à une volonté, qui, a cause de sa nature subjective, n'est pas nécessairement déterminée par cette loi (une contrainte). Ils disent qu'il faudrait faire ou éviter telle ou telle chose, mais ils le disent à une volonté, qui n'agit pas toujours par ce motif qu'elle se représente son action comme bonne à faire. Cela est pratiquement bon, qui détermine la volonté au moyen des représentations de la raison, c'est-à-dire par des principes objectifs, ayant une valeur égale pour tout être raisonnable, et non par des principes subjectifs. Ce bien pratique est fort distinct de l'*agréable*, c'est-à-dire de ce qui n'a pas d'influence sur la volonté comme un principe de la raison, applicable à tous, mais seulement un moyen de la sensation, ou par des causes purement subjectives, qui n'ont de valeur que pour la sensibilité de tel ou tel individu[10].

Une volonté parfaitement bonne serait donc soumise aussi bien qu'une autre à des lois objectives (aux lois du bien), mais on ne pourrait se la représenter comme *contrainte* par ces lois à faire le bien, puisque, en vertu du sa nature subjective, elle se conforme d'elle-même au bien, dont la représentation seule peut la déterminer. Ainsi, pour la volonté *divine* et en général pour une volonté *sainte*, il n'y a point d'impératifs : le *devoir* est un mot qui ne convient plus ici puisque le *vouloir* est déjà par lui-même nécessairement conforme à la loi. Les impératifs ne sont donc que de formules qui expriment le rapport de lois objectives du vouloir en général à l'imperfection subjective de la volonté de tel ou tel être raisonnable, par exemple de la volonté humaine. Or tous les *impératifs* ordonnent ou *hypothétiquement* ou *catégoriquement*.

Les impératifs *hypothétiques* représentent la nécessité pratique d'une action possible comme moyen pour quelque autre chose, qu'on désire (ou du moins qu'il est possible qu'on désire} obtenir. L'impératif catégorique serait celui qui représenterait une action comme étant par elle-même, et indépendamment de tout autre but, objectivement nécessaire.

Puisque toute loi pratique représente une action possible comme bonne, et par là comme nécessaire pour un sujet capable d'être pratiquement déterminé par la raison, tous les impératifs sont des formules qui

---

[10] On appelle *inclination* la dépendance de la faculté de désirer par rapport à des sensations, et ainsi l'inclination annonce toujours un besoin. On appelle *intérêt* la dépendance d'une volonté, dont les déterminations sont contingentes, par rapport à des principes de la raison. Cet intérêt ne se rencontre donc que dans une volonté *dépendante*, qui n'est pas toujours d'elle-même conforme à la raison ; on ne peut le concevoir dans la volonté divine. Mais aussi la volonté humaine peut prendre intérêt à une chose, sans agir pour cela par *intérêt*. Dans le premier cas, il s'agit d'un intérêt pratique qui s'attache à l'action dans le second, d'un intérêt *pathologique* qui s'attache à l'objet de l'action. Le premier exprime simplement la dépendance de la volonté par rapport à des principes de la raison considérée en elle-même ; le second, la dépendance de la volonté par rapport à des principes de la raison considérée comme Instrument au service de l'inclination, c'est-à-dire, en tant qu'elle nous indique la règle pratique au moyen de laquelle nous pouvons satisfaire le besoin de notre inclination. Dans le premier cas, c'est l'action même qui nous intéresse dans le second, ce n'est que l'objet de l'action (en tant qu'il nous est agréable). On a vu dans la première section que, dans une action, faite par devoir, il ne devait pas être question de l'intérêt qui s'attache à l'objet, mais seulement de celui qui s'attache à l'action même et à son principe rationnel à lui.

déterminent l'action qui est nécessaire suivant le principe d'une volonté bonne à quelque égard. Or, si l'action n'est bonne que comme moyen pour *quelque autre chose*, l'impératif est hypothétique si elle est représentée comme bonne en soi, et. par conséquent, comme devant être nécessairement le principe d'une volonté conforme à la raison, alors l'impératif est *catégorique*.

L'impératif exprime donc l'action qu'il est possible et bon de faire, et il représente la règle pratique en rapport avec une volonté qui ne fait pas immédiatement une chose, parce qu'elle est bonne, soit que le sujet de celle volonté ne sache pas toujours qu'elle est bonne, soit que, le sachant, ses maximes puissent être opposées aux principes objectifs de la raison pratique. L'impératif *hypothétique* exprime seulement que telle action est bonne pour quelque but *possible* ou *réel*. Dans le premier cas, le principe est *problématiquement* pratique ; dans le second, *assertoriquement*.

L'impératif catégorique, qui présente l'action comme objectivement nécessaire par elle-même et indépendamment de tout autre but, est un principe (pratique) *apodictique*.

On conçoit que tout ce que les forces d'un être raisonnable sont capables de produire puisse devenir une fin pour quelque volonté, et, par conséquent, les principes qui présentent une action comme nécessaire pour arriver à une certaine fin, qu'il est possible d'atteindre par ce moyen, sont dans le fait infiniment nombreux. Toutes les sciences ont une partie pratique qui se compose de propositions où l'on établit qu'une certaine fin est possible pour nous, et d'impératifs qui indiquent comment on y peut arriver. Ceux-ci peuvent donc être appelés en général des impératifs de l'*habileté*. La question ici n'est pas de savoir si le but qu'on se propose est raisonnable et bon, il ne s'agit que de ce qu'il faut faire pour l'atteindre. Les préceptes que suit le médecin, qui veut guérir radicalement son malade, et ceux que suit l'empoisonneur, qui veut tuer son homme à coup sur, ont pour tous deux une égale valeur, en ce sens qu'ils leur servent également à atteindre parfaitement leur but. Comme on ne sait pas dans la jeunesse quels buts l'on pourra avoir à poursuivre dans lu cours de la vie, les parents cherchent à faire apprendre *beaucoup de choses* à leurs enfants ; ils veulent leur donner de l'*habileté* pour toutes sortes de fins, que ceux-ci n'auront peut-être jamais besoin de se proposer, mais qu'il est *possible* aussi qu'ils aient à poursuivre : et ce soin est si grand chez eux qu'ils négligent ordinairement de former et de rectifier le jugement de leurs enfants sur la valeur même des choses, qu'ils pourront avoir à se proposer pour fins.

Il y a pourtant une fin qu'on peut admettre comme réelle dans tous les êtres raisonnables (en tant qu'êtres dépendants, et soumis, nomme tels, à des impératifs ; c'est-à-dire une fin dont la poursuite n'est plus une simple *possibilité*, mais dont on peut affirmer avec certitude que tous les hommes la *poursuivent* en vertu d'une nécessité de leur nature ; et cette fin. c'est le *bonheur*. L'impératif hypothétique, qui exprime la nécessité pratique de l'action comme moyen pour arriver au bonheur, est *assertorique*. On ne peut le présenter comme nécessaire pour un but incertain et purement possible, mais pour un but qu'on peut supposer avec certitude et *à priori* dans tous les hommes, parce qu'il est dans leur nature. Or on peut donner le nom de *prudence*[11] en prenant ce mot dans son sens le plus étroit, à l'habileté dans le choix des moyens qui peuvent nous conduire au plus grand bien-être possible. Ainsi l'impératif, qui se rapporte au choix des moyens propres à nous procurer le bonheur, c'est-à-dire le précepte de la prudence, n'est toujours qu'un impératif hypothétique : il n'ordonne pas l'action d'une manière absolue mais seulement comme un moyen pour un autre but.

Enfin il y a un impératif qui nous ordonne immédiatement une certaine conduite, sans avoir lui-même pour condition une autre fin relativement à laquelle cette conduite ne serait qu'un moyen. Cet impératif est *catégorique*. Il ne concerne pas la matière de l'action et ce qui en doit résulter, mais la forme et le principe d'où elle résulte elle-même, et ce qu'elle contient d'essentiellement bon réside dans l'intention, quel que soit d'ailleurs le résultat. Cet impératif peut être nommé impératif *de la moralité*. Il est clair que ces trois espèces de principes contraignent *différemment* notre volonté, et par là différencient le vouloir. Pour rendre sensible cette différence, on ne pourrait, je crois, les désigner plus exactement qu'en appelant les premiers *règles* de l'habileté ; les seconds, *conseils* de la prudence ; les troisièmes, *ordres* (*lois*) de la moralité. En effet le mot loi renferme l'aidée d'une *nécessité inconditionnelle*, qui est en même temps objective, et dont, par conséquent, la valeur est universelle, et les ordres sont des lois

---

[11] Le mot *prudence* a un double sens : tantôt il désigne l'expérience du monde (*Weltlagkeit*), tantôt la prudence particulière (*Privatlagkeit*). La première est cette habileté qui fait qu'un homme exerce de l'influence sur les autres et se sert d'eux comme de moyens pour ses propres fins. La seconde est le dessein de concilier toutes ces fins pour en tirer l'avantage personnel le plus durable. Cette dernière même est la mesure à laquelle se ramène la valeur le la première, et celui-là serait prudent dans le premier sens, et ne le serait pas dans le second dont on pourrait dire qu'il est défiant et rusé, mais en somme imprudent.

auxquelles on doit l'obéissance, c'est-à-dire qu'il faut suivre, même contre son inclination, le mot conseil emporte aussi l'idée de nécessité, mais d'une nécessité subordonnée à une condition subjective et contingente, c'est-à-dire, à cette condition que tel ou tel homme place son bonheur en telle ou telle chose. L'impératif catégorique, au contraire, n'étant subordonné à aucune condition, étant absolument quoique pratiquement nécessaire, peut être justement appelé un ordre. On pourrait encore appeler les impératifs de la première espèce, *techniques* se rapportant à l'art ; ceux de la seconde, *pragmatique*[12] (se rapportant à la prospérité) ; ceux de la troisième enfin, *moraux* (se rapportant à la liberté de la conduite en général, c'est-à-dire aux mœurs).

Maintenant la question est de savoir comment sont possibles tous ces impératifs. On ne demande point par la comment on peut concevoir l'accomplissement de l'action qu'ordonne l'impératif, mais seulement la contrainte de la volonté qu'il exprime. Il n'est besoin d'aucune explication particulière pour montrer comment est possible un impératif de l'habileté. Qui veut la fin, veut (si la raison exerce une influence décisive sur sa conduite) les moyens indispensablement nécessaires, qui sont en son pouvoir. Cette proposition est, en ce qui concerne le vouloir, analytique ; car dans l'acte par lequel je veux un objet, comme mon effet, est déjà impliquée ma causalité, comme causalité d'une cause agissante, c'est-à-dire l'emploi des moyens, et l'impératif déduit le concept d'actions nécessaires pour cette fin du concept même de l'acte qui consiste à vouloir cette fin. Il est vrai que, pour déterminer les moyens qui peuvent conduire au but qu'on se propose, il faut avoir recours à des propositions entièrement synthétiques ; mais ces propositions ne concernent pas le principe, l'acte de la volonté, mais l'objet à réaliser. Ainsi, par exemple, que, pour diviser, d'après un principe certain, une ligne droite en deux parties égales, il faille, des deux extrémités de cette ligne, décrire deux arcs de cercle, c'est là sans doute ce que les mathématiques nous enseignent par des propositions synthétiques, mais que, sachant qu'il n'y a pas d'autre moyen pour produire l'effet qu'on se propose, on veuille ce moyen, si on veut véritablement cet effet, c'est là une

---

[12] Il me semble que le sens propre du mot *pragmatique* peut être fort exactement déterminé. En effet on donne l'épithète de *pragmatiques* aux sanctions qui ne dérivent pas proprement du droit des États, comme lois nécessaires, mais des *précautions* destinées à assurer la prospérité générale. Une *histoire* a un caractère pragmatique, quand elle enseigne la prudence, c'est-à-dire, quand elle apprend aux nouvelles générations à soigner leurs intérêts mieux, ou du moins aussi bien, que les générations passées.

proposition analytique ; car me représenter une chose comme un effet que je puis produire d'une certaine manière, et me représenter moi-même, relativement cette chose, comme agissant de cette manière, c'est tout un.

S'il était aussi facile de donner un concept déterminé du bonheur, les impératifs de la prudence ne différeraient pas de ceux de l'habileté et seraient également analytiques. En effet on dirait ici comme là que, qui veut la fin, veut aussi (nécessairement, s'il est raisonnable,) les seuls moyens qui soient en son pouvoir pour y arriver. Mais, hélas ! le concept du bonheur est si indéterminé, que, quoique chacun désire être heureux, personne ne peut dire au juste et de manière conséquente ce qu'il souhaite et veut véritablement. La raison en est que, d'un côté, les éléments qui appartiennent au concept du bonheur sont tous empiriques, c'est-à-dire doivent être dérivés de l'expérience, et que, de l'autre, l'idée du bonheur exprime un tout absolu, un maximum de bien-être pour le présent et pour l'avenir. Or il est impossible qu'un être fini, quelque pénétration et quelque puissance qu'on lui suppose, se fasse un concept déterminé de ce qu'il veut ici véritablement. Veut-il la richesse, que de soucis, d'envie et d'embûches ne pourra-t-il pas attirer sur lui ! Veut-il des connaissances et des lumières, peut-être n'acquièrera-t-il plus de pénétration que pour trembler à la vue de maux auxquels il n'aurait pas songé sans cela et qu'il ne peut éviter, ou pour accroître le nombre déjà trop grand de ses désirs, en se créant de nouveaux besoins. Veut-il une longue vie, qui lui assure que ce ne sera pas une longue souffrance ? Veut-il du moins la santé, combien de fois la faiblesse du corps n'a-t-elle pas préservé l'homme d'égarements où l'aurait fait tomber une santé parfaite ? Et ainsi de suite. En un mot, l'homme est incapable de déterminer, d'après quelque principe, avec une entière certitude, ce qui le rendrait véritablement heureux, parce qu'il lui faudrait pour cela l'omniscience. Il est donc impossible d'agir, pour être heureux, d'après des principes déterminés ; on ne peut que suivre des conseils empiriques, par exemple, ceux de s'astreindre à un certain régime, ou de foire des économies, ou de se montrer poli, réservé, etc., toutes choses que l'expérience nous montre comme étant en définitive les meilleurs moyens d'assurer notre bien-être. Il suit de là que les impératifs de la prudence, à parler exactement, n'ordonnent pas, c'est-à-dire qu'ils ne peuvent présenter les actions objectivement comme pratiquement *nécessaires* ; qu'il faut les regarder plutôt comme des conseils (*consilia*) que comme des ordres (*præcepta*) de la raison ; que chercher à déterminer d'une manière certaine et générale quelle conduite peut assurer le bonheur d'un être raisonnable est un problème entièrement insoluble, et que, par conséquent, il n'y a pas d'impératif qui puisse ordonner, dans le sens étroit du mot, de faire ce qui rend heureux, puisque le bonheur n'est pas un idéal de la raison, mais un idéal de l'imagination, fondé sur des éléments empiriques, d'où l'on espérerait en vain tirer la détermination d'une conduite propre à assurer la totalité d'une série infinie d'effets. Mais, si l'on suppose que les moyens de parvenir au bonheur peuvent être exactement déterminés, l'impératif de la prudence sera une proposition pratique analytique : il n'y aura plus dès lors entre l'impératif de l'habileté et celui de la prudence d'autre différence, sinon que dans celui-ci le but est purement possible, tandis que dans celui-là il est donné. Quoi qu'il en soit, comme ces deux impératifs ne font qu'ordonner les moyens d'arriver à ce qu'on est supposé vouloir comme fin, ils sont tous deux analytiques, en ce sens qu'ils ordonnent à celui qui veut la fin de vouloir les moyens. La possibilité de cette sorte d'impératifs ne présente donc aucune difficulté.

Reste la question de savoir comment l'impératif de la *moralité* est possible. C'est assurément la seule qui ait besoin de quelque explication, car cet impératif n'est nullement hypothétique, et la nécessité objective qu'il exprime ne s'appuie sur aucune supposition comme dans les impératifs hypothétiques. Or il ne faut pas oublier ici qu'on ne peut prouver *par aucun exemple*, par conséquent d'une manière empirique, l'existence d'un impératif de ce genre, et que tous les exemples qui semblent catégoriques, peuvent bien au fond être hypothétiques. Soit par exemple ce précepte : Tu ne dois pas faire de promesse trompeuse ; je suppose quo la nécessité de ce précepte ne soit pas un simple conseil à suivre pour éviter quelque autre mal, comme si l'on disait : Tu ne dois point faire de promesse trompeuse, de peur de perdre ton crédit, si cela devenait public ; mais qu'une action de cette espèce doive être tenue pour mauvaise en soi, et qu'ainsi l'impératif qui l'ordonne soit catégorique ; je ne puis pourtant prouver avec certitude par aucun exemple que la volonté est ici uniquement déterminée par la loi, sans qu'aucun autre mobile agisse sur elle, quoique que la chose paraisse être ainsi. En effet il est toujours possible que la crainte du déshonneur, peut-être aussi une vague appréhension d'autres dangers exerce une influence secrète sur la volonté. Comment prouver par l'expérience l'absence d'une certaine cause, puisque l'expérience ne nous apprend rie » de plus, sinon que nous ne le percevons pas ? Mais, dans ce cas, le prétendu impératif moral, qui, comme tel, semble catégorique et absolu, ne serait dans le fait qu'un précepte pragmatique, qui nous enseignerait uniquement à prendre notre intérêt en considération.

Il faut donc rechercher *à priori* la possibilité d'un impératif *catégorique*, puisque nous n'avons pas ici l'avantage de pouvoir en trouver la réalité dans l'expérience, et de n'avoir qu'à expliquer cette possibilité sans avoir besoin de l'établir. En attendant, on peut remarquer que seul l'impératif catégorique se présente comme une *loi* pratique, taudis que tous les autres ensemble ne peuvent être appelés des lois. mais seulement des *principes* de la volonté. C'est qu'en effet ce qu'il est nécessaire de faire uniquement pour atteindre un but arbitraire peut être considéré en soi comme contingent, et que nous pouvons toujours nous affranchir du précepte en renonçant au but, taudis que l'impératif inconditionnel ne laisse pas à la volonté le choix arbitraire de ! a détermination contraire, et, par conséquent, renferme seul cette nécessité que nous voulons trouver dans une loi.

En second lieu la difficulté que présente cet impératif catégorique ou la loi de la moralité (la difficulté d'en apercevoir la possibilité), est très grande. Cet impératif est une proposition pratique synthétique *à priori*[13], et si l'on songe combien il est difficile, dans la connaissance théorique, de découvrir la possibilité des propositions de cette espèce, un présumera aisément que, dans la connaissance pratique, la difficulté ne doit pas être moins grande.

Cherchons d'abord si le simple concept d'un impératif catégorique n'en donne pas aussi une formule contenant la proposition qui seule peut être un impératif catégorique. Quant à la question du savoir comment un impératif absolu est possible, elle exige encore, alors même que l'on connait le sens de cet impératif, une étude particulière et difficile, que nous réserverons pour la dernière section.

Quand je conçois en général un impératif *hypothétique*, je ne puis prévoir ce qu'il contiendra, avant de connaître sa condition. Mais quand je conçois un impératif *catégorique*, je sais aussitôt ce qu'il contient. En effet, comme l'impératif ne contient, outre la loi, que la nécessité de cette maxime[14], de se

---

[13] A la volonté, considérée indépendamment de toute condition sensible préalable ou de toute inclination je joins le fait à priori par conséquent nécessairement (mais objectivement, c'est-à-dire, en supposant l'idée d'une raison qui dominerait entièrement toutes les causes subjectives de détermination). C'est donc là une proposition pratique, qui ne dérive pas analytiquement l'acte consistant à vouloir une action d'un autre vouloir déjà supposé (car nous n'avons pas une volonté si parfaite), mais qui le lie immédiatement au concept de la volonté d'un être raisonnable, comme quelque chose qui n'y est pas contenu.

[14] La *maxime* est le principe subjectif de l'action et elle doit être distinguée du principe objectif, c'est-à-dire de la loi pratique. La maxime contient la règle pratique qui détermine la raison conformément aux conditions du sujet (par conséquent, en beaucoup de cas, conformément à son ignorance ou à ses penchants), et ainsi elle est le principe d'après lequel le sujet agit : tandis que la loi est le principe objectif,

conformer à cette loi, et que cette loi ne renferme aucune condition à laquelle elle soit subordonnée, il ne reste donc autre chose que l'universalité d'une loi en général, à laquelle la maxime de l'action doit être conforme, et c'est proprement cette conformité seule qui nous présente l'impératif comme nécessaire.

Il n'y a donc qu'un impératif catégorique. et c'est celui-ci : *agis toujours d'après une maxime telle que tu puisses vouloir qu'elle soit une loi universelle*. Si de ce seul impératif nous pouvons dériver tous les impératifs du devoir comme de leur principe, alors, sans décider si ce qu'on nomme devoir n'est pas en général un concept vide, nous montrerons du moins ce que nous entendons par là et ce que signifie ce concept.

Comme l'universalité de la loi, d'après laquelle des effets sont produits, constitue ce qu'on nomme nature dans le sens le plus général (quant à la forme), c'est-à-dire l'existence des choses, en tant qu'elle est déterminée suivant des lois universelles, l'impératif universel du devoir pourrait encore être formulée de cette manière : *agis comme si la maxime de ton action devait être érigée par la volonté en une loi universelle de la nature*.

Citons maintenant quelques devoirs, en suivant la division ordinaire des devoirs en devoirs envers soi même et devoirs envers autrui, et, des uns et des autres, en devoirs parfaits et devoirs imparfaite[15].

1. Un homme, réduit au désespoir pur une suite de malheurs, a pris la vie en dégoût ; mais il est encore assez maître de sa raison pour pouvoir se demander s'il n'est pas contraire au devoir envers soi-même d'attenter à sa vie. Or il cherche si la maxime de son action peut être une loi universelle de la nature. Voici sa maxime : j'admets en principe, pour l'amour de moi-même, que je puis abréger ma vie, dès qu'en la prolongeant j'ai plus de maux à craindre que de plaisirs à espérer. Qu'on se demande si ce principe de l'amour de soi peut devenir une loi universelle de la nature. On verra bientôt

---

valable pour tout être raisonnable, le principe d'après lequel chacun d'eux doit agir, c'est-à-dire un impératif.

[15] Je dois faire remarquer que je me réserve de traiter plus tard de la division des devoirs dans une métaphysique des mœurs, et que je ne suis ici la division ordinaire que parce qu'elle m'est commode (pour coordonner mes exemples). D'ailleurs j'entends ici par devoirs parfaits, ceux qui ne souffrent aucune exception en faveur de l'inclination, et je n'en admets pas seulement d'extérieurs mais aussi d'intérieurs ce qui est contraire à l'acception reçue dans l'école mais je n'ai pas besoin ici de justifier cette opinion, car, qu'on l'admette ou qu'on la rejette, cela ne fait rien pour le but que je me propose.

qu'une nature qui aurait pour loi de détruire la vie, par ce même penchant dont le but est de la conserver, serait en contradiction avec l'harmonie, ni ainsi ne subsisterait pas comme nature ; d'où il suit que cette maxime ne peut être considérée comme une loi universelle de la nature, et, par conséquent, est tout à fait contraire au principe suprême de tout devoir.

2. Un autre est poussé par le besoin à emprunter de l'argent. Il sait bien qu'il ne pourra pus le rendre, mais il sait aussi qu'il ne trouvera pas de prêteur, s'il ne s'engage formellement à payer dans un temps dé terminé. Il a envie de faire cette promesse ; mais il a encore assez de conscience pour se demander s'il n'est pas défendu et contraire au devoir de se tirer d'embarras par un tel moyen. Je suppose qu'il se décide néanmoins à prendre ce parti, la maxime de son action se traduirait ainsi : quand je crois avoir besoin d'argent, j'en emprunte en promettant de le rembourser, quoique je sache que je ne le rembourserai jamais. Or ce principe de l'amour de soi ou de l'utilité personnelle est peut-être conforme à l'intérêt ; mais la question ici est de savoir s'il est juste. Je convertis donc cette exigence de l'amour de soi en une loi universelle, et je me demande ce qui arriverait si ma maxime était une loi universelle. Je vois aussitôt qu'elle ne peut revêtir le caractère de loi universelle de la nature sans se contredire et se détruire elle-même. En effet admettre comme une loi universelle que chacun peut, quand il croit être dans le besoin, promettre ce qui lui plaît, avec l'intention de ne pas tenir sa promesse, ce serait rendre impossible toute promesse et le but qu'on peut se proposer par là, puisque personne n'ajouterait plus foi aux promesses, et qu'on en rirait comme de vaines protestations.

3. Un troisième se sent un talent qui, cultivé, pourrait faire de lui un homme utile à divers égards. Mais il se voit dans l'aisance, et il aime mieux s'abandonner aux plaisirs que travailler à développer les heureuses dispositions de sa nature. Cependant il se demande si sa maxime, de négliger les dispositions qu'il a reçus de la nature, s'accorde aussi bien avec ce qu'on nomme le devoir qu'avec son penchant pour les plaisirs. Or il voit qu'à la vérité une nature, dont cette maxime serait une loi universelle, pourrait encore subsister, bien que les hommes (comme les insulaires de la mer du Sud) laissassent perdre leurs talents, et ne songeassent qu'à passer leur vie dans l'oisiveté, les plaisirs, la propagation de l'espèce, en un mot la jouissance ; mais il lui est impossible de vouloir que ce soit là une loi universelle de la nature, ou qu'une telle loi ait été mise en nous par la nature comme un instinct. En effet, en sa qualité d'être raisonnable, il veut nécessairement que toutes ses facultés soient développées, puisqu'elles lui servent et lui ont été données pour toutes sortes de fins possibles.

4. Enfin un quatrième qui est heureux, mais qui voit des hommes (qu'il pourrait soulager) aux prises avec l'adversité, se dit à lui-même : Que m'importe ? que chacun soit aussi heureux qu'il plaît au ciel ou qu'il peut l'être par lui-même, je ne l'empêcherai en rien ; je ne lui porterai pas même envie ; seulement je ne suis pas disposé à contribuer à son bien-être et à lui prêter secours dans le besoin ! Sans doute cette manière de voir pourrait être une loi universelle de la nature sans que l'existence du genre humain fût compromise, et cet ordre de choses vaudrait encore mieux que celui où chacun a sans cesse à la bouche les mots de compassion et de sympathie, et trouve même du plaisir à pratiquer ces vertus à l'occasion, mais, en revanche, trompe quand il le peut, et vend les droits des hommes ou du moins y porte atteinte. Mais, quoi qu'il ne soit pas impossible de concevoir que cette maxime puisse être une loi universelle de la nature, il est impossible de *vouloir* qu'un tel principe soit partout admis comme une loi de la nature. Une volonté qui le voudrait se contredirait elle-même, car il peut se rencontrer bien des cas où l'on ait besoin de la sympathie et de l'assistance des autres, et où l'on se serait privé soi-même de tout espoir d'obtenir les secours qu'on désirerait, en érigeant volontairement cette maxime en une loi de la nature.

Voilà quelques-uns des nombreux devoirs réels, ou du moins tenus pour tels, dont la division ressort clairement du principe unique que nous avons indiqué. Il faut qu'on *puisse vouloir* que la maxime de notre action soit une loi universelle ; c'est là le canon de l'appréciation morale des actions en général. Il y a des actions dont le caractère est tel qu'on n'en peut concevoir la maxime sans contradiction comme une loi universelle de la nature, tant s'en faut qu'on puisse vouloir qu'une telle loi existe *nécessairement*. Il y en a d'autres où l'on ne trouve pas à la vérité cette impossibilité intérieure, mais qui pourtant sont telles qu'il est impossible de *vouloir* donner à leur maxime l'universalité d'une loi de la nature, parce qu'une telle volonté serait en contradiction avec elle-même. On voit aisément que les premières sont contraire au devoir strict ou étroit (rigoureux), les secondes au devoir large (méritoire), et les exemples que nous avons donnés montrent parfaitement comment tous les devoirs, considérés dans l'espèce d'obligation qu'ils imposent (et non dans l'objet de l'action), dépendent d'un principe unique.

Faisons attention à ce qui se passe en nous chaque fois que nous transgressons un devoir. En réalité nous ne voulons pas faire de notre maxime une loi universelle, car cela nous est impossible ; nous voulons bien plutôt que le contraire de cette maxime reste une loi universelle ; seulement nous prenons la liberté d'y faire une exception en notre faveur ou en faveur de nos penchants (et pour cette fois seulement). Par conséquent, si nous examinions les choses d'un seul et même point de vue, c'est-à-dire du point de vue de la raison, nous trouverions une contradiction dans notre propre volonté, puisque tout en voulant qu'un certain principe soit objectivement nécessaire comme loi universelle, nous voulons que subjectivement ce principe cesse d'être universel, et qu'il souffre des exceptions en notre faveur. Mais, comme nous envisageons notre action du point de vue d'une volonté entièrement conforme à la raison, et, en même temps, de celui d'une volonté affectée par l'inclination, il n'y a point ici de contradiction réelle, mais seulement une résistance de l'inclination au commandement de la raison, résistance (*antagonismus*) qui convertit l'universalité du principe (*universalitas*) en une simple généralité (*generalitas*), et qui fait que le principe pratique rationnel et la maxime se rencontrent à moitié chemin. Or, quoi que notre propre jugement, quand il est impartial, ne puisse justifier cette espèce de compromis, on y voit néanmoins la preuve que nous reconnaissons réellement la validité de l'impératif catégorique, et que (sans cesser de le respecter) nous nous permettons à regret quelques exceptions, qui nous semblent de peu d'importance.

Nous avons donc au moins réussi à prouver que, si le concept du devoir n'est pas vide de sens, s'il renferme réellement une législation pour nos actions, cette législation ne peut être exprimée que par des impératifs catégoriques et nullement par des impératifs hypothétiques ; en même temps nous avons (ce qui est déjà beaucoup) montré clairement et déterminé dans toutes ses applications le contenu de l'impératif catégorique, qui doit renfermer le principe de tous les devoirs (s'il y a réellement des devoirs). Mais il nous reste toujours à prouver *à priori* que cet impératif existe réellement, qu'il y a une loi pratique qui commande par elle-même absolument et sans le secours d'aucun mobile, et que l'observation de cette loi est un devoir.

Il est de la plus haute importance de ne pas oublier qu'il serait absurde de vouloir dériver la réalité de ce principe de la *constitution particulière de la nature humaine*. En effet le devoir doit être une nécessité d'agir pratiquement absolue ; il doit donc avoir la même valeur pour tous les êtres raisonnables (auxquels peut s'appliquer en général un impératif), et c'est à ce titre seul qu'il est aussi une loi pour toute volonté humaine. Au contraire tout ce qui dérive des dispositions particulières de la nature humaine, de certains sentiments et de certains penchants, et même, s'il est possible, d'une direction particulière qui serait propre à la raison humaine et n'aurait pas nécessairement la même valeur pour la volonté de tout être raisonnable, tout cela peut bien nous fournir une maxime, mais non pas une loi, un principe subjectif d'après lequel nous aurions du penchant et de l'inclination à agir d'une certaine manière, mais non pas un principe objectif d'après lequel nous serions tenus de faire une certaine action, alors même que nos penchants, nos inclinations et toutes les dispositions de notre nature s'y opposeraient. Telle est même la sublimité, la dignité du commandement contenu dans le devoir qu'elle paraît d'autant plus qu'il trouve moins d'auxiliaires dans les mobiles subjectifs ou qu'il y rencontre plus d'obstacles, car ces obstacles n'affaiblissent en rien la nécessité imposée par la loi et n'ôtent rien à sa valeur.

La philosophie se trouve ici dans cette position difficile, que, cherchant un point d'appui solide, elle ne peut le prendre ni dans le ciel ni sur la terre. Il faut qu'elle montre toute sa pureté en portant elle-même ses lois, et non en se faisant le héraut de celles que suggère un sens naturel ou je ne sais quelle nature tutélaire. Celles-ci valent mieux que rien sans doute, mais elles ne sauraient remplacer ces principes que dicte la raison, et qui doivent avoir une origine tout à fait *à priori*, car c'est de là seulement qu'ils peuvent tenir ce caractère imposant qu'ils font paraître, en ne de mandant rien à l'inclination de l'homme, mais en attendant tout de la suprématie de la loi et du respect qui lui est dû, ou en condamnant l'homme, qui s'en écarte, au mépris et à l'horreur de lui-même. Ainsi tout élément empirique ajouté au principe de la moralité, loin de le fortifier, trouble entièrement la pureté des mœurs ; car ce qui fait la vraie et inappréciable valeur d'une volonté absolument bonne, c'est précisément que son principe d'action est indépendant de toutes les influences des principes contingents que peut fournir l'expérience. On ne saurait trop et trop souvent prémunir l'homme contre cette faiblesse ou cette basse façon de penser qui lui fait chercher le principe de la moralité parmi des mobiles et des lois empiriques, car la raison humaine se repose volontiers de ses fatigues sur cet oreiller, et, se berçant de douces illusions (où, au lieu de Junon, elle n'embrasse qu'un nuage), elle substitue à la moralité un bâtard assemblage de membres d'origines diverses, qui ressemble à tout ce qu'on y veut voir, excepté à la vertu, pour celui qui l'a une fois envisagée dans sa véritable forme[16].

La question est donc celle-ci : est-ce une loi nécessaire *pour tous les êtres*

---

[16] Envisager la vertu dans sa véritable forme, ce n'est pas autre chose que contempler la moralité dégagée de tout mélange de choses sensibles, et dépouillée du faux ornement que peut lui prêter l'espoir de la récompense ou l'amour de soi. Combien alors elle obscurcit tout ce qui parait attrayant à nos penchants ! C'est ce que sentira aisément quiconque n'a pas une raison incapable de toute abstraction.

raisonnables de juger toujours leurs actions d'après des maximes dont ils puissent vouloir qu'elles servent de lois universelles ? S'il y a une telle loi, elle doit être déjà liée (tout à fait *à priori*) au concept de la volonté d'un être raisonnable en général. Pour découvrir ce lien, il faut, bon gré mal gré, faire un pas dans la métaphysique, mais dans une partie de la métaphysique différente de la philosophie spéculative, c'est-à-dire dans la métaphysique des mœurs. Comme, dans cette philosophie pratique, il ne s'agit pas de poser les principes de ce qui est, mais les lois de *ce qui doit être*, quand même cela ne serait jamais, c'est-à-dire des lois objectivement pratiques, nous n'avons pas besoin de rechercher pourquoi ceci ou cela plaît ou déplaît, comment le plaisir que cause la pure sensation est distinct du goût, et si celui-ci est autre chose qu'une satisfaction universelle de la raison ; sur quoi repose le sentiment du plaisir et de la peine ; comment de ce sentiment naissent les désirs et les inclinations, et comment ces désirs et ces inclinations donnent lieu, avec le concours de la raison, à des maximes ; car tout cela rentre dans la psychologie empirique, dont on pourrait former la seconde partie de la physique[17], en considérant celle-ci comme une *philosophie de la nature*, fondée sur des *lois empiriques*. Mais il s'agit ici d'une loi objectivement pratique, par conséquent du rapport de la volonté avec elle-même, en tant qu'elle se laisse déterminer uniquement par la raison ; tout ce qui se rapporte à quelque chose d'empirique doit donc être écarté, puisque, si la raison détermine la conduite *par elle seule* (et c'est précisément ce dont nous avons maintenant à rechercher la possibilité), elle doit nécessairement le faire *à priori*.

On conçoit la volonté comme une faculté de se déterminer soi-même à agir *conformément à la représentation de certaines lois*. Une telle faculté ne peut se rencontrer que dans des êtres raisonnables. Or ce qui sert de principe objectif à la volonté, qui se détermine elle-même, est le *but*[18], et, quand ce but est donné par la raison seule, il doit avoir la même valeur pour tous les êtres raisonnables. Au contraire ce qui ne contient que le principe de la possibilité de l'action, dont l'effet est le but même qu'on se propose, s'appelle le moyen. Le principe subjectif du désir est le *mobile* ; le principe objectif du vouloir le *motif* ; de là la distinction des fins subjectives, qui reposent sur des mobiles, et des fins objectives, qui se rapportent à des

---

[17] Le mot *physique*, dont je me sers pour traduire l'expression allemande *Naturlehre*, doit être entendu dans son sens étymologique, c'est à-dire dans son sens le plus large. J. B.

[18] *But* ou *fin*. Ces deux mots peuvent traduire également le mot allemand *Zweck*. Je me servirai de l'un et de l'autre. J. B.

motifs, ayant la même valeur pour tous les êtres raisonnables. Les principes pratiques sont *formels*, quand ils font abstraction de toute fin subjective ; *matériels*, quand ils reposent sur des fins subjectives, par conséquent sur certains mobiles. Les fins qu'un être raisonnable se propose à son gré comme *effets* de son action (les fins matérielles) ne sont jamais que relatives ; car elles ne tirent leur valeur que de leur rapport à la nature particulière de la faculté de désirer du sujet, et, par conséquent, elles ne peuvent fournir des principes universels et nécessaires pour tout être raisonnable et pour tout vouloir, c'est-à-dire des lois pratiques. Aussi toutes ces fins relatives ne donnent-elles jamais lieu qu'à des impératifs hypothétiques.

Mais, s'il y a quelque chose *dont l'existence* ait *en soi* une valeur absolue, et qui, comme *fin en soi*, puisse être le fondement de lois déterminées, c'est là et là seulement qu'il faut chercher le fondement d'une impératif catégorique possible, c'est-à-dire d'une loi pratique.

Or je dis que l'homme, et en général tout être raisonnable, *existe* comme fin en soi, et *non pas simplement comme moyen* pour l'usage arbitraire de telle ou telle volonté, et que dans toutes ses actions, soit qu'elles ne regardent que lui-même, soit qu'elles regardent aussi d'autres êtres raisonnables, il doit toujours être considéré comme *fin*. Tous les objets des inclinations n'ont qu'une valeur conditionnelle ; car si les inclinations et les besoins qui en dérivent n'existaient pas, ces objets seraient sans valeur. Mais les inclinations mêmes, ou les sources de nos besoins, ont si peu une valeur absolue et méritent si peu d'être désirées pour elles-mêmes, que tous les êtres raisonnables doivent souhaiter d'en être entièrement délivrés. Ainsi la valeur de tous les objets, que nous pouvons *nous procurer* par nos actions, est toujours conditionnelle. Les êtres dont l'existence ne dépend pas de notre volonté, mais de la nature, n'ont aussi, si ce sont des êtres privés de raison, qu'une valeur relative, celle de moyens, et c'est pourquoi on les appelle des *choses*, tandis qu'au contraire on donne le nom de *personnes* aux êtres raisonnables, parce que leur nature même en fait des fins en soi, c'est-à-dire quelque chose qui ne doit pas être employé comme moyen, et qui, par conséquent, restreint d'autant la liberté de chacun (et lui est un objet de respect). Les êtres raisonnables ne sont pas en effet simplement des fins subjectives, dont l'existence a une valeur *pour nous*, comme effet de notre action, mais ce sont des fins objectives, c'est-à-dire des choses dont l'existence est par elle-même une fin, et une fin qu'on ne peut subordonner à aucune autre, par rapport à laquelle elle ne serait qu'un moyen. Autrement rien n'aurait une valeur *absolue*. Mais si toute valeur était conditionnelle, et, par conséquent, contingente, il n'y aurait plus pour la raison de principe pratique suprême.

Si donc il y a un principe pratique suprême, ou si, pour considérer ce principe dans son application à la volonté humaine, il y a un impératif catégorique, il doit être fondé sur la représentation de ce qui, étant une *fin en soi*, l'est aussi nécessairement pour chacun, car c'est là ce qui en peut faire un principe *objectif* de la volonté, et, par conséquent, une loi pratique universelle. *La nature raisonnable existe comme fin en soi*, voilà le fondement de ce principe. L'homme se représente nécessairement ainsi sa propre existence, et, en ce sens, ce principe est pour lui un principe *subjectif* d'action. Mais tout autre être raisonnable se représente aussi son existence de la même manière que moi[19], et, par conséquent, ce principe est en même temps un principe objectif, d'où l'on doit pouvoir déduire, comme d'un principe pratique suprême, toutes les lois de la volonté. L'impératif pratique se traduira donc ainsi : *agis de telle sorte que tu traites toujours l'humanité, soit dans ta personne, soit dans la personne d'autrui, comme une fin, et que tu ne t'en serves jamais comme d'un moyen.*

Appliquons cette nouvelle formule aux exemples déjà employés :

1. Quant au devoir nécessaire envers soi-même, que celui qui médite le suicide se demande si son action peut s'accorder avec l'idée de l'humanité, conçue comme fin en soi. En se détruisant lui-même, pour échapper à un état pénible, il use de sa personne comme d'*un moyen* destiné à entretenir en lui un état supportable jusqu'à la fin de la vie. Mais l'homme n'est pas une chose, c'est-à-dire un objet dont on puisse user *simplement* comme d'un moyen ; il faut toujours le considérer dans toutes ses actions comme une fin en soi. Je ne puis donc disposer en rien de l'homme en ma personne, le mutiler, le dégrader ou le tuer. (Pour éviter ici toute difficulté, je m'abstiendrai de poursuivre ce principe plus loin, par exemple dans le cas où, pour me sauver, je consens à me laisser amputer un membre, et dans tous les cas où, pour conserver ma vie, j'expose ma vie à un danger ; cela rentre dans la morale proprement dite.)

2. Quant au devoir nécessaire ou strict envers autrui, celui qui est tenté de faire une promesse trompeuse reconnaîtra aussitôt qu'il veut se servir d'un autre homme comme d'un pur moyen, ou comme si cet homme ne contenait pas lui-même une fin. Car celui que je veux, par cette promesse, faire servir

---

[19] Je n'avance ici cette proposition que comme postulat. On en trouvera les raisons dans la dernière section.

à mes desseins ne peut approuver ma manière d'agir envers lui, ni, par conséquent, contenir lui-même la fin de cette action. Cette violation du principe de l'humanité dans les autres hommes est encore plus manifeste, quand on tire ses exemples d'atteintes à la liberté ou à la propriété d'autrui. Là en effet on voit clairement que celui qui viole les droits des hommes est résolu à ne se servir de leur personne que comme d'un moyen », sans prendre garde que, en leur qualité d'êtres raisonnables, il faut toujours les considérer aussi comme des fins, c'est-à-dire comme des êtres qui doivent pouvoir contenir eux-mêmes la fin pour laquelle on agit[20].

3. Quant au devoir contingent (méritoire) envers soi-même, il ne suffit pas que noire action ne soit pas en contradiction avec l'humanité dans notre personne, conçue comme fin en soi, il faut encore qu'elle s'*accorde avec elle*. Or il y a dans l'humanité des dispositions à une perfection plus grande, qui se rattachent au but de la nature à l'égard de l'humanité qui est en nous ; négliger ces dispositions n'est pas contraire sans doute à la conservation de l'humanité comme fin en soi, mais à l'*accomplissement* de cette fin.

4. Quant au devoir méritoire envers autrui, le même principe s'y applique également. Le but de la nature chez tous les hommes est leur bonheur personnel. Or l'humanité pourrait, il est vrai, subsister, alors même que personne ne contribuerait en rien au bonheur d'autrui, pourvu qu'on s'abstînt aussi d'y porter atteinte ; mais, si chacun ne contribuait, autant qu'il est en lui, à l'accomplissement des fins d'autrui, cette conduite ne pourrait s'accorder que négativement, et non positivement, avec l'idée de l'*humanité comme fin en soi*. Car si le sujet est fin en soi, il faut, pour que cette idée ait en moi *tout* son effet, que les fins de ce sujet soient aussi les miennes, autant que possible.

Ce principe qui nous fait concevoir l'humanité et en général toute nature raisonnable comme fin en soi (et qui limite à cette condition suprême la liberté d' action de tous les hommes) n'est pas dérivé de l'expérience ; car premièrement, il est universel, puisqu'il s'étend à tous les êtres raisonnables

---

[20] Qu'on ne croie pas que ce précepte trivial : *Quod tibi non vis fieri, etc.*, puisse servir ici de règle ou de principe, car il est lui-même dérivé de celui que nous venons d'indiquer, et encore avec diverses restrictions. On ne peut le regarder comme une loi universelle, puisqu'il ne contient le principe ni des devoirs envers soi-même, ni des devoirs de bienfaisance envers autrui (car il y a bien des gens qui renonceraient volontiers à la bienfaisance des autres, pour être dispensés à leur tour de leur en témoigner), ni enfin des devoirs stricts des hommes les uns envers les autres, car un criminel pourrait tirer un argument de ce principe contre le juge qui le punirait, etc.

en général, ce qu'aucune expérience ne peut faire ; secondement, il ne nous fait pas concevoir l'humanité comme une fin humaine (subjective), c'est-à-dire comme un objet dont on se fait réellement à soi-même un but, mais comme une fin objective, à laquelle doivent être subordonnées toutes les fins subjectives, quelles qu'elles puissent être, comme à leur loi ou à leur suprême condition, et qui, par conséquent, doit dériver de la raison pure. Le principe de toute législation pratique réside objectivement dans la règle ou dans la forme universelle qui (d'après le premier principe) lui donne le caractère de loi (de loi de la nature), et *subjectivement*, dans la *fin*. Or le sujet de toutes les fins, c'est (d'après le second principe) l'être raisonnable, comme fin en soi. De là le troisième principe pratique de la volonté, comme condition suprême de sa conformité avec la raison pratique universelle ; à savoir l'idée de la *volonté de tout être raisonnable comme législatrice universelle*.

D'après ce principe il faut rejeter toutes les maximes qui ne peuvent s'accorder avec la législation universelle propre à la volonté. La volonté ne doit donc pas être considérée simplement comme soumise à une loi, mais comme se donnant à elle-même la loi, à laquelle elle est soumise, et comme n'y étant soumise qu'à ce titre même (à ce titre qu'elle peut s'en regarder elle même comme l'auteur).

Les impératifs que nous avions précédemment exposés, à savoir, celui qui exige de toutes nos actions une conformité à des lois qu'on puisse considérer comme constituant un ordre naturel, ou celui qui veut que l'être raisonnable ait universellement par lui même le rang de fin, ces impératifs, étant conçus comme catégoriques, excluaient par là même du principe de leur autorité tout mobile tiré d'un intérêt quelconque, mais nous ne les avions admis comme des impératifs catégoriques, que parce qu'il fallait admettre des impératifs de cette espèce pour pouvoir expliquer le concept du devoir. Quant à démontrer l'existence de principes pratiques qui commandent catégoriquement, c'est ce que nous ne pouvons faire directement, et nous ne pouvons même l'entreprendre en général dans cette section ; mais il y avait pourtant encore une chose possible, c'était de faire que l'exclusion de tout intérêt dans une volonté agissant par devoir, ou le caractère, qui distingue spécifiquement l'impératif catégorique de l'impératif hypothétique, fut indiqué dans l'impératif même, par quelque détermination de cet impératif ; or c'est ce que nous faisons dans cette troisième formule du principe, qui présente la volonté de tout être raisonnable comme une législatrice universelle.

En effet, si une volonté que nous concevons comme soumise à des lois peut être attachée à ces lois par quelque intérêt, une volonté qui se donne à elle-même sa suprême législation ne peut en cela dépendre d'aucun intérêt, puisqu'alors elle aurait elle-même besoin d'une autre loi qui subordonnât l'intérêt de l'amour de soi à cette condition qu'il pût servir de loi universelle.

Ainsi ce *principe* qui présente toute volonté humaine comme *constituant par toutes ses maximes une législation universelle*[21], si l'exactitude en était d'ailleurs bien établie, s'appliquerait parfaitement à l'impératif catégorique, en ce sens que, renfermant l'idée d'une législation universelle, il ne peut se fonder sur aucun intérêt y et qu'ainsi, parmi tous les impératifs possibles, il peut seul être *inconditionnel*. Ou mieux encore, en retournant la proposition, on peut dire : s'il y a un impératif catégorique (c'est-à-dire une loi qui s'impose à la volonté de tout être raisonnable), il ne peut que commander d'agir toujours suivant la maxime d'une volonté qui n'aurait d'autre objet qu'elle-même, en tant qu'elle se considérerait comme législatrice universelle ; car c'est à cette seule condition que le principe pratique et l'impératif, auquel il obéit, sont inconditionnels, puisqu'alors ils ne peuvent se fonder sur aucun intérêt.

Il n'est plus étonnant que toutes les tentatives, faites jusqu'ici pour découvrir le principe de la moralité, aient échoué. On voyait l'homme lié par son devoir à des lois ; mais on ne voyait pas qu'il n'est soumis qu'à une *législation* qui lui est *propre*, mais qui est en même temps universelle, et qu'il n'est obligé d'obéir qu'à sa propre volonté, mais à sa volonté constituant une législation universelle, conformément à sa destination naturelle. En effet, si l'on se bornait à concevoir l'homme soumis à une loi (quelle qu'elle fut), il faudrait admettre en même temps un attrait ou une contrainte extérieure, en un mot un intérêt qui l'attachât à l'exécution de cette loi, puisque, ne dérivant pas comme loi de sa volonté, elle aurait besoin de *quelque autre chose* pour le forcer à agir d'une certaine manière. C'est cette conséquence nécessaire qui rendait absolument vaine toute recherche d'un principe suprême du devoir. Car on ne trouvait jamais le devoir, mais seulement la nécessité d'agir dans un certain intérêt. Que cet intérêt fût personnel ou étranger, l'impératif était toujours conditionnel et ne pouvait avoir la valeur d'un principe moral. J'appellerai donc ce dernier le principe de l'*autonomie* de la volonté, pour le distinguer de tous les autres, que je rapporte à l'*hétéronomie*.

---

[21] Je puis me dispenser de citer des exemples pour expliquer ce principe, car tous ceux qui ont servi à expliquer l'impératif catégorique et ses formules peuvent ici servir au même but.

Le concept d'après lequel tout être raisonnable doit se considérer comme constituant, par toutes les maximes de sa volonté, une législation universelle, pour se juger lui-même et juger ses actions de ce point du vue, ce concept conduit a un autre qui s'y rattache et qui est très fécond, à savoir au concept d'un règne des fins. J'entends par règne[22] la liaison systématique de divers êtres raisonnables réunis par des lois communes. Or, comme des lois donnent aux fins une valeur universelle, si l'on fait abstraction de la différence personnelle des êtres raisonnables et de tout ce que contiennent leurs fins particulières, on pourra concevoir un ensemble systématique de toutes les fins (des êtres raisonnables considérés comme fins en soi, comme aussi des fins particulières que chacun peut se propose à lui-même), c'est-à-dire un règne des fins. Cela est conforme aux principes établis précédemment.

En effet tous les êtres raisonnables sont soumis à cette loi, de ne jamais se traiter, eux-mêmes ou les uns les autres, comme de *simples moyens*, mais de se toujours respecter comme des *fins en soi*. De là résulte une liaison systématique d'êtres raisonnables réunis par des lois objectives communes, c'est-à-dire un règne (qui n'est à la vérité qu'un idéal), qu'on peut appeler un règne des fins, puisque ces lois ont précisément pour but d'établir entre ces êtres un rapport réciproque de fins et moyens.

Un être raisonnable appartient comme *membre* au règne des fins, lorsque, tout en y donnant des lois universelles il est lui-même soumis à ces lois. Il y appartient comme chef, lorsqu'il n'est soumis, comme législateur, à aucune volonté étrangère.

L'être raisonnable doit toujours se considérer comme législateur dans un règne des fins rendu possible par la liberté de sa volonté, qu'il y soit membre ou chef. Mais les maximes de sa volonté ne suffisent pas pour lui donner le droit de revendiquer ce dernier rang ; il faut pour cela qu'il soit parfaitement indépendant, exempt de tout besoin, et que son pouvoir soit, sans aucune restriction, *adéquat* à sa volonté.

La moralité consiste donc dans le rapport de toute action à la législation qui seule peut rendre possible un règne des fins. Cette législation doit se trouver en tout être raisonnable, et émaner de sa volonté, dont le principe est d'agir toujours d'après une maxime qu'on puisse regarder sans

---

[22] Le mot règne, que j'emploie pour traduire le mot allemand *Reich*, ne va guère avec la définition que Kant donne de ce mot ; le mot royaume conviendrait mieux ici, mais comme l'autre mot m'a paru préférable pour la traduction de l'expression *Reich des Zwecke*, j'ai dû l'employer aussi dans cet endroit. J. B.

contradiction comme une loi universelle, c'est-à-dire *de telle sorte que la volonté puisse se considérer elle-même comme dictant par ses maximes des lois universelles*. Que si les maximes ne sont pas déjà, par leur nature même, nécessairement conformes à ce principe objectif des êtres raisonnables, considérés comme dictant des lois universelles, la nécessité d'agir conformément à ce principe prend alors le nom de contrainte pratique, c'est-à-dire de *devoir*. Le devoir ne s'adresse pas au chef dans le règne des fins, mais à chacun de ses membres, et à tous au même degré.

La nécessité pratique d'agir conformément à ce principe, c'est-à-dire le devoir, ne repose pas sur des sentiments, des penchants et des inclinations, mais seulement sur le rapport des êtres raisonnables entre eux, en tant que la volonté de chacun d'eux doit être considérée comme législatrice, ce qui seul permet de les considérer comme des fins en soi. La raison étend donc toutes les maximes de la volonté, considérée comme législatrice universelle, à toutes les autres volontés, ainsi qu'à toutes les actions envers soi-même, et elle ne se fonde pas pour cela sur quelque motif pratique étranger ou sur l'espoir de quelque avantage, mais seulement sur l'idée de la dignité d'un être raisonnable, qui n'obéit à d'autre loi qu'à celle qu'il se donne lui-même.

Dans le règne des fins tout a ou un prix, ou une dignité. Ce qui n'a que du prix peut être remplacé par quelque équivalent ; mais ce qui est au-dessus de tout prix et ce qui, par conséquent, n'a pas d'équivalent, voilà ce qui a de la dignité.

Ce qui se rapporte aux penchants et aux besoins généraux de l'homme a un *prix vénal*[23] ; ce qui, même sans supposer un besoin, est conforme à un certain goût, c'est-à-dire à cette satisfaction qui s'attache au jeu tout à fait libre des facultés de notre esprit[24], a un *prix d'affection* ; mais ce qui constitue la condition même qui seule peut élever une chose au rang de fin en soi, n'a pas une simple valeur relative, c'est-à-dire un prix, mais une valeur intrinsèque, c'est-à-dire une *dignité*.

Or la moralité est précisément cette condition qui seule peut faire d'un être raisonnable une fin en soi, car c'est par elle seule qu'il peut devenir membre législateur dans le règne des fins. La moralité, et l'humanité, en tant

---

[23] Je traduis littéralement *Marktpreis*, *prix de marché*, mais je conviens que cette expression est un peu bizarre, comme celle qui vient ensuite : *Affectionpreis, prix d'affection*. J. B.
[24] *Wohlgefallen am blossen zwecklonen Spirl unserer Geinüthsträfte*. Pour bien comprendre ce passage il faut connaître la théorie de Kant sur le goût, le beau, le sublime et les beaux-arts. Voyez la *Critique du Jugement*. Trad. Fran. tome Ier J. B.

qu'elle est capable de moralité, voilà donc ce qui seul à de la dignité. L'habileté et l'ardeur dans le travail ont un prix vénal ; l'esprit, la vivacité d'imagination et l'enjouement ont un prix d'affection ; au contraire la fidélité à ses promesses, la bienveillance fondée sur des principes (et non sur un instinct) ont une valeur intrinsèque. La nature et l'art ne contiennent rien qui puisse remplacer ces choses, car leur valeur ne consiste pas dans les effets qui en résultent, dans les avantages ou dans l'utilité qu'elles procurent, mais dans les intentions, c'est-à-dire dans les maximes de la volonté, toujours prêtes à se traduire en actions, alors même que l'issue ne leur serait pas favorable. Ces actions n'ont pas besoin d'être recommandées par quelque disposition subjective ou quelque goût, qui nous les ferait immédiatement accueillir avec faveur et satisfaction, par quelque penchant ou quelque sentiment immédiat pour elles, mais elles font de la volonté qui les accomplit un objet immédiatement digne de notre respect, et c'est la raison seule qui nous impose ce respect, sans nous *flatter pour l'obtenir*, ce qui serait d'ailleurs en contradiction avec l'idée du devoir. Telle est donc l'estimation par laquelle nous reconnaissons dans notre façon de penser cette valeur que nous désignons sous le nom de dignité, et qui est tellement élevée au-dessus de toute autre, que toute comparaison serait une atteinte portée à sa sainteté.

Et qu'est-ce donc qui autorise une intention moralement bonne ou la vertu à élever de si hautes prétentions ? Ce n'est rien moins que le privilège qu'elle donne à l'être raisonnable de participer à la législation universelle, et de devenir par là membre d'un règne possible des fins, privilège auquel il était déjà destiné par sa propre nature, comme fin en soi, et, parlant, comme législateur dans le règne des fins, comme indépendant de toutes les lois de la nature et comme n'obéissant qu'à des lois qu'il se donne lui même, et d'après lesquelles ses maximes peuvent être élevées au rang d'une législation universelle (à laquelle il se soumet lui-même). En effet aucune chose n'a de valeur que celle que la loi lui assigne. Or la législation même qui détermine toute valeur doit avoir elle-même une dignité, c'est-à-dire une valeur inconditionnelle, incomparable, et le mot respect est le seul qui convienne pour exprimer le genre d'estime qu'un être raisonnable fait de cette valeur. L'*autonomie* est donc le principe de la dignité de la nature humaine et de toute nature raisonnable.

Les trois manières, que nous avons indiquées, de représenter le principe de la moralité ne sont au fond qu'autant de formules de la même loi, et chacune d'elles contient les deux autres. Cependant il y a entre elles une différence qui est plutôt subjectivement qu'objectivement pratique, et qui consiste en ce qu'elles rapprochent toujours davantage une idée de la raison de l'intuition (suivant une certaine analogie), et par là du sentiment. Chaque maxime a :

1. Une *forme*, qui consiste dans l'universalité, et, sous ce rapport, on a la formule de l'impératif catégorique, qui veut que l'on choisisse ses maximes comme si elles devaient avoir la valeur de lois universelles de la nature.

2. Une *matière*, c'est-à-dire une fin, et de là la formule d'après laquelle l'être raisonnable étant, par sa nature même, une fin, par conséquent une fin en soi, doit être pour toute maxime la condition limitative de toutes les fins purement relatives et arbitraires.

3. Une *détermination complète* de toutes les maximes, exprimée par cette formule, savoir, que toutes les maximes qui dérivent de notre propre législation doivent s'accorder avec un règne possible des fins, comme avec un règne de la nature[25]. Nous suivons ici, en quelque sorte, les catégories 1° de l'*unité* de la forme de la volonté (de son universalité) ; 2° de la *pluralité* de la matière (des objets, c'est-à-dire des fins), et 3° de la *totalité* du système des fins. Lorsqu'il s'agit de juger moralement une action, la meilleure méthode à suivre est de prendre pour principe la formule universelle de l'impératif catégorique : *agis d'après une maxime qui puisse s'ériger elle-même en loi universelle*. Mais si l'on veut ouvrir à la loi morale un accès plus facile, il est fort utile de faire passer la même action par les trois concepts, afin de la rapprocher, autant que possible, de l'intuition.

Nous pouvons maintenant terminer par où nous avons commencé, c'est-à-dire par le concept d'une volonté absolument bonne. La volonté absolument bonne est celle qui ne peut devenir mauvaise, celle, par conséquent, dont la maxime peut être érigée en loi universelle, sans se contredire elle-même. Ce principe est donc aussi sa loi suprême : agis toujours d'après une maxime dont tu puisses vouloir qu'elle soit une loi universelle. C'est la seule condition qui permette à une volonté de n'être jamais en contradiction avec elle même, et un tel impératif est catégorique. Et, puisque ce caractère qu'a la volonté de pouvoir être considérée comme une loi universelle pour des actions possibles a de l'analogie avec cette liaison universelle de l'existence des choses qui se fonde sur des lois universelles, et qui a la forme d'une nature en général, l'impératif catégorique peut encore

---

[25] La téléologie considère la nature comme un règne des fins ; la morale, un règne possible des fins comme un règne de la nature. Là le règne des fins est une idée théorique employée pour expliquer ce qui est. Ici c'est une idée pratique servant à réaliser ce qui n'est pas, mais ce qui peut être réalisé par notre manière d'agir, conformément à cette idée même.

être exprimé de cette manière : *agis d'après des maximes qui puissent se considérer elles-mêmes comme des lois universelles de la nature*. Telle est donc la formule d'une volonté absolument bonne. La nature raisonnable se distingue de toutes les autres en ce qu'elle se pose un but à elle-même. Ce but serait la matière de toute bonne volonté. Mais, comme dans l'idée d'une volonté bonne absolument, sans condition restrictive (indépendamment de cette condition qu'elle atteigne telle ou telle fin), il faut faire abstraction de toute fin à *réaliser* (puisque autrement la volonté ne serait plus bonne que relativement), la fin ne doit plus être ici considérée comme une chose à réaliser ; mais il la faut concevoir comme une fin *existant par elle-même*, et, par conséquent, d'une manière toute négative, c'est-à-dire comme une fin contre laquelle on ne doit jamais agir, et que par tant il ne faut jamais traiter comme un moyen, mais toujours respecter comme une fin.

Or cette fin ne peut être autre chose que le sujet même de toutes les fins possibles, puisque celui-ci est en même temps le sujet d'une volonté absolument bonne possible, et qu'une volonté absolument bonne ne peut être subordonnée sans contradiction à aucun autre objet. Ce principe : agis à l'égard de tout être raisonnable (de toi-même et des autres), de telle sorte que ta maxime le respecte toujours comme une fin en soi, est donc au fond identique avec celui-ci : agis d'après une maxime qui puisse être considérée comme une loi universelle pour tous les êtres raisonnables. En effet dire que, dans la poursuite de toute fin, je dois exclure de ma maxime l'emploi de tout moyen qui l'empêcherait de pouvoir être considérée comme une loi universelle pour tout sujet, c'est dire que le sujet des fins, c'est-à-dire l'être raisonnable lui-même, doit servir de principe à toutes les maximes de nos actions, non comme un moyen, mais comme une condition suprême à laquelle est soumis l'emploi de tous les moyens, c'est-à-dire comme une fin.

Il suit de là incontestablement que tout être raisonnable, en tant que fin en soi, doit pouvoir se considérer comme un législateur universel relativement à toutes les lois auxquelles il peut être soumis, puis que c'est précisément ce caractère, qu'ont ses maximes de pouvoir former une législation universelle, qui fait de lui une fin en soi, et que ce qui lui donne sa dignité (sa prérogative), ce qui l'élève au-dessus de tous les autres êtres de la nature, c'est qu'il doit envisager ses maximes d'un point de vue qui est le sien, mais qui est en même temps celui de tout autre être raisonnable, considéré comme législateur (et c'est pourquoi aussi on l'appelle une personne). Or c'est de cette manière qu'un monde d'êtres raisonnables (*mundus intelligibilis*) peut être considéré comme étant un règne des fins, et cela par la vertu de la législation propre à toutes les per sonnes qui en font partie comme membres. D'après cela tout être raisonnable doit toujours agir comme s'il était, par ses maximes, un membre législateur dans le règne universel des fins. Le principe formel de ces maximes est celui-ci : agis de telle sorte que ta maxime puisse servir en même temps de loi universelle (à tous les êtres raisonnables). Un règne des fins n'est possible que par analogie avec un règne de la nature, mais la possibilité de celui-là est toute entière fondée sur des maximes, c'est-à-dire sur des règles qu'on s'impose à soi-même, tandis que la possibilité de celui ci ne l'est que sur des lois qui soumettent les causes efficientes à l'empire d'une nécessité extérieure. Ce qui n'empêche pas d'ailleurs de donner à l'ensemble de la nature, bien qu'on ne la considère que comme une machine, le nom de règne de la nature, à cause de son rapport avec les êtres raisonnables considérés comme fins. Ce règne des fins serait réalisé par les maximes, dont l'impératif catégorique trace la règle à tous les êtres raisonnables, si elles étaient universellement suivies.

Mais, quoique l'être raisonnable ne puisse espérer que, quand il suivrait lui-même ponctuellement ces maximes, tous les autres les suivraient également, et que le règne de la nature et son ordonnance se mettraient en harmonie avec lui, comme avec un membre fidèle à sa destination[26], pour réaliser ce règne des fins dont il est le principe[27], c'est à dire lui donneraient le bonheur qu'il attend, cette loi : agis d'après les maximes d'un membre qui établit des lois universelles pour un règne des fins purement possible, n'en subsiste pas moins dans toute sa force, car elle commande catégoriquement. Et c'est précisément en cela que consiste ce paradoxe, que la dignité de l'humanité, considérée comme nature raisonnable, indépendamment de tout but à atteindre ou de tout avantage à obtenir, et, par conséquent, le respect d'une pure idée devraient être la règle inflexible de la volonté, et que c'est justement cette indépendance des maximes par rapport à tous les mobiles de cette espèce qui fait la sublimité de l'humanité, et rend tout être raisonnable digne d'être considéré comme un membre législateur dans le règne des fins, puisqu'autrement on ne pourrait plus le regarder que comme un être soumis par ses besoins à la loi de la nature. Aussi, quand même nous supposerions réunis sous un maître suprême le règne de la nature et celui des fins, et, quand même ce dernier ne serait plus une pure idée, mais aurait une véritable réalité, il y aurait un mobile puissant ajouté à cette idée, mais sa valeur intérieure n'en serait nullement augmentée ; car il faudrait toujours se représenter ce législateur unique et infini comme ne pouvant juger la valeur des êtres raisonnables que d'après la conduite désintéressée prescrite

---

[26] *als einem schicklichen Gliede*, mot à mot : *comme avec un membre convenable*.
[27] *durch ihn selbst moglichen*, mot à mot : *possible par lui même*.

par cette idée même. L'essence des choses n'est point modifiée par leurs rapports extérieurs, et ce qui, indépendamment de ces rapports, constitue seul la valeur absolue de l'homme, est aussi la seule chose d'après laquelle il doit être jugé par tout être, même par l'Être suprême. La moralité est donc le rapport des actions à l'autonomie de la volonté, c'est-à-dire à la législation universelle que peuvent constituer ses maximes. L'action qui peut s'accorder avec l'autonomie de la volonté est *permise* ; celle qui ne le peut pas est *défendue*. La volonté, dont les maximes s'accordent nécessairement avec les lois de l'autonomie, est une volonté absolument bonne, une volonté *sainte*. La dépendance d'une volonté, qui n'est pas absolument bonne, par rapport au principe de l'autonomie (la contrainte morale) est l'*obligation*. L'obligation ne peut donc regarder un être saint. La nécessité objective d'une action obligatoire s'appelle *devoir*.

Il est maintenant aisé de s'expliquer, par le peu que nous venons de dire, comment le concept du devoir, tout en nous annonçant une sujétion à la loi, nous fait trouver en même temps une certaine sublimité, une certaine dignité dans la personne qui remplit tous ses devoirs. En effet ce n'est sans doute point en tant qu'elle est soumise à la loi morale qu'elle a de la sublimité, mais en tant qu'elle se donne cette loi à elle même, et qu'elle n'y est soumise qu'à ce titre.

Nous avons montré aussi plus haut comment ce n'est ni la crainte ni l'inclination, mais le seul respect pour la loi qui peut donner une valeur morale aux actions. Notre propre volonté, conçue comme n'agissant qu'à la condition de pouvoir ériger ses maximes en lois universelles, cette volonté idéale, dont la possibilité vient de nous, est le véritable objet de notre respect, et la dignité de l'humanité consiste précisément dans cette propriété qu'elle a de dicter des lois universelles, mais à la condition de s'y soumettre elle-même.

L'autonomie de la volonté comme principe suprême de la moralité.

L'autonomie de la volonté est cette propriété qu'a la volonté d'être à elle-même sa loi (indépendamment de la nature des objets du vouloir). Le principe de l'autonomie est donc d'opter toujours du telle sorte que la volonté puisse considérer les maximes, qui déterminent son choix, comme des lois universelles. Que cette règle pratique soit un impératif, c'est-à-dire que la volonté de tout être raisonnable y soit liée comme à une condition nécessaire, c'est ce qu'on ne peut prouver par une simple analyse des concepts que renferme la volonté, car c'est là une proposition synthétique, qui commande apodictiquement, doit pouvoir être établie tout à fait à priori ; mais ce n'est pas l'affaire de cette section. La seule chose qu'on puisse établir par une simple analyse des concepts de la moralité, c'est que le principe de l'autonomie est l'unique principe de la morale. En effet on trouve par là que ce principe doit être un impératif catégorique, et que celui-ci ne commande ni plus ni moins que cette autonomie même.

*L'hétéronomie de la volonté comme source
de tous les faux principes de la morale.*

Lorsque la volonté cherche la loi qui doit la déterminer ailleurs que dans l'aptitude de ses maximes à former une législation qui lui soit propre, et qui en même temps soit universelle, lorsque, par conséquent, sortant d'elle-même, elle cherche cette loi dans la nature de quelqu'un do ses objets, il y a toujours hétéronomie. Ce n'est pas alors la volonté qui se donne à elle-même sa loi, mais c'est l'objet qui la lui donne par son rapport avec elle. Que ce rapport soit fondé sur l'inclination ou sur des représentations de la raison, il ne peut jamais donner lieu qu'à des impératifs hypothétiques : je dois faire quelque chose, *parce que je veux quelque autre chose.* Au contraire l'impératif moral, par conséquent catégorique, veut qu'où dise : je dois agir ainsi, alors même que je ne voudrais pas autre chose. Par exemple, suivant le premier impératif, on dira : je ne dois pas mentir, si je veux conserver ma réputation et suivant le second je ne dois pas mentir, quand même lu mensonge ne me ferait pas le plus léger tort.

Ce dernier doit donc faire abstraction de tout objet, en ce sens que l'objet ne doit avoir aucune *influence* sur la volonté, afin que la raison pratique (la volonté) ne se borne pas a administrer un intérêt étranger, mais qu'elle montre par elle-même l'autorité d'une législation suprême. Ainsi, par exemple je dois chercher à assurer le bonheur d'autrui non pas comme si j'y prenais quelque intérêt, (soit en vertu de quelque inclination immédiate, soit, indirectement en vertu de quelque satisfaction déterminée en moi par la raison ; mais uniquement parce qu'une maxime qui exclurait cette conduite ne pourrait être considérée par la même volonté comme une loi universelle.

*Division de tous les principes de moralité qu'on peut admettre
en partant du concept fondamental de l'hétéronomie*

Ici, comme partout ailleurs, dans son emploi pur, la raison humaine, tant que la critique lui a manqué, a tenté toutes les fausses routes possibles, avant d'avoir le bonheur de trouver la seule vraie.

Tous les principes, qu'on peut admettre de ce point de vue, sont ou *empiriques* ou *rationnels*. Les *premiers*, dérivant du principe du *bonheur*, se fondent sur le sentiment physique ou sur le sentiment moral ; les seconds, dérivant du principe de la *perfection*, se fondent, ou bien sur le concept rationnel de la perfection, considérée comme effet possible, ou bien sur celui d'une perfection existant par elle-même (de la volonté de Dieu), considérée comme cause déterminante de notre volonté.

Des principes empiriques ne peuvent jamais fonder des lois morales. Car l'universalité avec laquelle ces lois s'imposent nécessairement à tous les êtres raisonnables sans distinction, et la nécessité pratique inconditionnelle, qui leur est par là même attribuée, disparaissent, dès qu'on en cherche le principe dans la *constitution particulière de la nature humaine* ou dans les circonstances accidentelles où elle est placée. Mais le principe du *bonheur personnel* est le plus mauvais. Outre qu'il est faux et que l'expérience contredit celle supposition, que le bonheur se règle toujours sur la bonne conduite ; outre qu'il ne contribue en rien à fonder la moralité, puisque tout autre chose est de rendre un homme heureux, ou de le rendre bon, de le rendre prudent et attentif à ses intérêts, ou de le rendre vertueux, ce principe soumet la moralité à des mobiles qui la dégradent et lui enlèvent toute sublimité, car il range dans la même classe les mobiles qui nous portent à la vertu et ceux qui nous portent au vice, et, nous apprenant seulement à mieux calculer, il efface toute différence spécifique entre ces deux sortes de mobiles. Quant au sentiment moral[28], (quelque faiblesse d'esprit que montrent en l'invoquant ceux qui, faute d'être capables de penser, croient pouvoir appeler le sentiment à leur aide, même lorsqu'il s'agit de lois universelles, et, quoique des sentiments, qui diffèrent infiniment les uns des autres par le degré de leur nature, ne puissent guère donner une mesure égale du bien et du mal, et que celui qui juge par son sentiment n'ait pas le droit d'imposer ses jugements aux autres), ce prétendu sens spécial se rapproche du moins davantage de la moralité et de la dignité qui lui est

---

[28] Je rattache le principe du sentiment moral à celui du bonheur, parce que tout intérêt empirique, produit par l'agrément qu'une chose nous procure, que cela ait lieu immédiatement et sans aucune vue intéressée, ou qu'il s'y joigne quelque considération de ce genre, promet d'ajouter à notre bien-être. Il faut aussi, avec Hutcheson, rattacher le principe de la sympathie pour le bonheur d'autrui au sens moral admis par ce philosophe.

propre, en faisant à la vertu l'honneur de lui attribuer immédiatement la satisfaction et le respect que nous ressentons pour elle, et en ne lui disant pas en face, pour ainsi parler, que ce n'est pas sa beauté, mais notre avantage, qui nous attache à elle. Parmi les principes rationnels de la moralité, le concept ontologique de la perfection (si vide, si indéterminé, et partant si inutile qu'il soit, lorsqu'il s'agit de découvrir, dans le champ immense de la réalité possible, la plus grande somme de réalité convenable pour nous, et quoique, lorsqu'il s'agit de distinguer la réalité dont il est ici question de toute autre, il soit condamné à tourner dans un cercle, et ne puisse éviter de supposer tacitement la moralité, qu'il s'agit d'expliquer), ce concept, malgré ses défauts, est encore préférable au concept théologique, qui fait dériver la moralité d'une volonté divine absolument parfaite. Car nous n'avons pas l'intuition de cette perfection, et nous sommes réduits à la dériver de nos concepts, dont le principal est celui de la moralité ; ou, si nous ne voulons pas procéder ainsi (pour ne pas faire, comme il arriverait en effet, un cercle grossier dans notre explication), le seul concept de la volonté divine que nous pourrons donner pour fondement au système des mœurs sera celui d'une volonté possédée de l'amour de la gloire et de la domination, puissante et vindicative, partant redoutable, et rien ne serait plus contraire à la moralité.

Si maintenant il me fallait opter entre le concept du sens moral et celui de la perfection en général (lesquels, au moins, ne portent pas atteinte à la moralité, quoiqu'ils ne soient pas propres à lui servir de fondement), je donnerais la préférence au dernier, parce qu'il ne laisse pas à la sensibilité le soin de décider la question, mais que, la portant au tribunal de la raison pure, s'il ne décide rien ici et laisse l'idée (d'une volonté bonne en soi) indéterminée, il la conserve du moins intacte, jusqu'à ce qu'on la détermine avec plus de précision.

Du reste je crois pouvoir me dispenser d'une réfutation étendue de toutes les doctrines fondées sur ces concepts. Cette réfutation est si facile, et ceux-là même, qui sont forcés par état de se déclarer pour l'une de ces théories (car les auditeurs ne souffrent pas volontiers la suspension du jugement), s'en font sans doute une si juste idée, que ce serait peine perdue d'y insister. Mais ce qui nous intéresse ici davantage, c'est de savoir que tous ces principes ne donnent à la moralité d'autre fondement que l'hétéronomie de la volonté, et que c'est précisément pour cela qu'ils manquent leur but.

Toutes les fois que la volonté a besoin d'un objet qui lui prescrive la règle qui la détermine, cette règle n'est autre chose que l'hétéronomie ; l'impératif est alors conditionnel, à savoir : si ou parce que je veux cet objet, je dois agir de telle ou telle manière ; et, par conséquent, il ne peut jamais prescrire un ordre moral, c'est-à-dire catégorique. Or que l'objet détermine la volonté au moyen de l'inclination, comme dans le principe du bonheur personnel, ou au moyen de la raison appliquée en général à des objets possibles de notre vouloir, comme dans le principe de la perfection, dans l'un et l'autre cas, la volonté ne se détermine pas immédiatement elle-même par la représentation de l'action, mais elle est simplement déterminée par l'influence que l'effet supposé de l'action a sur elle. Quand je dis : je dois faire telle chose, parce que je veux telle autre chose, il faut encore admettre en moi une autre loi d'après laquelle je veux nécessairement cette autre chose, et celte loi à son tour a besoin d'un impératif auquel soit soumise cette maxime. En effet, comme l'influence, que la représentation d'un objet de notre activité peut exercer sur la volonté, dépend de la nature même du sujet, soit de la sensibilité (de l'inclination et du goût), soit de l'entendement et de la raison, qui, en vertu des dispositions particulières de leur nature, s'occupent d'un objet avec satisfaction, c'est proprement ici la nature qui donne la loi, et, puisque cette loi, comme loi de la nature, ne peut être connue et démontrée que par l'expérience, elle est contingente en soi, et par là impropre à constituer une règle pratique apodictique, telle que doit être la règle des mœurs. Elle n'est jamais autre chose qu'une hétéronomie de la volonté, c'est-à-dire que la volonté ne se la donne pas à elle-même, mais qu'elle la reçoit d'une impulsion étrangère, à laquelle la soumet la nature particulière du sujet.

La volonté absolument bonne, celle dont le principe doit être un impératif catégorique, sera donc in déterminée à l'égard de tous les objets, et ne contiendra que la forme du couloir en général, et c'est ici que parait l'autonomie, c'est-à-dire que l'aptitude de la maxime de toute bonne volonté à s'ériger elle-même en loi universelle est l'unique loi que s'impose à elle-même la volonté de tout être raisonnable, sans avoir besoin pour cela d'un mobile ou d'un intérêt quelconque.

Comment une proposition pratique de ce genre, c'est-à-dire une proposition synthétique *à priori*, est-elle possible, et pourquoi est-elle nécessaire ; c'est une question dont la solution n'est pas du ressort de la métaphysique des mœurs. Aussi n'avons-nous pas affirmé ici la vérité de cette proposition, et nous sommes nous bien gardés de prétendre que nous en avions une preuve entre les mains. Nous nous sommes bornés à montrer, par l'analyse du concept universellement reçu de la moralité, qu'une autonomie de la volonté était inévitablement liée à ce concept, ou plutôt qu'elle en était le fondement. Par conséquent, celui qui tient la moralité pour quelque chose de réel, et ne la regarde pas comme une idée chimérique et sans vérité, doit aussi admettre le principe que nous lui assignons. Cette section est donc, comme la première, purement analytique. Quant à la question de savoir si la moralité est autre chose qu'une chimère, ce qu'il faut admettre dès le moment que l'impératif catégorique, et avec lui l'autonomie de la volonté, est vrai, et qu'il est absolument nécessaire comme principe *à priori*, elle suppose un *usage synthétique possible de la raison pure pratique*, que nous ne pouvons tenter ici sans préparer une cri tique de cette faculté, dont nous tracerons dans la dernière section les traits qui suffisent à notre but.

Troisième section
Passage de la métaphysique des mœurs à la critique de la raison pure pratique

Le concept de la liberté est la clef qui donne l'explication de l'autonomie de la volonté.

La *volonté* est ta causalité des êtres vivants, en tant qu'ils sont raisonnables, et la *liberté* serait la propriété qu'aurait cette causalité d'agir indépendamment de toute cause *déterminante* étrangère ; de même que la *nécessité physique* est la propriété qu'a la causalité de tous les êtres privés de raison d'être déterminée à l'action par l'influence de causes étrangères.

Cette définition de la liberté est *négative*, et par conséquent, elle ne nous en fait pas saisir l'essence, mais elle conduit aussi à un concept *positif*, et partant plus riche et plus fécond. Comme le concept d'une causalité implique celui de *lois*, d'après lesquelles quelque chose que nous nommons effet doit être produit par quelque chose que nous nommons cause, la liberté ne doit pas être exempte de toute loi, quoique ses lois ne soient pas celles de la nature ; au contraire elle doit être une causalité agissant d'après des lois immuables, mais d'une espèce particulière ; autrement une volonté libre serait une absurdité. La nécessité physique était une hétéronomie des causes efficientes ; car tout effet n'était possible que d'après cette loi, que quelque autre chose déterminât la cause efficiente à la causalité ; que peut donc être la liberté de la volonté, sinon une autonomie, c'est-à-dire une propriété qu'a la volonté d'être à elle-même une loi ? Mais cette proposition : la volonté est à elle-même sa propre loi dans toutes les actions, ne désigne autre chose que ce principe : n'agis jamais d'après d'autres maximes que d'après celles qui peuvent être érigées en lois universelles. Or c'est précisément la formule de l'impératif catégorique et le principe de la moralité. Donc une volonté libre et une volonté soumise à des lois morales sont une seule et même chose.

Si donc on suppose la liberté de la volonté, il suffit d'en analyser le concept pour en dériver la moralité avec son principe. Cependant ce principe est toujours une proposition synthétique, qu'on peut exprimer ainsi : une volonté absolument bonne est celle dont la maxime peut toujours s'ériger, sans se détruire, en loi universelle ; car je ne puis trouver par l'analyse du concept d'une volonté absolument bonne la qualité que j'attribue ici à sa maxime. Des propositions synthétiques, comme celle-ci, ne sont possibles qu'à la condition que deux connaissances soient liées entre elles par leur union avec une troisième où elles se rencontrent toutes les deux. Or le concept *positif* de la liberté fournit ce troisième terme, qui ne peut être ici, comme pour les causes physiques, la nature du monde sensible (dans le concept de laquelle se rencontrent le concept d'une chose considérée comme cause et celui d'une autre chose liée à la première comme effet). Mais quel est ce troisième terme auquel nous renvoie la liberté, et dont nous avons une idée *à priori*, nous ne pouvons le montrer encore, ni faire comprendre comment le concept de la liberté se déduit de la raison pure pratique, et en même temps aussi comment est possible un impératif catégorique : nous avons encore besoin pour cela de quelque préparation.

La liberté doit être supposée comme propriété de la volonté
de tout être raisonnable.

Il ne suffit pas d'attribuer la liberté à notre volonté, par quelque raison que ce soit, si nous n'avons pas une raison suffisante de l'attribuer aussi à tous les êtres raisonnables. En effet, comme la moralité n'est une loi pour nous qu'autant que nous sommes des êtres raisonnables, elle doit aussi avoir la même valeur pour tous les êtres raisonnables ; et, comme elle doit être uniquement dérivée delà propriété de la liberté, il faut prouver aussi que la liberté est la propriété de la volonté de tous les êtres raisonnables. Il ne suffirait pas de la déduire de quelques expériences, qu'on prétendrait avoir faites sur la nature humaine (ce qui d'ailleurs est absolument impossible, car la liberté ne peut être établie qu'*à priori*), mais il faut prouver qu'elle appartient en général à l'activité des êtres doués de raison et de volonté. Or je dis que tout être qui ne peut agir autrement que sous la condition de l'idée de la liberté est par là même, au point de vue pratique, réellement libre ; c'est-à-dire que toutes les lois, qui sont inséparablement liées à la liberté, ont pour cet être la même valeur, que si sa volonté avait été reconnue libre en elle même et au point de vue de la philosophie théorique[29]. Et je soutiens en même temps que nous devons nécessairement admettre que tout être raisonnable, qui a une volonté, a l'idée de la liberté, et qu'il n'agit que sous cette idée. En effet nous concevons dans un être raisonnable une raison qui est pratique, c'est-à-dire qui est douée de causalité à l'égard de ses objets. Or il est impossible de concevoir une raison qui, ayant conscience d'être elle-même la cause de ses jugements, recevrait une direction du dehors, car alors le sujet n'attribuerait plus à sa raison, mais à un mobile, la détermination de ses jugements. Il faut donc qu'elle se considère comme étant elle-même, indépendamment de toute influence étrangère, l'auteur de ses principes ; et, par conséquent, comme raison pratique ou comme volonté d'un être raisonnable, elle doit se considérer elle-même comme libre, c'est-à-dire que la volonté d'un être raisonnable ne peut être une volonté propre que sous la condition de l'idée de la liberté, et que, par conséquent, la liberté doit être attribuée, au point de vue pratique, à tous les êtres raisonnables.

De l'intérêt qui s'attache ses idées de la moralité.

Nous avons ramené en dernière analyse le concept déterminé de la moralité à l'idée de la liberté. Mais nous n'avons pu démontrer cette liberté, comme quel que chose de réel, même en nous et dans la nature humaine ; nous avons vu seulement que nous devons la supposer, dès que nous voulons concevoir un être raisonnable et ayant conscience de sa causalité dans ses actions, c'est-à-dire doué de volonté ; et c'est ainsi que nous sommes conduits à attribuer à tout être doué de raison et de volonté cette propriété de ne se déterminer à agir qu'en se supposant libre.

De la supposition de ces idées dérive la conscience d'une loi, qui nous commande d'agir de telle sorte que les principes subjectifs de nos actions, ou nos maximes, puissent être érigés en principes objectifs, c'est-à-dire universels, et former ainsi une législation qui nous soit propre, et qui en même temps soit universelle. Mais pourquoi donc dois-je me soumettre à ce

---

[29] Ne voulant pas m'engager à prouver la liberté au point de vue théorique, je me borne à admettre comme une idée que les êtres raisonnables donnent pour fondement à toutes leurs actions. Cela suffit pour le but que nous nous proposons. Car, quand même l'existence de la liberté ne serait pas théoriquement démontrée, les mêmes lois qui obligeraient un être réellement libre obligent également celui qui ne peut agir qu'en supposant sa propre liberté. Nous pouvons donc nous délivrer ici du fardeau qui pèse sur la théorie.

principe, en ma qualité d'être raisonnable en général, ou pourquoi tous les êtres doués de raison y sont-ils soumis ? J'accorde qu'aucun intérêt ne m'y pousse y car alors ce ne serait plus un impératif catégorique ; mais il faut bien pourtant que j'y prenne un intérêt, et que je sache comment cela arrive. En effet le devoir, exprimé par cet impératif, est proprement le vouloir de tout être raisonnable, dont la raison pratique ne rencontrerait point d'obstacle ; mais, quand il s'agit d'êtres affectés aussi, comme nous, par des mobiles d'une autre espèce, c'est-à-dire par la sensibilité, et ne faisant pas toujours ce que ferait la raison, si elle était seule, la nécessité de l'action devient un devoir, et la nécessité subjective est distincte de la nécessité objective.

Il semble donc que nous ne fassions proprement que supposer la loi morale, c'est-à-dire le principe de l'autonomie de la volonté, en supposant l'idée de la liberté, et que nous ne puissions démontrer en elle-même la réalité et la nécessité objective de cette loi ou de ce principe. Il est vrai que nous aurions toujours gagné quelque chose de considérable, en déterminant du moins avec plus de précision, qu'on ne l'avait fait jusque là, le véritable principe de la moralité, mais quant à sa valeur, quant à la nécessité pratique de nous y soumettre, nous ne serions pas plus avancés de ce côté. Car nous ne saurions faire une réponse satisfaisante à celui qui nous demanderait pourquoi donc l'universalité d'une maxime érigée en loi doit être la condition restrictive de nos actions, sur quoi nous fondons la valeur que nous attribuons à cette manière d'agir, cette valeur si grande, qu'il ne peut y avoir d'intérêt plus élevé, et comment c'est par là seulement que l'homme croit sentir sa valeur personnelle, au prix de laquelle il compte pour rien celle d'un état agréable ou pénible.

Nous trouvons bien, à la vérité, que nous pouvons attacher un certain intérêt à une qualité personnelle, où l'intérêt de notre état n'entre pour rien, mais qui nous donnerait des titres au bonheur, si la raison était chargée de le dispenser ; c'est-à-dire que cette seule qualité d'être digne du bonheur peut nous intéresser par elle-même, indépendamment de l'espoir de participer à ce bonheur. Mais ce jugement n'est en réalité que l'effet de l'importance même que nous attribuons déjà aux lois morales (en nous détachant par l'idée de la liberté de tout intérêt empirique), et nous ne pouvons voir encore par là pourquoi nous devons nous dégager de tout intérêt de ce genre, c'est-à-dire nous supposer libres dans nos actions, et en même temps nous regarder comme soumis à certaines lois, pour trouver dans notre personne une valeur propre à compenser la perte de tout ce qui peut donner du prix à notre état, comment cela est possible, et, par conséquent, d'où vient que la loi morale oblige.

Il y a ici, il faut l'avouer franchement, une espèce de cercle, d'où il semble qu'il soit impossible de sortir. Nous nous supposons libres dans l'ordre des causes efficientes, afin de pouvoir nous regarder comme soumis dans l'ordre des fins à des lois morales, et ensuite nous nous considérons comme soumis à ces lois, parce que nous nous sommes attribué la liberté de la volonté. La liberté et la soumission de la volonté à sa propre législation sont, il est vrai, toutes deux de l'autonomie, et, par conséquent, ce sont deux concepts identiques, mais c'est précisément pour cela qu'on ne peut se servir de l'un pour expliquer l'autre ou en rendre raison. Tout ce que l'on peut faire en pareil cas, c'est de ramener, au point de vue logique, sous un concept unique, les représentations, diverses en apparence, d'un seul et même principe (comme on réduit diverses fractions de même valeur à leur plus simple expression).

Mais il nous reste encore une ressource : c'est de chercher si, en nous considérant, à l'aide de l'idée de la liberté, comme des causes efficientes *à priori*, nous ne nous plaçons pas à un autre point de vue, qu'en nous représentant nos propres actions comme des effets que nous avons devant les yeux.

Il est une remarque qui n'exige pas une profonde réflexion, mais que le plus simple bon sens peut faire à sa manière, c'est-à-dire par cette sorte de jugement confus qu'il nomme sentiment : c'est que toutes les représentations que nous recevons passivement (comme celles des sens) ne nous font connaître les objets que comme ils nous affectent, ce qui ne nous apprend pas du tout ce qu'ils peuvent être en soi, et que, par conséquent, par cette espèce de représentations, quelque attention que leur donne et quelque clarté qu'y ajoute l'entendement, nous ne pouvons arriver qu'à la connaissance des phénomènes, et jamais à celle des choses en soi. Dès qu'on fait cette distinction (et il suffit pour cela de remarquer la différence des représentations qui nous viennent du dehors, et où nous sommes passifs, et de celles que nous produisons de nous-mêmes, et où nous montrons notre activité), il s'ensuit nécessairement qu'on doit admettre derrière les phénomènes quelque autre chose encore, qui n'est pas phénomène, c'est-à-dire les choses en soi, quoiqu'il faille bien avouer que nous ne pouvons les connaître que par la manière dont elles nous affectent, et non pas comme elles sont. De là la distinction que nous faisons, un peu grossièrement il est vrai, entre un monde *sensible* et un monde *intelligible*, le premier qui varie suivant la différence de la sensibilité dans les divers spectateurs, le second qui, servant de fondement au premier, reste toujours le même. Cette distinction s'applique à l'homme même. D'après la connaissance qu'il a de lui-même par le sentiment intérieur, il ne peut se flatter de se connaître tel qu'il est en soi. Car, comme il ne se produit pas lui-même et que le concept qu'il a de lui même n'est pas *à priori*, mais qu'il le reçoit de l'expérience, ou du sens intime, il est clair qu'il ne connait sa nature que comme phénomène, c'est-à-dire par la manière dont sa conscience est affectée. Mais en même temps, au-dessus de celte collection de purs phénomènes qu'il trouve en son propre sujet, il doit nécessairement admettre quelque autre chose qui leur sert de fondement, c'est-à-dire son moi, quelle que puisse être sa nature intime, et, par conséquent, il doit se considérer, quant à la simple perception des phénomènes et à la réceptivité des sensations, comme tenant au monde sensible, et, quant à ce qui peut être en lui pure activité (c'est-à-dire quant à ce qui arrive à la conscience immédiatement, et non par l'intermédiaire des sens), comme faisant partie du monde intelligible, dont il ne sait rien de plus.

Tout homme qui réfléchit arrivera à cette conclusion sur toutes les choses qui peuvent se présenter à lui ; et probablement on la retrouverait aussi dans le vulgaire, dont l'esprit est, comme on sait, fort disposé à supposer derrière les objets des sens quelque chose d'invisible, d'existant en soi, mais qui gâte cette excellente disposition en donnant une forme sensible à cet invisible, c'est-à-dire en voulant en faire un objet d'intuition, et ainsi ne se trouve pas plus avancé. Or l'homme trouve réellement en lui-même une faculté par laquelle il se distingue de toutes les autres choses, même de lui-même, en tant qu'être affecté par des objets, et cette faculté est la raison. Comme spontanéité pure, la raison est encore supérieure à l'entendement, car, quoique celui-ci soit aussi une spontanéité, et qu'il ne contienne pas seulement, comme le sens, des représentations, qui ne naissent qu'autant qu'on est affecté par des objets (et, par conséquent, qu'on est passif), il ne peut pourtant produire par son activité d'autres concepts que ceux qui servent à ramener les représentations sensibles à des règles, et à les unir par là en une même conscience, et, sans ces données de la sensibilité auxquelles il s'applique, il ne penserait absolument rien ; tandis que la raison révèle dans ce que j'appelle les idées une spontanéité si pure, que par elle l'homme s'élève bien au delà de ce que la sensibilité peut lui fournir, et que sa principale fonction consiste à distinguer le monde sensible et le monde intelligible, et par là à tracer à l'entendement lui-même ses limites.

C'est pourquoi un être raisonnable doit se considérer lui-même, en tant qu'*intelligence* (et non pas du côté de ses facultés inférieures), comme appartenant au monde intelligible, et non au monde sensible. Il a donc deux points de vue d'où il peut se considérer lui même et reconnaître les lois de l'exercice de ses facultés, et, par conséquent, de tous ses actes ; *d'un côté*, en tant qu'il appartient au monde sensible, il se voit soumis aux lois de la nature (hétéronomie) ; *de l'autre*, en tant qu'il appartient au monde intelligible, il se voit soumis à des lois indépendantes de la nature, ou qui ne sont pas empiriques, mais fondées uniquement sur la raison.

Comme être raisonnable, et partant appartenant au monde intelligible, l'homme ne peut concevoir la causalité de sa propre volonté que sous la condition de l'idée de la liberté ; car l'indépendance des causes déterminantes du monde sensible (indépendance que doit toujours s'attribuer la raison) est la liberté. Or à l'idée de la liberté est inséparablement lié le concept de l'autonomie, et à celui-ci le principe universel de la moralité, lequel, dans l'idée, sert de fondement à toutes les actions des êtres raisonnables, comme la loi de la nature à tous les phénomènes.

Ainsi se trouve dissipé le soupçon de cercle vicieux que nous avions élevé nous-mêmes sur notre manière de conclure de la liberté à l'autonomie, et de celle-ci à la loi morale. On pouvait croire en effet que nous n'avions pris pour fondement l'idée de la liberté qu'en vue de la loi morale, pour conclure ensuite celle-ci de celle là, et que, par conséquent, de cette loi même nous ne pouvions donner aucune raison, mais que nous l'avions mise en avant comme un principe que les âmes bien pensantes nous accorderaient aisément, quoique nous ne puissions l'établir sur aucune preuve. Mais nous voyons maintenant que, en nous concevant libres, nous nous transportons dans le monde intelligible, où nous reconnaissons l'autonomie de la volonté, avec sa conséquence, la moralité, mais que, en nous concevant soumis au devoir, nous nous considérons comme appartenant au monde sensible et en même temps au monde intelligible.

Comment un impératif catégorique est-il possible ?

L'être raisonnable se place comme intelligence dans le monde intelligible, et ce n'est que comme cause efficiente, appartenant à ce monde, qu'il nomme sa causalité une *volonté*. D'un autre côté, il a conscience de faire aussi partie du monde sensible ; c'est dans ce monde qu'ont lieu ses actions, comme purs phénomènes de cette causalité, mais leur possibilité ne peut être expliquée par cette causalité, que nous ne connais sons pas, et nous sommes forcés de les considérer, en tant qu'elles appartiennent au monde sensible, comme déterminées par d'autres phénomènes, c'est-à-dire par des désirs et des inclinations. Si donc j'étais simplement membre du monde intelligible, toutes mes actions seraient parfaitement conformes au principe de l'autonomie de la volonté pure ; et, si je n'appartenais qu'au monde sensible, elles seraient entièrement conformes à la loi naturelle des désirs et des inclinations, et, par conséquent, à l'hétéronomie de la nature. (Dans le premier cas, elles reposeraient sur le principe suprême de la moralité ; dans le second, sur celui du bonheur.) Mais, *comme le monde intelligible contient le fondement du monde sensible, et partant aussi de ses lois*, qu'ainsi il fournit immédiatement à ma volonté (qui appartient au monde intelligible) sa législation, et que c'est de cette manière qu'on le doit concevoir comme tel, si, d'un autre côté, je dois me considérer comme un être appartenant au monde sensible, je n'en dois pas moins, comme intelligence, me reconnaître soumis à la loi du monde intelligible, c'est à-dire à la raison, qui renferme cette loi dans l'idée de la liberté, et, par conséquent, à l'autonomie de la volonté, et c'est pourquoi les lois du monde intelligible doivent être considérées par moi comme des impératifs, et les actions conformes à ce principe comme des devoirs.

Et c'est ainsi que les impératifs catégoriques sont possibles. L'idée de la liberté me fait membre d'un monde intelligible ; si je n'appartenais qu'à ce monde, toutes mes actions seraient toujours conformes à l'autonomie de la volonté ; mais, comme je me vois en même temps membre du monde sensible, je dis seulement qu'elles doivent être conformes à ce principe. Ce devoir catégorique suppose une proposition synthétique *à priori*, où à l'idée de ma volonté, affectée par des désirs sensibles, s'ajoute celle de cette même volonté, appartenant au monde intelligible, pure et pratique par elle-même, et contenant la condition suprême imposée à la première par la raison. A peu près comme aux intuitions du monde sensible s'ajoutent les concepts de l'entendement, qui ne signifient rien par eux-mêmes qu'une forme de lois en général, mais par là rendent possibles des propositions synthétiques *à priori*, sur lesquelles repose toute la connaissance de la nature.

L'usage pratique que le commun des hommes fait de la raison confirme l'exactitude de cette déduction. Il n'y a personne, pas même le scélérat le plus consommé, pour peu qu'il soit habitué à faire usage de sa raison, qui, lorsqu'on lui propose des exemples de loyauté dans les desseins, de persévérance dans la pratique des bonnes maximes, de sympathie et de bienveillance universelle (en y joignant même le spectacle des grands sacrifices que coûtent ces vertus), ne souhaite aussi par lui-même ces qualités. Ses inclinations et ses penchants l'empêchent de suivre ces exemples, mais il n'en souhaite pas moins d'être libre d'un joug qui lui pèse à lui-même. Il prouve donc par là qu'il se transporte en idée, par une volonté libre des attaches de la sensibilité, dans un ordre de choses bien différent de celui de ses désirs ou du champ de la sensibilité, car, en formant un tel souhait, il ne peut songer à la satisfaction de quelqu'un de ses désirs, ou de quelqu'une de ses inclinations réelles ou imaginaires (puisqu'il ôterait par là toute sa supériorité à l'idée qui lui arrache ce souhait), mais seulement à la valeur intérieure qu'il ajouterait à sa personne. Il croit être cette meilleure personne, lorsqu'il se place au point de vue d'un membre de ce monde intelligible, auquel il se voit involontairement soumis par l'idée de la liberté, c'est-à-dire de l'indépendance de toutes les causes *déterminantes* du monde sensible, et dans lequel il a conscience d'une bonne volonté, qui, de son propre aveu, est, pour la mauvaise volonté qu'il manifeste, en tant que membre du monde sensible, une loi dont il reconnaît l'autorité, tout en la violant. Ainsi, comme membre d'un monde intelligible, il veut nécessairement ce qu'il doit moralement, et il ne distingue le devoir du vouloir, qu'autant qu'il se considère comme faisant partie du monde sensible.

Des dernières limites de toute philosophie pratique.

Tous les hommes s'attribuent une volonté libre. De là viennent tous ces jugements par lesquels nous déclarons que telles actions auraient *dû être faites*, quoi qu'elles ne l'*aient pas été*. Pourtant cette liberté n'est pas un concept d'expérience, et ne peut pas l'être, puisque ce concept persiste toujours, alors même que l'expérience nous montre le contraire de ce que nous nous représentons comme nécessaire sous la supposition de la liberté. D'un autre côté, il est également nécessaire que tout ce qui arrive soit invariablement déterminé d'après des lois de la nature, et cette nécessité physique n'est pas non plus un concept d'expérience, précisément à cause de son caractère de nécessité : elle suppose donc une connaissance *à priori*. Mais ce concept d'une nature est confirmé par l'expérience, et il est même indispensable de le supposer pour pouvoir rendre possible l'expérience, c'est-à-dire une connaissance des objets des sens qui forme un tout fondé sur des lois universelles. La liberté n'est donc qu'une idée de la raison, dont la réalité objective est douteuse en soi, tandis que la nature est un *concept de l'entendement*, qui prouve et doit nécessairement prouver sa réalité par des exemples empiriques.

Mais, quoiqu'il y ait là une source de dialectique pour la raison, puisque la liberté qu'elle attribue à la volonté semble en contradiction avec la nécessité physique, et, quoique placée entre ces deux chemins, la raison trouve, *au point de vue spéculatif*, celui de la nécessité physique mieux battu et plus praticable que celui de la liberté, pourtant, *au point de vue pratique*, le sentier de la liberté est le seul où il soit possible de faire usage de sa raison en matière d'actions à faire ou à éviter ; et c'est pourquoi il est aussi impossible à la philosophie la plus subtile qu'à la raison la plus vulgaire d'ébranler la liberté par des sophismes. Il faut donc bien supposer qu'il n'y a pas de contradiction réelle entre la liberté et la nécessité physique des mêmes actions humaines, car la raison ne peut pas plus renoncer au concept de la nature qu'à celui de la liberté.

Cependant, ne dût-on jamais comprendre comment la liberté est possible, il faut du moins dissiper d'une manière convaincante cette apparente contradiction. Car si l'idée de la liberté était contradictoire à elle même ou à celle de la nature, qui est également nécessaire, il faudrait la sacrifier entièrement à la nécessité physique. Or il serait impossible d'échapper à cette contradiction, si le sujet, qui se croit libre, se concevait lui-même, lorsqu'il se proclame libre, *dans le même sens ou sous le même rapport*, que quand il se reconnaît, à l'égard de la même action, soumis à la loi de la nature. C'est donc un devoir rigoureux pour la philosophie spéculative de dissiper du moins l'illusion qui nous fait voir ici une contradiction, en montrant que, quand nous appelons l'homme libre, nous le concevons dans un autre sens et sous un autre rapport que quand nous le regardons comme soumis, en tant que membre de la nature, aux lois de cette nature même, et que non-seulement ces deux choses peuvent fort bien aller ensemble, mais qu'elles doivent même être conçues *comme nécessairement unies* dans le même sujet, puisqu'autrement on ne verrait pas pourquoi nous chargerions la raison d'une idée qui, *sans être absolument inconciliable* avec une autre idée suffisamment établie, nous jette pourtant en des difficultés qui embarrassent très fort la raison théorique. Mais ce devoir est seulement celui de la philosophie spéculative, qui doit ouvrir par là un libre chemin à la philosophie pratique. Il n'est donc pas indifférent pour le philosophe de lever ou de négliger cette apparente contradiction ; car, dans ce dernier cas, la théorie laisse ici un *bonum vacans*, dont le fataliste a le droit de s'emparer, et d'où il peut chasser toute morale, comme d'une propriété qu'elle possède sans titre.

Cependant on ne peut pas dire encore que nous soyons arrivés ici aux limites de la philosophie pratique. En effet celle-ci ne doit pas figurer dans ce débat ; elle demande seulement à la raison spéculative de mettre fin à ce différend, où elle se voit elle-même embarrassée par des questions théoriques, afin de n'avoir plus rien à redouter des attaques extérieures, qui pourraient lui disputer le terrain sur lequel elle veut s'établir.

Mais le droit que s'attribue légitimement tout homme, même le plus vulgaire, de prétendre à la liberté de la volonté, se fonde sur la conscience et sur la supposition non contestée de l'indépendance de la raison par rapport aux causes purement subjectives de détermination, qui ensemble constituent ce qui appartient à la pure sensation, ou ce qu'on désigne sous le nom général de sensibilité. L'homme, qui se considère ainsi comme une intelligence douée de volonté, et, par conséquent, de causalité, se place par là dans un tout autre ordre de choses, et se met en rapport avec des principes de détermination d'une tout autre espèce, que quand il se perçoit comme phénomène dans le monde sensible (ce qu'il est aussi en effet], et qu'il soumet sa causalité, quant à la détermination extérieure, aux lois de la nature. Or il remarque aussitôt que l'un et l'autre peuvent et doivent même aller ensemble. En effet, qu'une chose soit soumise à certaines lois, *en tant que phénomène* (en tant qu'appartenant au monde sensible), et qu'elle soit indépendante de ces mêmes lois, en tant que *chose* ou *être en soi*, il n'y a pas là la moindre contradiction ; et que l'homme doive se représenter et se concevoir de cette double manière, c'est ce qui se fonde, d'un côté, sur la conscience qu'il a de lui-même comme d'un objet affecté par des sens, et, de l'autre, sur la conscience qu'il a aussi de lui-même comme d'une intelligence, c'est-à-dire comme d'un être indépendant, dans l'emploi de sa raison, des impressions sensibles (et, par conséquent, appartenant au monde intelligible).

De là vient que l'homme s'attribue une volonté, qui ne souffre pas qu'on lui impute rien de ce qui vient des désirs ou des inclinations, et qui au contraire conçoit comme possibles, et même comme nécessaires, certaines actions, qui exigent le sacrifice de tous les désirs et de tous les attraits sensibles. La causalité de cette volonté réside en lui-même, considéré comme intelligence, et dans ces lois des effets et des actes qui ne sont autre chose que les principes d'un monde intelligible, dont il ne sait rien de plus sinon que la raison, la raison pure, la raison indépendante de la sensibilité, y donne la loi. C'est par là seulement qu'il est véritablement lui même (tandis qu'au contraire, comme homme, il n'est que le phénomène de lui-même). Ces lois s'imposent à lui immédiatement et catégoriquement, de telle sorte que tout ce à quoi le poussent les inclinations et les penchants (par conséquent toute la nature du monde sensible) ne peut porter atteinte aux lois de sa volonté, considérée comme intelligence. Bien plus, il n'assume même pas la responsabilité de ces inclinations et de ces penchants, et il ne les attribue pas à son véritable moi, c'est-à-dire à sa volonté ; il ne s'accuse que de la complaisance qu'il montre à leur endroit lorsqu'il leur laisse prendre de l'influence sur ses maximes, au préjudice des lois rationnelles de la volonté.

En se concevant ainsi dans un monde intelligible, la raison pratique ne sort pas de ses limites, comme si elle voulait s'y apercevoir, s'y sentir. Cette conception est purement négative par rapport au monde sensible, qui, dans la détermination de la volonté, ne donne point de lois à la raison ; et elle n'est positive qu'en ce seul point, que cette liberté, comme détermination négative, doit être liée en même temps à une faculté (positive) et même à une causalité de la raison que nous nommons une volonté, c'est-à-dire à la faculté d'agir de telle sorte que le principe des actions soit conforme à l'essence même d'une cause raisonnable, ou à la condition de la validité universelle de la maxime comme loi. Que si la raison cherchait en outre à tirer du monde intelligible un *objet de la volonté*, c'est-à-dire un mobile, elle sortirait de ses limites, et se flatterait de connaître quelque chose, dont elle ne sait rien. Le concept d'un monde intelligible n'est donc qu'un point de vue, que la raison se voit forcée de prendre en dehors des phénomènes, pour *se concevoir elle-même comme pratique*, ce qui ne serait pas possible si la sensibilité exerçait sur l'homme une influence déterminante, mais ce qui est nécessaire si on ne lui refuse pas la conscience de lui-même en tant qu'intelligence, par conséquent, en tant que cause raisonnable et déterminée par la raison, c'est-à-dire en tant que cause agissant librement. Sans doute ce concept nous apporte l'idée d'un ordre de choses et d'une législation bien distincts de l'ordre et de la législation du mécanisme physique, qui est le caractère du monde sensible, et il nous présente comme nécessaire l'idée d'un monde intelligible (c'est-à-dire d'un ensemble d'êtres raison nables, en tant qu'êtres en soi), mais il ne nous permet pas d'en concevoir autre chose que la condition *formelle*, c'est-à-dire l'universalité des maximes de la volonté comme lois, par conséquent, l'autonomie de cette faculté, qui seule peut s'accorder avec sa liberté, tandis qu'au contraire toutes les lois qui sont déterminées par un objet donnent de l'hétéronomie, laquelle ne peut se rencontrer que dans les lois de la nature et ne regarde que le monde sensible.

Mais où la raison transgresserait toutes ses limites, ce serait si elle entreprenait de *s'expliquer comment* la raison pure peut être pratique, question qui reviendrait à celle de savoir comment la liberté est possible.

En effet nous ne pouvons expliquer que ce que nous pouvons ramener à des lois dont l'objet peut être donné dans quelque expérience possible. Or la liberté est une pure idée, dont la réalité objective ne peut en aucune manière être prouvée d'après des lois de la nature, ni, par conséquent, nous être donnée dans aucune expérience possible, et qui, échappant à toute analogie et à tout exemple, ne peut par cela même ni être comprise, ni même être saisie. Elle n'a d'autre valeur que celle d'une supposition nécessaire de la raison dans un être qui croit avoir conscience d'une volonté, c'est-à-dire, d'une faculté bien différente de la simple faculté de désirer (la faculté de se déterminer à agir comme intelligence, et, par conséquent, suivant les lois de la raison et indépendamment des instincts naturels). Or là où les lois de la nature cessent d'expliquer les déterminations, là cesse toute explication, et tout ce qu'on peut faire, c'est de se tenir sur la défensive, c'est-à-dire d'écarter les objections de ceux qui, prétendant avoir pénétré plus profondément dans la nature des choses, tiennent hardiment la liberté pour impossible. On peut en effet du moins leur montrer d'où vient la contradiction qu'ils prétendent découvrir ici : en appliquant la loi de la nature aux actions humaines, ils considèrent nécessairement l'homme comme phénomène ; et puis, lorsqu'on leur demande de le considérer, en tant qu'intelligence, comme être en soi, ils continuent de le considérer comme un phénomène ; or, pour qui ne sort pas de ce point de vue, il y a sans doute contradiction à soustraire dans un seul et même sujet la causalité de l'homme (c'est-à-dire sa volonté) à toutes les lois naturelles du monde sensible, mais cette contradiction disparaîtrait pour eux, s'ils voulaient bien remarquer et reconnaître, comme il est juste, que derrière les phénomènes il doit y avoir, comme fondement même de ces phénomènes, les choses en soi (bien qu'elles nous soient inconnues), et qu'on ne peut exiger que les lois qui les gouvernent soient identiques à celles auxquelles sont soumis leurs phénomènes.

L'impossibilité subjective d'*expliquer* la liberté de la volonté est la même que celle de découvrir et de comprendre comment l'homme peut prendre un *intérêt*[30] à des lois morales. Et pourtant nous y prenons bien certainement

---

[30] On appelle intérêt ce qui fait que la raison est pratique, c'est-à-dire devient une cause déterminant la volonté. Aussi les êtres raisonnables sont-ils les seuls dont on dise qu'ils prennent intérêt à quelque chose ; des créatures privées de raison, on dit seulement qu'elles sont mues par des penchants sensibles. La raison ne prend un intérêt immédiate une action, que quand la validité universelle de la maxime de cette action est un principe de détermination suffisant pour la volonté. Cet intérêt est le seul qui soit pur. Mais, quand elle ne peut déterminer la volonté qu'au moyen d'un autre objet du désir, ou qu'en supposant un sentiment particulier dans le sujet, la raison ne prend alors à l'action qu'un intérêt médiat, et, comme elle ne peut découvrir par elle-même et sans le secours de l'expérience, ni les objets de la volonté, ni les sentiments particuliers qui servent de principes à celle-ci, ce dernier

un intérêt, dont nous trouvons le fondement en nous-mêmes dans ce que nous appelons le sentiment moral, sentiment que quelques philosophes ont faussement présenté comme la mesure de nos jugements moraux, car on doit plutôt le considérer comme l'effet *subjectif* que la loi produit sur la volonté, et dont la raison seule fournit les principes objectifs.

Pour qu'un être raisonnable, mais sensible, puisse vouloir ce que la raison seule lui prescrit comme un devoir, il faut sans doute qu'elle ait le pouvoir de lui *inspirer*[31] un sentiment de plaisir ou de satisfaction lié à l'accomplissement du devoir, et, par conséquent, il faut qu'elle ait une causalité qui consiste à dé terminer la sensibilité conformément à ses principes. Mais il est absolument impossible d'apercevoir, c'est à-dire de comprendre *à priori* comment une pure idée, qui ne contient elle-même rien de sensible, produit un sentiment de plaisir ou de peine ; car c'est là une espèce particulière de causalité dont nous ne pouvons, comme cela est vrai aussi de toute autre, rien déterminer *à priori*. Reste l'expérience, mais l'expérience ne peut nous montra un rapport de cause à effet qu'entre deux objets d'expérience, et ici la raison pure doit être, par de pures idées (qui ne donnent aucun objet d'expérience), cause d'un effet, qui tombe assurément dans l'expérience ; d'où il suit qu'il nous est absolument impossible, à nous autres hommes, d'expliquer pourquoi et comment l'*universalité d'une maxime comme loi*, par conséquent la moralité, nous intéresse. Il est certain seulement qu'elle n'a pas de valeur pour nous *parce qu'elle nous intéresse* (car ce serait là de l'hétéronomie, c'est-à-dire que la raison pratique dépendrait de la sensibilité, ou qu'elle s'appuierait sur un certain sentiment, et ne serait pas elle-même la source des lois morales), mais qu'elle nous intéresse, parce qu'elle a de la valeur pour nous, en tant qu'elle dérive de notre volonté comme intelligence, et, par conséquent, notre véritable moi, *et que la raison subordonne nécessairement à. la nature des choses en soi ce qui appartient au monde des phénomènes*.

Quand donc on demande comment un impératif catégorique est possible, tout ce que nous pouvons répondre, c'est que nous pouvons indiquer la seule supposition qui le rend possible, c'est-à-dire l'idée de la liberté, et en même temps apercevoir la nécessité de cette supposition ; et cela suffit pour l'usage pratique de la raison, c'est-à-dire pour nous con vaincre de la pâleur de cet

---

intérêt est empirique et ne peut être considéré comme un intérêt purement rationnel. L'intérêt logique de la raison (l'intérêt qui s'attache au développement de ses lumières) n'est jamais immédiat, mais il suppose toujours les buts auxquels nous appliquons cette faculté.

[31] *einzuflössen*

impératif, et, par conséquent, de la loi morale ; mais quant à savoir comment cette supposition elle-même est possible, c'est ce qui est au-dessus de toute raison humaine. Une fois supposée la liberté de la volonté d'une intelligence, l'autonomie de cette volonté, comme condition formelle et unique de ses déterminations, est une conséquence nécessaire £t il n'est pas seulement possible (comme peut le montrer la philosophie spéculative) de supposer cette liberté de la volonté (sans se mettre en contradiction avec le principe de la nécessité physique dans la liaison des phénomènes du monde, sensible) ; mais il est *nécessaire* aussi, sans autre condition, pour un être raisonnable qui a conscience d'une causalité déterminée par la raison, par conséquent, d'une volonté (distincte des désirs), de la supposer au point de vue pratique, c'est-à-dire en idée, comme la condition de tous ses actes volontaires. Mais comment la raison pure peut-elle être pratique par elle-même, sans le secours d'aucun mobile étranger, c'est-à-dire, comment ce simple *principe de la validité universelle de toutes ses maximes comme lois* (lequel serait la forme d'une raison pure pratique) peut-il, sans aucune matière (aucun objet) de la volonté, à quoi on puisse déjà prendre quelque intérêt, fournir par lui-même un mobile, et produire un intérêt purement *moral*, ou, en d'autres termes, comment la raison pure peut-elle être pratique, c'est ce qu'aucune raison humaine n'est capable d'expliquer, et ce serait peine perdue que de chercher cette explication.

C'est comme si je cherchais à expliquer comment la liberté même est possible comme causalité d'une volonté. Car ici j'abandonne l'explication philosophique, et je n'en ai point d'autre. Je pourrais, il est vrai, me lancer à l'aventure dans le monde intelligible, qui me reste encore, mais, quoique j'en aie une *idée*, qui n'est pas sans fondement, je n'en ai pourtant pas la moindre connaissance, et, quelque effort que fasse ma raison, avec toute sa puissance naturelle', je ne puis espérer d'en obtenir aucune. Il ne signifie pour moi que quelque chose qui reste, lorsque j'ai retranché, du nombre des principes qui peuvent déterminer ma volonté, ce qui appartient au monde sensible, et qui sert à restreindre le principe des mobiles sortant du champ de la sensibilité, en limitant ce champ et en montrant qu'il n'est pas tout, et qu'il y a encore quelque chose au delà ; mais ce quelque chose, je ne le connais pas autrement. De la raison pure, qui conçoit cet idéal, il ne me reste, après avoir fait abstraction de toute matière, c'est-à-dire de la connaissance des objets, autre chose que la forme, c'est-à-dire la loi pratique de la validité universelle des maximes, et c'est ainsi que je conçois la raison comme cause efficiente possible dans un monde purement intelligible, c'est-à-dire comme cause déterminant la volonté conformément à cette loi ; or ici le mobile doit manquer entièrement, à moins que cette idée d'un monde intelligible ne soit elle-même le mobile, ou ce à quoi la raison prend originairement un intérêt ; mais l'explication de cela est précisément le problème que nous ne pouvons résoudre.

Nous touchons ici à la dernière limite de toute recherche morale. Il était de la plus haute importance de la fixer, afin d'empêcher la raison, d'une part, de chercher dans le monde sensible, au préjudice de la moralité, le principe suprême de la volonté et un intérêt saisissable mais empirique, et, d'autre part, d'agiter inutilement ses ailes, sans pouvoir changer de place, dans cet espace, vide pour elle, de concepts transcendentaux, qu'on appelle le monde intelligible, et de se perdre au milieu des chimères. D'ailleurs l'idée d'un monde intelligible pur, considéré comme un ensemble de toutes les intelligences, auquel nous appartenons nous-mêmes, en tant qu'êtres raisonnables (quoique nous soyons aussi par un autre côté membres du monde sensible), reste toujours une idée utile et légitime pour la croyance morale, quoique tout savoir cesse au seuil même du monde où elle nous introduit, car, par cet idéal magnifique d'un règne universel des *fins en soi* (des êtres raisonnables), dont nous pouvons nous considérer comme membres, en ayant soin de nous conduire d'après les maximes de la liberté, comme si elles étaient des lois de la nature, elle excite en nous un intérêt vivant pour la loi morale.

Remarque finale

L'usage spéculatif de la raison, ou la raison considérée *dans son rapport avec la nature*, conduit à la nécessité absolue de quelque cause suprême du *monde* ; l'usage pratique de la raison, ou la raison considérée *dans son rapport avec la liberté*, conduit aussi à une nécessité absolue, mais seulement à celle des lois des actions d'un être raisonnable, comme tel. Or c'est un *principe essentiel* de tout usage de notre raison de pousser sa connaissance jusqu'à la conscience de sa nécessité (autrement ce ne serait pas une connaissance de la raison). Mais la raison est soumise aussi à une *restriction* qui n'est pas moins essentielle : c'est qu'elle ne peut apercevoir la *nécessité* ni de ce qui est ou arrive, ni de ce qui doit être, sans s'appuyer sur une *condition*, sous laquelle cela est, arrive ou doit être. Mais en remontant toujours de condition en condition, elle ne peut jamais être satisfaite. C'est pourquoi elle cherche sans relâche le nécessaire inconditionnel, et elle se voit forcée de l'admettre, sans aucun moyen de se la rendre compréhensible), trop heureuse si elle peut seulement découvrir le concept qui s'accorde avec cette supposition. On ne peut donc reprocher à notre déduction du principe suprême de la moralité de ne pouvoir faire comprendre la nécessité absolue d'un principe pratique inconditionnel (tel que doit être l'impératif catégorique), mais c'est à la raison humaine, en général, qu'il faudrait s'en prendre. Comment un effet la blâme de ne vouloir pas expliquer la nécessité de ce principe au moyen d'une condition, c'est-à-dire de quelque intérêt, puisqu'elle ôterait par là à ce principe son caractère de loi morale, c'est-à-dire de loi suprême de la liberté. Et ainsi, si nous ne comprenons pas la nécessité pratique inconditionnelle de l'impératif moral, nous comprenons du moins son incompréhensibilité et c'est tout en qu'on peut exiger raisonnablement d'une philosophie qui cherche à pousser les principes jusqu'aux limites de la raison humaine.

CRITIQUE DE LA RAISON PRATIQUE

Préface

Pourquoi cette critique n'est-elle pas intitulée critique de la raison pure pratique, mais simplement critique de la raison pratique en général, quoique le parallélisme de la raison pratique avec la spéculative semble exiger le premier titre, c'est une question à laquelle cet ouvrage répond suffisamment. Son objet est seulement de montrer qu'il y a une raison pure pratique, et c'est dans ce but qu'il critique toute la puissance pratique de la raison. S'il réussit, il n'a pas besoin de critiquer la puissance pure elle-même, pour voir si, en s'attribuant une telle puissance, la raison ne transgresse pas ses limites par une vaine présomption (comme il arrive à la raison spéculative). Car, si elle est réellement pratique, en tant que raison pure, elle prouve, par le fait même, sa réalité et celle de ses concepts, et il n'y a pas de sophisme qui puisse rendre douteuse la possibilité de so**n existence.**

Avec cette faculté se trouve aussi désormais assurée la liberté transcendentale, et cela dans le sens absolu que lui donnait la raison spéculative, pour échapper à l'antinomie où elle tombe inévitablement, dans l'usage qu'elle fait du concept de la causalité, lorsque, dans la série de la liaison causale, elle veut concevoir l'inconditionnel, mais qu'elle ne pouvait établir que d'une manière problématique, comme quelque chose qu'il n'est pas impossible de concevoir, mais dont elle ne croyait pas pouvoir garantir la réalité objective, trop heureuse de se sauver elle-même et d'échapper à l'abîme du scepticisme, en montrant qu'il est au moins possible de concevoir ce dont on voudrait tourner contre elle la prétendue impossibilité.

Or le concept de la liberté, en tant que la réalité en est établie par une loi apodictique de la raison pratique, forme la clef de voûte de tout l'édifice du système de la raison pure, y compris même la spéculative, et tous les autres concepts (ceux de Dieu et de l'immortalité), qui, en tant que pures idées, sont sans appui dans celle-ci, se lient à ce concept, et reçoivent avec lui et par lui la consistance et la réalité objective qui leur manquaient, c'est-à-dire, que leur possibilité est prouvée par cela même que la liberté est réelle, et que cette idée est manifestée par la loi morale.

Mais aussi de toutes les idées de la raison spéculative, la liberté est la seule dont nous puissions connaître[1] *à priori* la possibilité, sans toutefois l'apercevoir, car elle est la condition de la loi morale, que nous connaissons. Les idées de *Dieu* et de l'*immortalité* ne sont pas les conditions de la loi morale, mais seulement de l'objet nécessaire d'une volonté déterminée par cette loi, c'est-à-dire de l'usage pratique de notre raison pure ; aussi ne pouvons-nous nous flatter de *connaître* et d'*apercevoir*, je ne dis pas la réalité, mais même la possibilité de ces idées. Toutefois ce sont les conditions de l'application de la volonté morale à l'objet qui lui est donné *à priori* (au souverain bien). C'est pourquoi on peut et on doit admettre leur possibilité à ce point de vue pratique, encore qu'on ne puisse la connaître et l'apercevoir théoriquement. Il suffit, pour le besoin de la raison pratique, qu'elles ne renferment aucune impossibilité intérieure (aucune contradiction). Notre adhésion est ici déterminée par un principe purement *subjectif* au regard de la raison spéculative, mais qui a une valeur *objective* pour la raison pure pratique, c'est-à-dire par un principe qui donne aux idées de Dieu et de l'immortalité, au moyen du concept de la liberté, de la réalité objective, en nous accordant le droit, et même en nous imposant la nécessité subjective (en faisant à la raison pure un besoin) de les admettre, mais sans étendre le moins du monde la connaissance théorique de la raison. Seulement la possibilité, qui était auparavant un problème, devient maintenant une assertion, et c'est ainsi que l'usage pratique de la raison se lie aux éléments de son usage théorique. Et ce besoin n'est pas un besoin hypothétique, résultant d'un dessein arbitraire de la spéculation, comme la nécessité où l'on est d'admettre quelque chose, lorsqu'on veut

---

[1] Pour qu'on ne puisse pas m'accuser de n'être pas conséquent avec moi-même, en présentant ici la liberté comme la condition de la loi morale et en avançant plus tard dans l'ouvrage que la loi morale est la condition de la conscience de la liberté, je me bornerai à faire remarquer que la liberté est sans doute la *ratio essendi* de la loi morale, mais que la loi morale est la *ratio cognoscendi* de la liberté. En effet, si notre raison ne nous faisait d'abord concevoir clairement la loi morale, nous ne nous croirions jamais autorisés à admettre quelque chose comme la liberté (quoique cette idée n'implique pas contradiction). Et, d'un autre côté, s'il n'y avait pas de liberté, la loi morale ne se trouverait pas en nous.

pousser jusqu'au bout l'usage de la raison dans la spéculation ; mais c'est un besoin légitime d'admettre quelque chose sans quoi ne peut avoir lieu ce que nous devons indispensablement nous proposer pour but de nos actions.

Il serait sans doute beaucoup plus agréable pour notre raison spéculative de pouvoir résoudre ces problèmes par elle-même et sans ce détour, et de pouvoir d'avance tenir cette solution toute prête pour l'usage pratique, mais notre faculté de spéculation n'a pas été si favorablement traitée. Ceux qui se vantent de posséder des connaissances si élevées devraient bien ne pas les garder pour eux-mêmes, et ne pas craindre de les soumettre à l'examen public. Veulent-ils les démontrer ; eh bien, qu'ils les démontrent donc, et la critique, les proclamant vainqueurs, déposera toutes ses armes à leurs pieds.

Quid statis ? nolint. Atqui licet esse beatis. Puisqu'en effet ils ne le veulent pas, apparemment parce qu'ils ne le peuvent pas, il faut bien que nous nous mettions à l'œuvre à notre tour pour chercher dans l'usage moral de la raison et fonder sur cet usage les concepts de *Bien*, de la *liberté* et de l'*immortalité*, dont la spéculation ne peut pas garantir suffisamment la possibilité.

Ici s'explique enfin cette énigme de la critique, qui est de savoir comment on peut refuser toute réalité objective à l'usage supra sensible des catégories dans la spéculation, et leur accorder cette réalité relativement aux objets de la raison pure pratique, car cela doit nécessairement paraître inconséquent, tant que l'on ne connaît cet usage pratique que de nom. Si en effet une analyse approfondie de la raison pratique nous fait voir qu'en attribuant ici la réalité objective aux *catégories*, on ne va pas jusqu'à les *déterminer* théoriquement, et jusqu'à étendre la connaissance au supra sensible, mais qu'on indique seulement par là qu'il faut leur supposer un objet au point de vue pratique, soit parce qu'elles sont contenues *à priori* dans la détermination nécessaire de la volonté, soit parce qu'elles sont inséparablement liées à l'objet de cette volonté, alors il n'y a plus rien là d'inconséquent, puisqu'on fait de ces concepts un autre usage que la raison spéculative.

Et loin de trouver ici quelque chose d'inconséquent, nous avons au contraire, ce que nous pouvions à peine espérer jusque là et ce qui doit beaucoup nous réjouir, une confirmation de la *façon de penser conséquent* que montrait la critique spéculative en nous enjoignant de ne considérer les objets d'expérience, comme tels, et parmi eux notre propre sujet, que comme des *phénomènes*, et de leur donner pour fondement des choses en soi, et, par conséquent, de ne pas prendre tout objet supra sensible pour une fiction, et le concept même du supra sensible pour un concept vide. Voici en effet la raison pratique qui, par elle-même et sans avoir fait aucune convention avec la spéculative, attribue de la réalité à un objet supra sensible de la catégorie de la causalité, c'est-à-dire à la *liberté* (mais seulement, il est vrai, au point de vue pratique), et de cette manière confirme par un fait ce qui jusque là ne pouvait être que conçu. Or en même temps la critique de la raison pratique confirme entièrement cette assertion singulière, mais incontestable, de la critique spéculative, que *le sujet pensant même n'est pour lui-même, dans l'intuition interne, qu'un phénomène*, si bien qu'elle y conduirait nécessairement, quand même la première ne l'aurait pas déjà établie[2].

Je comprends aussi par là pourquoi les plus graves objections contre la critique, qui me soient parvenues jusqu'ici, roulent sur ces deux points :

1° la réalité objective des catégories, appliquées aux noumènes, niée dans la connaissance théorique, et affirmée dans la connaissance pratique ;
2° ce paradoxe, qu'on doit se considérer comme noumène, en tant que sujet de la liberté, mais qu'en même temps, relativement à la nature, dans la conscience empirique qu'on a de soi même, on doit se considérer comme phénomène.

En effet, tant qu'on n'avait pas de concepts déterminés de la moralité et de la liberté, on ne pouvait deviner, d'une part, quel est le noumène qu'on veut donner pour fondement aux prétendus phénomènes, et, d'autre part, s'il est possible même de s'en faire un concept, puisque jusque-là, dans l'usage théorique qu'on avait fait des concepts de l'entendement pur, on les avait appliqués exclusivement aux phénomènes. Or une critique complète de la raison pratique peut lever toutes ces difficultés, et mettre pleinement en lumière cette façon de penser conséquente, qui fait justement son principal avantage.

Cela explique assez pourquoi, dans cet ouvrage, nous avons soumis à un nouvel examen les concepts et les principes de la raison pure spéculative, qui avaient déjà subi leur critique particulière, et comment ce qui ne convient nullement ailleurs à la marche systématique d'une science qu'on veut

---

[2] L'union de la causalité de la liberté avec celle du mécanisme de la nature, causalités dont la première est établie par la loi morale, la seconde par la loi de la nature, mais l'une et l'autre dans un seul et même sujet, dans l'homme, cette union est impossible, si on ne se le représente, relativement à la première, comme un être en soi, et, relativement à la seconde, comme un phénomène, d'un côté par la conscience pure, et de l'autre par la conscience empirique. Autrement la raison tomberait inévitablement en contradiction avec elle-même.

constituer (les choses jugées pouvant bien être rappelées, mais ne devant pas être remises en question) était ici permis et même nécessaire. La raison en effet est considérée comme faisant *ici* de ces concepts un tout autre usage que *là*. Or ce passage à un nouvel usage nous impose la nécessité de comparer l'ancien au nouveau, afin de bien distinguer la nouvelle sphère de l'ancienne, et d'en faire remarquer aussi l'enchaînement. Il ne faut donc pas regarder les considérations de ce genre, et, entre autres, celles qui se rapportent au concept de la liberté, au point de vue pratique de la raison pure, comme des épisodes destinés seulement à combler les lacunes du système critique de la raison spéculative (car ce système est complet à son point de vue), ou comme faisant l'office de ces étais et de ces arcs-boutants qu'on ajoute à un édifice trop précipitamment construit, mais comme de véritables membres, qui font voir la liaison des parties du système et montrent dans leur exhibition réelle des concepts qu'on n'avait pu présenter auparavant que d'une manière problématique. Cette observation s'applique surtout au concept de la liberté. N'est-il pas étonnant de voir tant d'hommes se vanter de connaître à fond ce concept et de pouvoir en expliquer la possibilité, sans sortir du point de vue psychologique ? S'ils l'avaient d'abord examiné soigneusement au point de vue transcendental, ils auraient reconnu que ce concept, *indispensable*, comme concept problématique, à l'usage accompli de la raison spéculative, est aussi entièrement *incompréhensible*, et, en passant ensuite à l'usage pratique de ce concept, ils seraient arrivés d'eux-mêmes à le déterminer relativement à ses principes, comme nous le faisons ici à leur grand déplaisir. Le concept de la liberté est une pierre d'achoppement pour tous les *empiriques*, mais c'est aussi la clef des principes pratiques les plus sublimes pour les moralistes *critiques*, qui voient par là combien il est nécessaire de procéder *rationnellement*. C'est pour quoi je prie le lecteur de ne pas passer légèrement sur ce qui est dit de ce concept à la fin de l'analytique.

Un système comme celui que développe ici sur la raison pure pratique la critique de cette raison a-t-il eu peu ou beaucoup de peine à rencontrer le véritable point de vue, d'où l'on en peut embrasser exactement l'ensemble ; c'est une question que je dois abandonner à ceux qui sont en état d'apprécier ce genre de travail. Il suppose, il est vrai, les *fondements de la métaphysique des mœurs*, mais en tant seulement que ceux-ci nous font faire provisoirement connaissance avec le principe du devoir et nous en donnent, en la justifiant, une formule déterminée[3] ; du reste il ne repose que sur lui-

---

[3] Un critique, désireux de trouver quelque chose à dire contre cet écrit, a rencontré mieux qu'il n'a pensé lui-même, en remarquant qu'on n'établissait aucun principe

même. Que si on demande pour quoi la division de toutes les sciences pratiques n'a pas été ajoutée comme *complément*, suivant l'exemple donné par la critique de la raison spéculative, on en trouvera le motif dans la nature même de la raison pratique. En effet on ne peut déterminer d'une manière spéciale et classer les devoirs, comme devoirs des hommes, que quand on connaît le sujet même de ces devoirs (l'homme) tel qu'il existe réellement, dans la mesure du moins où cette connaissance est nécessaire relativement au devoir. Or cette étude n'est pas du ressort de la critique de la raison pratique en général, qui doit se borner à déterminer complètement les principes de la possibilité de cette faculté, de sa capacité et de ses limites, indépendamment de toute relation particulière à la nature humaine. La division dont il s'agit ici appartient donc au système de la science, et non au système de la critique.

J'ai répondu, je l'espère, d'une manière satisfaisante, dans le second chapitre de l'analytique, à un critique, ami de la vérité, sagace, digne de toute estime, qui me reprochait *de n'avoir pas, dans les fondements de la métaphysique des mœurs, établi le concept du bien avant le principe moral* (comme cela était nécessaire, à son avis). J'ai eu égard aussi à plusieurs autres objections, que m'ont adressées des hommes prouvant qu'ils ont à cœur de découvrir la vérité (car ceux qui n'ont devant les yeux que leur ancien système, et qui ont arrêté d'avance ce qu'ils doivent approuver ou désapprouver, ne désirent pas une explication qui pourrait être contraire à leur opinion personnelle) ; et c'est ainsi que je continuerai d'agir.

Quand il s'agit d'étudier une faculté particulière de l'âme humaine pour en déterminer les sources, le Contenu et les limites, il est sans doute impossible, a cause de la nature même de la connaissance humaine, de ne pas commencer par les parties de cette faculté, et par une exposition de ces parties, exacte et (autant que cela est possible dans l'état actuel des éléments que l'on possède déjà) complète. Mais il y a encore une autre chose à faire, qui est plus philosophique et *architectonique*, c'est d'embrasser exactement l'*idée du tout*, et par là de considérer toutes ces parties dans les rapports qu'elles ont entre elles et avec la faculté rationnelle qui les

---

nouveau, mais seulement une nouvelle formule de la moralité. Car qui prétendrait apporter un nouveau principe de moralité et l'avoir le premier découvert ? Comme si le monde était resté avant lui dans l'ignorance ou dans l'erreur sur-le devoir ! Mais celui qui sait ce que signifie pour le mathématicien une formule, qui détermine d'une manière exacte et certaine ce qu'il faut faire pour traiter un problème, celui-là ne regardera pas comme quelque chose d'insignifiant et d'inutile une formule qui ferait la même chose pour tout devoir en général.

comprend, en les dérivant de cette idée du tout. Or cette épreuve et cette garantie ne sont possibles que pour ceux qui possèdent la connaissance la plus intime du système ; ceux qui ont négligé la première recherche, et qui n'ont pas cru devoir se donner la peine d'acquérir cette connaissance, ne s'élèvent pas jusqu'à ce second degré, c'est-à-dire jusqu'à cette vue d'ensemble, qui est un retour synthétique sur ce qui a été donné d'abord analytiquement. Il n'est donc pas étonnant qu'ils trouvent partout des inconséquences, et les lacunes qu'ils signalent n'existent pas dans le système même, mais seulement dans leur méthode incohérente.

Je ne crains pas pour ce traité le reproche qu'on m'a fait de vouloir introduire une *langue nouvelle,* car la connaissance dont il s'agit ici a par elle-même un caractère plus populaire. Ce reproche ne pouvait même être adressé à la première critique par aucune personne, ayant approfondi cet ouvrage et ne s'étant pas borné à le feuilleter. Forger de nouveaux mots, là où la langue ne manque pas d'expressions pour rendre des idées données, c'est prendre une peine puérile pour se distinguer, à défaut de pensées neuves et vraies, en cousant une nouvelle pièce à un vieil habit. Si donc les lecteurs de cet écrit savent et peuvent indiquer des expressions plus populaires, qui soient aussi bien appropriées à la pensée que celles que j'emploie me paraissent l'être, ou si même ils croient pouvoir prouver *la futilité* de cette pensée, et, par conséquent aussi, de l'expression qui la désigne, qu'ils ne craignent pas de le faire : dans le premier cas, ils me rendront un grand service, car je n'ai rien plus à cœur que d'être compris ; et, dans le second, ils mériteront bien de la philosophie. Mais tant que ces pensées subsisteront, je doute fort qu'on puisse trouver pour les rendre des expressions aussi justes et en même temps plus répandues[4].

---

[4] Il y a une chose que je crains plus ici (que ce reproche d'obscurité), c'est qu'on se méprenne sur le sens de quelques expressions que j'ai choisies avec le plus grand soin pour bien faire saisir le concept que je voulais désigner. Ainsi, dans le tableau des catégories de la raison pratique, sous le titre de la *modalité,* le *licite* (*Erlaubte.*) et l'*illicite* (*Unerlaubte.*) (ce qui est possible ou impossible, d'une possibilité ou d'une impossibilité pratiquement objective), ont pour la langue vulgaire presque le même sens que le devoir et le contraire au devoir (*Pflichtwidrig.*) ; mais ici les premières expressions désignent ce qui est conforme ou contraire à un précepte pratique purement possible (comme, par exemple, la solution de tous les problèmes de la géométrie et de la mécanique) ; les secondes, ce qui est conforme ou contraire à une loi qui réside réellement dans la raison en général ; et cette différence de signification n'est pas absolument étrangère au langage vulgaire, quoiqu'elle soit peu usitée. Par exemple, il est *illicite* à un orateur, comme orateur, de forger de

Ainsi donc nous aurions maintenant trouvé les principes *à priori* de deux facultés de l'âme, de la faculté de connaître et de la faculté de désirer, et déterminé les conditions, l'étendue et les limites de leur usage, et nous aurions assuré par là les fondements d'une philosophie systématique ou d'une science à la fois théorique et pratique. Ce qu'il pourrait arriver de plus fâcheux à ces sortes de recherches, ce serait que quelqu'un découvrît inopinément qu'il n'y a ni ne peut y avoir de connaissance *à priori*. Mais il n'y a pas ici le moindre danger. C'est comme si quelqu'un voulait démontrer par la raison qu'il n'y a pas de raison. En effet nous disons que nous connaissons une chose par la raison, lorsque nous avons la conscience que nous aurions pu la connaître, quand même elle ne nous aurait pas été donnée dans l'expérience ; par conséquent, connaissance rationnelle et connaissance *à priori* sont choses identiques. D'un principe de l'expérience vouloir tirer la nécessité (*ex punice aquam*), et vouloir par là donner à un jugement la véritable universalité (sans laquelle il n'y a pas de raisonnement, pas même de raisonnement par analogie, car l'analogie suppose une universalité du

---

nouveaux mots ou de nouvelles constructions, mais cela est *licite* au poète dans une certaine mesure ; or, ni dans l'un ni dans l'autre cas, il n'est question de devoir. En effet, si quelqu'un veut compromettre sa réputation d'orateur, personne ne peut l'en empêcher. Il ne s'agit ici que de la distinction des *impératifs* en principes de détermination *problématiques*, *assertoriques* et *apodictiques*. J'ai aussi, dans la note où je rapproche les idées morales que les diverses écoles philosophiques se sont faites de la perfection pratique, distingué l'idée de la sagesse de celle de la sainteté, quoique j'aie expliqué ces idées comme étant au fond et objectivement identiques. Mais je ne parle dans cet endroit que de cette sagesse que l'homme (le Stoïcien) s'arroge, et, par conséquent, je ne la considère que subjectivement, comme une propriété attribuée à l'homme. (Peut-être le mot vertu, dont les Stoïciens font aussi un grand cas, désignerait-il mieux le caractère distinctif de leur école.) Mais c'est surtout l'expression de postulat de la raison pure pratique qui recevrait une fausse interprétation, si on en confondait le sens avec celui qu'ont les postulats des mathématiques pures, lesquels impliquent une certitude apodictique. Ceux-ci postulent la *possibilité d'une action* dont on a d'abord reconnu l'objet possible *à priori*, théoriquement et avec une entière certitude. Celui-là postule la possibilité d'un objet même (de Dieu et de l'immortalité de l'âme) d'après des lois pratiques apodictiques, et, par conséquent, pour le besoin seulement de la raison pratique. C'est qu'ici en effet la certitude de la possibilité postulée n'est pas théorique, et, par conséquent, apodictique, c'est-à-dire, ce n'est pas une nécessité reconnue par rapport à l'objet, mais une supposition nécessaire par rapport au sujet, pour l'accomplissement de ses lois objectives mais pratiques ; par conséquent, ce n'est qu'une hypothèse nécessaire. Je n'ai pu trouver de meilleure expression pour désigner cette nécessité rationnelle subjective, mais pourtant vraie et absolue.

moins présumée et une nécessité objective), c'est une contradiction manifeste. Substituer la nécessité subjective, c'est-à-dire l'habitude à la nécessité objective, qui ne peut se trouve ? que dans des jugements *à priori*, c'est refuser à la raison la faculté de juger de l'objet, c'est-à-dire de le connaître lui et ce qui s'y rapporte, et prétendre, par exemple, que, quand une chose suit souvent ou toujours une autre chose, nous ne pouvons conclure de celle-ci à celle-là (car ce raisonnement annoncerait une nécessité objective et le concept d'une liaison *à priori*), mais que nous pouvons seulement attendre des cas semblables (de la même manière que les animaux), ce qui est détruire le concept de cause, comme un concept faux et comme une pure illusion de l'esprit. Essaiera-t-on de remédier à ce défaut de valeur objective, et, par conséquent, d'universalité, en disant qu'on ne voit pas pourquoi on attribuerait à d'autres êtres raisonnables un autre mode de connaissance ; si cette manière de raisonner avait quelque valeur, notre ignorance nous serait plus utile, pour étendre notre connaissance, que toutes les réflexions possibles. En effet, par cela seul que nous ne connaissons pas d'autres êtres raisonnables que l'homme, nous aurions le droit de les admettre tels que nous nous connaissons nous mêmes, c'est-à-dire que nous les connaîtrions réellement. Je ne rappellerai même pas ici que le consentement universel ne prouve pas la valeur objective d'un jugement (c'est-à-dire sa valeur comme connaissance), et que, quand bien même cette universalité se rencontrerait accidentellement, elle ne serait pas une preuve de l'accord du jugement avec l'objet, mais que c'est au contraire dans la valeur objective du jugement que réside le principe d'un consentement nécessaire et universel.

Hume s'accommoderait fort bien de ce système *d'empirisme* universel dans les principes, car il ne demandait rien autre chose, comme on sait, sinon qu'au lieu de donner un sens objectif à la nécessité du concept de cause, on l'admit dans un sens subjectif, c'est-à-dire comme une habitude, afin de refuser à la raison tout jugement sur Dieu, la liberté et l'immortalité ; et il faut convenir qu'il s'est montré si habile logicien que, si une fois on lui accorde les principes, il faut lui accorder aussi les conséquences qu'il en tire. Mais *Hume* lui-même n'a pas étendu l'empirisme au point d'y comprendre aussi les mathématiques. Il rendait les propositions mathématiques comme purement analytiques, et, si cela était exact, elles seraient sans doute encore apodictiques, mais on n'en pourrait rien conclure relativement à la faculté qu'aurait la raison de porter aussi des jugements apodictiques en philosophie, c'est-à-dire des jugements apodictiques qui seraient synthétiques (comme le principe delà causalité). Que si on admet un empirisme *universel*, ou qui embrasse tous les principes, il y faut comprendre aussi les mathématiques.

Or, si les mathématiques sont en contradiction avec la raison qui n'admet que des principes empiriques, comme cela est inévitable dans l'antinomie où les mathématiques prouvent incontestablement la divisibilité infinie de l'espace, que l'empirisme ne peut accorder, la démonstration la plus évidente possible est en contradiction manifeste avec les prétendues conclusions des principes de l'expérience, et je puis demander comme l'aveugle de *Cheselden* : Qu'est-ce qui me trompe, la vue ou le tact ? (Car l'empirisme se fonde sur une nécessité *sentie*, et le rationalisme au contraire sur une nécessité *aperçue*.) Par où l'on voit que l'empirisme universel est un véritable *scepticisme*. Mais c'est à tort qu'on a attribué à *Hume* un scepticisme aussi général[5] car il trouvait du moins dans les mathématiques une pierre de touche infaillible pour l'expérience, tandis que ce scepticisme n'en admet absolument aucune (une pierre de touche ne pouvant se rencontrer que dans des principes *à priori*), bien que l'expérience ne se compose pas simplement de sentiments, mais aussi de jugements.

Cependant, comme, dans ce siècle philosophique et critique, il est difficile de prendre cet empirisme au sérieux, et qu'il n'a probablement d'autre but que d'exercer le Jugement et de mieux mettre en lumière par le contraste la nécessité des principes rationnels *à priori*, on peut avoir quelque obligation à ceux qui s'appliquent à ce genre de travail, d'ailleurs fort peu instructif.

---

[5] Les noms qui désignent les sectes dans lesquelles on range les philosophes ont, de tout temps, donné lieu à beaucoup de chicanes. C'est ainsi qu'on dira que N.*
(* C'est à lui-même que Kant fait ici allusion. J.-B.) est un *idéaliste*, parce que, quoiqu'il déclare expressément qu'à nos représentations des choses extérieures correspondent des objets réels ou des choses extérieures, il prétend en même temps que la forme de l'intuition de ces objets ne dépend point des objets mêmes, mats de l'esprit humain.

Introduction
De l'idée d'une critique de la raison pratique

La raison, dans son emploi théorique, s'occupait uniquement des objets de la faculté de connaître, et la critique de cet emploi de la raison ne portait proprement que sur la faculté de connaître, considérée dans ses éléments purs, car elle faisait d'abord soupçonner ce qu'elle confirmait ensuite, que cette faculté transgresse aisément ses limites, pour se perdre au milieu d'objets insaisissables et de concepts contradictoires. Il en est tout autrement de l'emploi pratique de la raison. Dans cet emploi, la raison s'occupe des principes déterminants de la volonté, laquelle est la faculté, ou bien de produire des objets conformes à nos représentations, ou bien de se déterminer soi-même à la production de ces objets (que le pouvoir physique y suffise ou non), c'est-à-dire de déterminer sa causalité. Car la raison peut du moins suffire à déterminer la volonté, et elle a toujours de la réalité objective, en tant qu'elle se rapporte uniquement à la volonté. La première question ici est donc de savoir si la raison pure suffit par elle seule à déterminer la volonté, ou si elle n'en peut être un principe déterminant que sous des conditions empiriques. Or ici se présente un concept de causalité déjà admis et défendu par la critique de la raison pure, quoiqu'il ne soit susceptible d'aucune exhibition empirique, à savoir, le concept de la *liberté*, et, si nous pouvons maintenant trouver un moyen de prouver que cette propriété appartient en effet à la volonté humaine (et en même temps à celle de tous les êtres raisonnables), nous aurons démontré par là non-seulement que la raison pure, ou indépendante de toute condition empirique, peut être pratique, mais qu'elle seule est pratique dans un sens absolu. Par conséquent, nous n'avons pas à faire une critique de la raison *pure pratique*, mais seulement de la raison *pratique* en général. Car la raison pure, quand une fois son existence est établie, n'a pas besoin de critique. Elle trouve en elle-même la règle de la critique de tout son usage. La critique de la raison pratique en général a donc l'obligation d'ôter à la raison, en tant qu'elle est soumise à des conditions empiriques, la prétention de vouloir fournir exclusivement à la volonté son principe de détermination. L'usage de la raison pure, quand son existence est démontrée, est immanent ; celui qui est soumis à des conditions empiriques, et qui s'arroge la souveraineté, est au contraire transcendent, et il se révèle par des prétentions et des ordres qui sortent tout à fait de sa sphère, ce qui est justement l'inverse de ce qu'on pourrait dire de la raison pure dans son usage spéculatif.

Cependant, comme c'est toujours la connaissance de la raison pure qui sert de principe à l'usage pratique dont il s'agit ici, la division générale de la critique de la raison pratique devra être conforme à celle de la raison spéculative. Nous aurons donc encore ici une doctrine élémentaire et une méthodologie, et, dans la doctrine élémentaire, qui est la première partie, une analytique, qui donne la règle de la vérité, et une dialectique, qui contient l'exposition et l'explication de l'apparence à laquelle peuvent donner lieu les jugements de la raison pratique. Mais l'ordre, que nous suivrons dans les subdivisions de l'analytique, sera l'inverse de celui que nous avons suivi dans la critique de la raison spéculative. Ici en effet nous commencerons par les principes, pour passer ensuite aux concepts, et de là enfin, s'il est possible, aux sens, tandis que là nous dûmes commencer par les sens et finir par les principes. C'est qu'il s'agit maintenant de la volonté, et que nous avons à considérer la raison, non plus dans son rapport avec des objets, mais dans son rapport avec la volonté et sa causalité. Il faut donc commencer par établir les principes d'une causalité indépendante de toute condition empirique, pour pouvoir essayer ensuite de déterminer le concept de l'objet de la volonté déterminé par ces principes, et enfin leur application au sujet même et à sa sensibilité. La loi de la causalité libre, c'est-à-dire un principe pratique pur, est ici le point de départ nécessaire, et détermine les objets auxquels il se rapporte.

PREMIERE PARTIE
Doctrine élémentaire de la raison pure pratique

LIVRE PREMIER
Analytique de la raison pure pratique

Chapitre I
Des principes de la raison pure pratique

§ I Définition

Des *principes* pratiques sont des propositions contenant l'idée d'une détermination générale de la volonté qui embrasse plusieurs règles pratiques. Ils sont subjectifs ou s'appellent des *maximes*, lorsque le sujet n'en considère la condition comme valable que pour sa propre volonté ; ils sont objectifs au contraire, ou sont des lois pratiques, lorsque cette condition est con sidérée comme objective, c'est-à-dire comme valable pour la volonté de tout être raisonnable.

Scholie[1]

Si l'on admet que la raison pure peut renfermer un principe pratique, c'est-

---

[1] Une **scholie** ou **scolie** (du grec ancien σχόλιον / *skhólion*, « commentaire, scholie », lui-même dérivé de σχολή / *skholḗ*, « occupation studieuse, étude ») est un commentaire, une note philologique figurant sur un manuscrit et servant à expliquer un texte. « C'est une courte note, marginale ou interlinéaire notamment, sur un passage précis et difficile du texte (une remarque philologique ou historique, une fiche de travail, un fragment, une glose pour soi) ; c'est la forme élémentaire de l'exégèse ou de la *lectio divina* [lecture divine, c'est-à-dire de la Bible] ».

à-dire qui suffise pour déterminer la volonté, il y a des lois pratiques ; sinon, tous les principes pratiques ne sont que des maximes. Dans la volonté d'un être raisonnable, mais soumis à des affections pathologiques, un conflit peut s'engager entre les maximes et les lois pratiques qu'il reconnaît lui-même. Quelqu'un, par exemple, peut se faire une maxime de ne souffrir impunément aucune offense, et reconnaître cependant que ce n'est pas là une loi pratique, mais seulement une maxime particulière, et qu'on ne peut, sans contradiction, en faire une règle pour la volonté de tous les êtres raisonnables. Dans la connaissance physique, les principes de ce qui arrive (par exemple le principe de l'égalité de l'action et de la réaction dans la communication du mouvement) sont en même temps des lois de la nature ; car l'usage de la raison y est théorique et déterminé par la nature de l'objet. Dans la connaissance pratique, c'est-à-dire dans celle qui ne s'occupe que des principes déterminants de la volonté, les principes, qu'on se fait, ne sont pas pour cela des lois qu'on suive inévitablement, car la raison a ici affaire au sujet, c'est-à-dire à la faculté de désirer, dont la nature particulière peut modifier diversement la règle. — La règle pratique est toujours un produit de la raison, puisqu'elle prescrit l'action comme moyen d'arriver à un effet qu'on se propose pour but. Mais, pour un être chez qui la raison n'est pas le seul principe déterminant de la volonté, cette règle est un *impératif*, ou une règle qui se traduit par un « doit être », lequel désigne la nécessité objective de l'action, c'est-à-dire que si la raison déterminait entièrement la volonté, l'action serait infailliblement conforme à cette règle. Les impératifs ont donc une valeur objective, et sont tout à fait distincts des maximes, qui sont des principes subjectifs. Or, ou bien les impératifs déterminent les conditions auxquelles doit se soumettre la causalité d'un être raisonnable, considéré comme cause efficiente, pour arriver à un certain effet qu'elle est capable de produire, ou bien ils déterminent simplement la volonté, qu'elle suffise ou non à l'effet. Les premiers sont des impératifs hypothétiques, et ils ne contiennent que des préceptes d'habileté ; les seconds au contraire sont des impératifs catégoriques, et seuls ils méritent le nom de lois pratiques. Les maximes ne sont donc pas des *impératifs*, quoiqu'elles soient des *principes*. Et les impératifs mêmes, quand ils sont conditionnels, c'est-à-dire quand ils ne déterminent pas simplement la volonté comme volonté, mais relativement à un effet désiré, ou, en un mot, quand ils sont des impératifs hypothétiques, ces impératifs ne sont pas des *lois*, quoiqu'ils soient des *préceptes* pratiques. Les lois doivent déterminer par elles-mêmes la volonté comme volonté, avant même qu'on se demande si on a la puissance nécessaire pour produire l'effet désiré ou ce qu'il faut faire pour cela ; par conséquent, elles doivent être catégoriques, autrement ce ne seraient pas des lois, car il leur manquerait cette nécessité qui, pour être pratique, doit être indépendante de toutes conditions pathologiques, et, par conséquent, accidentellement attachées à la volonté. Dites à quelqu'un, par exemple, qu'il doit travailler et économiser pendant sa jeunesse, afin de mettre sa vieillesse à l'abri du besoin ; c'est là, pour la volonté, un précepte pratique juste à la fois et important. Mais il est aisé de voir que la volonté est ici renvoyée à quelque autre chose, qu'elle est supposée désirer, et ce désir, il faut le laisser à la discrétion de l'agent, soit qu'il prévoie d'autres ressources que celles qu'il peut acquérir par lui-même, soit qu'il n'espère pas devenir vieux, ou qu'il s'imagine qu'en cas de besoin il saura se contenter de peu. La raison, qui seule peut fournir des règles renfermant quelque nécessité, donne aussi de la nécessité à ce précepte (car autrement ce ne serait pas un impératif), mais cette nécessité est elle même soumise à des conditions subjectives, et on ne peut la supposer au même degré dans tous les sujets. Au contraire c'est le propre de sa législation de ne supposer qu'*elle-même*, car la règle n'est objective et n'a une valeur universelle, que quand elle est indépendante de toutes les conditions accidentelles et subjectives, qui distinguent un être raisonnable d'un autre. Dites à quelqu'un qu'il ne doit jamais faire de fausse promesse : c'est là une règle qui ne concerne que sa volonté, qu'elle soit ou non capable d'atteindre les buts que l'homme peut se proposer ; le simple vouloir, voilà ce qui doit être déterminé tout à fait *à priori* par cette règle. S'il arrive que cette règle soit pratiquement juste, c'est une loi, car c'est un impératif catégorique. Ainsi les lois pratiques se rapportent uniquement à la volonté, indépendamment de ce que produit sa causalité, et il faut faire abstraction de cette causalité (en tant qu'elle appartient au monde sensible), pour les considérer dans toute leur pureté.

§ 2 Théorème I

Tous les principes pratiques qui supposent un objet (une matière) de la faculté de désirer, comme cause déterminante de la volonté, sont empiriques et ne peu vent fournir aucune loi pratique.

J'entends par matière de la faculté de désirer un objet dont la réalité est désirée. Si le désir de l'objet est *antérieur* à la règle pratique, et qu'il soit la condition qui nous détermine à nous en faire un principe, je dis (*en premier lieu*) que dans ce cas ce principe est toujours empirique. En effet la cause déterminante de la volonté est alors la représentation d'un objet, et un rapport de cette représentation au sujet, qui détermine la faculté de désirer à la réalisation de cet objet même. Ce rapport est ce qu'on appelle le plaisir attaché à la réalité d'un objet. Le plaisir doit donc être supposé ici comme la condition qui rend possible la détermination de la volonté. Or il n'y a pas de représentation d'un objet, quelle qu'elle soit, dont on puisse savoir *à priori*, si elle sera liée au *plaisir* ou à la *peine*, ou si elle sera *indifférente*. Donc, en pareil cas, la cause déterminante de la volonté doit toujours être empirique, et, par conséquent, aussi le principe pratique matériel, qui la suppose comme condition. Comme (*en second lieu*) un principe, qui ne se fonde que sur la condition subjective de la capacité de sentir du plaisir ou de la peine (capacité qu'on ne peut jamais connaître que par l'expérience, et qu'on ne peut considérer comme existant au même degré chez tous les êtres raisonnables), peut bien servir de maxime particulière au sujet qui possède celle capacité, mais ne peut lui servir de loi, (puisqu'il n'a pas celte nécessité objective qui doit être reconnue à priori), un principe ne peut fournir une loi pratique.

§ 3 *Théorème II*

Tous les principes pratiques matériels appartiennent, comme tels, à une seule et même espèce et se rattachent au principe général de l'amour de soi ou du bonheur personnel.

Le plaisir qui vient de la représentation de l'existence d'une chose, en tant qu'il doit être une raison qui détermine à désirer cette chose, se fonde sur la *réceptivité*[2] du sujet, puisqu'il dépend de l'existence d'un objet ; pur conséquent, il appartient au sens (au sentiment), et non à l'entendement, lequel exprime un rapport de la représentation à un objet, fondé sur des concepts, et non pas un rapport de la représentation au sujet, fondé sur des sentiments. Il n'est donc pratique qu'autant que la sensation de ce que le sujet attend d'agréable de la réalité de l'objet détermine la faculté de désirer. Or la conscience qu'aurait un être raisonnable d'une satisfaction liée à son existence et l'accompagnant tout entière sans interruption, c'est le bonheur, et le principe qui consiste à faire du bonheur le mobile suprême de la volonté, c'est le principe do l'amour de soi. Donc tous les principes matériels qui placent la cause déterminante de la volonté dans le plaisir ou la peine, qu'on peut recevoir de la réalité de quelque objet, sont de la même espèce en tant qu'ils appartiennent tous au principe de l'amour de soi ou du bonheur personnel.

---

[2] Empfänglichkeit. Je traduis ici littéralement le mot que j'ai traduit tout à l'heure par *capacité de sentir*. J. B.

Corollaire

Toutes les règles pratiques *matérielles* placent le principe déterminant de la volonté dans *la faculté de désirer inférieure*, et, s'il n'y avait pas de lois *purement formelles*, capables de la déterminer par elles-mêmes, il n'y aurait pas lieu d'admettre une *faculté de désirer supérieure*.

Scholie 1

On doit s'étonner que des esprits, d'ailleurs pénétrants croient distinguer la *faculté de désirer inférieure* et la *faculté de désirer supérieure* par la différence d'origine des *représentations* liées au sentiment du plaisir, suivant que ces représentations viennent des sens ou de l'*entendement*. En effet, quand on recherche les causes déterminantes du désir et qu'on les place dans le plaisir qu'on attend de quelque chose, on ne s'inquiète pas de savoir d'où vient la représentation de cet objet agréable, mais seulement jusqu'à quel point elle est agréable. Une représentation a beau avoir son siège et son origine dans l'entendement, si elle ne peut déterminer la volonté qu'autant qu'elle suppose lu sentiment d'un plaisir dans le sujet, il dépend entièrement de la nature du sens intérieur qu'elle soit un principe de détermination pour la volonté puisqu'il faut que ce sens puisse en être affecté d'une manière agréable. Que les représentations des objets soient aussi hétérogènes qu'on le voudra, que ce soient des représentations de l'entendement, ou même de la raison, en opposition à celles des sens, le sentiment du plaisir, qui seul en fait proprement des causes déterminante de la volonté (l'agrément, le contentement qu'on attend de l'objet et qui pousse l'activité à le produire) est toujours de la même espèce car non-seulement on ne peut jamais le connaître qu'empiriquement, mais il affecte une seule et mène force vitale, qui se manifeste dans la faculté de désirer, et, sous ce rapport, il ne peut se distinguer de tout autre principe de détermination que par le degré. Autrement comment pourrait-on comparer, sous le rapport de la quantité, deux principes de détermination entièrement différents quant au mode de représentation, pour préférer celui qui affecte le plus la faculté de désirer ? Le même homme peut rendre, sans l'avoir lu, un livre instructif, qui ne sera plus désormais à sa disposition, pour ne pas perdre une partie de chasse ; s'en aller au milieu d'un beau discours, pour ne pas arriver trop tard à un repas ; quitter une conversation grave, dont il fait d'ailleurs grand cas, pour se placer à une table de jeu ; même repousser un pauvre, auquel il aime ordinairement à faire l'aumône, parce qu'en ce moment il a tout juste dans sa poche l'argent nécessaire pour payer son entrée à la comédie. Si la détermination de sa volonté repose sur le sentiment du plaisir ou de la peine qu'il attend d'une certaine chose, peu lui importe par quel mode de représentation il est affecté. Tout ce qu'il lui faut pour se résoudre, c'est de savoir quelle est l'intensité et quelle est la durée de ce plaisir, jusqu'à quel point il est facile de se le procurer, et si on peut le renouveler souvent. Comme celui qui dépense l'or ne s'inquiète pas de savoir si la matière en a été extraite du sein de la terre ou trouvée dans le sable des rivières, pourvu qu'il ait partout la même valeur, de même celui qui ne songe qu'aux jouissances de la vie ne cherche pas si ce sont des représentations de l'entendement ou des représentations des sens qui lui procurent ces jouissances, mais quel en est le nombre, l'*intensité* et la *durée* ? Il n'y a que ceux qui contestent à la raison pure la faculté de déterminer la volonté sans s'appuyer sur aucun sentiment, qui peuvent s'écarter de leur propre définition, au point do regarder comme tout à fait hétérogènes des choses qu'eux-mêmes avaient rapportées d'abord à un seul et même principe. Ainsi, par exemple, le simple *exercice* de *vos forces*, la conscience de l'énergie de notre âme dans sa lutte contre les obstacles qui s'opposent à ses desseins, la culture des talent de l'esprit, etc., toutes ces choses peuvent nous causer du plaisir, et nous disons avec raison que ce sont là des joies et des jouissances *délicates*, parce qu'elles sont plus en notre pouvoir que d'autres ; qu'elles ne s'usent point, mais se fortifient au contraire par l'habitude, et que, tout en charmant l'âme, elles la cultivent. Mais les donner pour une espèce de mobiles de la volonté différents du ceux qui viennent des sens quand on suppose, pour en expliquer la possibilité, un sentiment qui nous rend propres à les recevoir et qui en est la première condition, c'est faire comme ces ignorants qui, s'ingérant de faire de la métaphysique, subtilisent la matière au point d'en avoir pour ainsi dire le vertige, et croient qu'ils se font ainsi une idée d'un être *spirituel* et pourtant étendu. Si l'on admet avec *Epicure* que la vertu ne détermine la volonté que par le plaisir qu'elle promet, on n'a pas le droit de le blâmer ensuite d'avoir regardé ce plaisir comme tout à fait semblable à ceux des sens les plus grossiers ; car c'est à tort qu'on lui impute d'avoir attribué uniquement aux sens corporels les représentations par lesquelles ce sentiment est excité en nous. Il a cherché, autant qu'on peut la conjecturer, la source de beaucoup de représentations dans une faculté de connaître supérieure, mais cela ne l'empêchait pas et ne pouvait l'empêcher de regarder, d'après le principe indiqué, comme tout à fait semblable aux autres plaisirs le plaisir que nous procurent ces représentations, d'ailleurs intellectuelles, et sans lequel elles ne pourraient déterminer la volonté. Le premier devoir du philosophe est d'être conséquent, mais c'est celui qu'on observe le moins. Les anciennes écoles grecques nous en fournissent plus d'exemples que nous n'en trouvons dans notre siècle *syncrétique*, où l'on fabrique, avec des principes contradictoires, des *systèmes conciliants* sans bonne foi et sans solidité, parce que cela convient mieux à un public qui se contente de savoir de tout un peu, sans rien savoir en somme, et de paraître habile en toute chose. Le principe du bonheur personnel, quelque usage qu'on y fasse de l'entendement et de la raison, ne saurait contenir d'autres principes de détermination pour la volonté que ceux qui sont propres à la faculté de désirer *inférieure*, et par conséquent, ou il n'y a pas de faculté de désirer supérieure, ou la *raison pure* doit pouvoir être pratique par elle seule, c'est-à-dire que, sans supposer aucun sentiment, partant aucune représentation de l'agréable ou du désagréable, comme matière de la faculté de désirer, et, par conséquent, sans soumettre ses principes à aucune condition empirique, elle doit pouvoir déterminer la volonté par la seule forme de la règle pratique. C'est à cette seule condition de déterminer la volonté pour elle-même (de n'être pas au service des penchants) que la raison est une véritable faculté de désirer *supérieure*, à laquelle est subordonnée celle que déterminent des conditions pathologiques, et qui est réellement et *spécifiquement* distincte de celle-ci, de telle sorte que le moindre alliage compromet sa puissance et sa supériorité, tout comme le moindre élément empirique, introduit comme condition dans une démonstration mathématique, lui ôte toute valeur et toute vertu. La raison détermine immédiatement la volonté par une loi pratique, sans l'intervention d'aucun sentiment de plaisir ou de peine, même d'un plaisir lié à cette loi, et c'est cette faculté qu'elle a d'être pratique, on tant que raison pure, qui lui donne un caractère *législatif*.

Scholie 2

Tout être raisonnable, mais fini, désire nécessairement être heureux et par conséquent il y a là un principe qui détermine inévitablement sa faculté de désirer. En effet son état originel n'est pas d'être toujours et entièrement satisfait de son existence, et de jouir d'une félicité qui supposerait la conscience d'une parfaite indépendance, mais ce bonheur est un problème que lui impose sa nature finie, car il a des besoins, et ces besoins concernent la matière de sa faculté de désirer, c'est-à-dire quelque chose se rapportant à un sentiment de plaisir ou de peine qui lui sert de principe subjectif et qui détermine ce dont il a besoin pour être content de son état. Mais, précisément parce que ce principe matériel de détermination ne peut être connu qu'empiriquement par le sujet, il est impossible de considérer ce problème comme une loi car une loi, en tant qu'objective, fournirait à la volonté *le même principe de détermination* dans tous les cas et pour tous les êtres raisonnables. Par conséquent, quoique le concept du bonheur serve partout de fondement au rapport pratique des objets avec la faculté de désirer, il n'est que le titre général des principes subjectifs de détermination, et il ne détermine rien spécifiquement, ce qui est pourtant la seule chose dont il s'agisse dans ce problème pratique et le seul moyen de le résoudre. Chacun place son bonheur en ceci ou en cela suivant son sentiment particulier de plaisir ou de peine, et le même sujet éprouvera des besoins différents suivant les variations de ce sentiment, et c'est ainsi qu'une loi, *subjectivement nécessaire* (comme loi de la nature), est, *objectivement*, un principe pratique entièrement *contingent*, qui peut et doit être très différant en différents sujets, et qui par conséquent, ne peut fournir une loi, puisque dans le désir du bonheur il ne s'agit pas de la forme de la loi, mais de sa matière, c'est-à-dire de la question de savoir si je dois attendre du plaisir de l'observation de la loi et quelle somme de plaisir. Les principes de l'amour de soi peuvent, il est vrai, contenir des règles universelles d'habileté (à trouver les moyens d'atteindre les buts qu'on se propose), mais ce ne sont alors que des principes théoriques[3], comme, par exemple, que celui qui veut manger du pain ne pourrait satisfaire son désir, s'il n'y avait pas de moulins. Mois les préceptes pratiques, qui se fondent sur ces principe, ne peuvent être universels, car le principe qui détermine la faculté de désirer est fondé sur le sentiment du plaisir ou de la peine, qu'on ne peut jamais considérer comme s'appliquant universellement aux mômes objets.

Mais, quand même des êtres raisonnables finis penseraient absolument de la même manière sur les objets de leurs sentiments de plaisir ou de peine, ainsi que sur les moyens à employer pour obtenir les uns et écarter les autres, ils ne pourraient encore prendre pour une *loi pratique le principe de l'amour da soi* ; car cet accord ne serait lui-même que contingent. Le principe de détermination n'aurait toujours qu'une valeur subjective, la valeur d'un principe empirique, et il n'aurait pas cette nécessité que l'on conçoit en toute loi, c'est-à-dire cette nécessité objective qui se fonde sur des principes *à priori*. Je ne parle pas de cette nécessité qui ne serait point pratique, mais

---

[3] Les propositions que, dans les mathématiques ou dans la physique, on appelle pratiques devraient être appelées proprement techniques. En effet il ne s'agit pas, dans ces sciences, de la détermination de la volonté ; et ces propositions se bornent à déterminer les conditions particulières de l'action propre à produire un certain effet, et, par conséquent, elles sont tout aussi théoriques que toutes les propositions qui expriment une relation de cause à effet. Or celui qui veut l'effet doit aussi vouloir la cause (Voyez sur l'idée indiquée dans cette note la Critique du jugement, Introduction : de la division de la philosophie. Traduc. française T1. J. B.).

purement physique, d'après laquelle l'action est tout aussi inévitablement déterminée par notre inclination, qu'il est nécessaire de bailler, quand on voit les autres bailler. Mieux vaudrait soutenir qu'il n'y a pas de lois pratiques, mais seulement des *conseils* à l'usage de nos désirs, que d'élever des principes purement subjectifs au rang de lois pratiques, car celles-ci doivent avoir une nécessité entièrement objective, et non pas simplement subjective, et elles doivent être reconnues *à priori* par la raison, et non par l'expérience (si générale qu'elle puisse être). Les règles mêmes des phénomènes concordants ne sont nommées des lois physiques (par exemple les lois mécaniques) que parce qu'on les connait réellement *à priori*, ou du moins parce qu'on admet (comme il arrive pour les lois chimiques) qu'on les connaîtrait *à priori* au moyen de principes objectifs, si notre pénétration était plus profonde. Mais les principes pratiques purement subjectifs ont pour caractère de ne s'appuyer que sur des conditions subjectives de la volonté, et non sur des conditions objectives, et, par conséquent, on ne peut les présenter que comme des maximes, et non comme des lois pratiques. Ce dernier scholie semble être au premier moment une pure chicane de mots, mais cette détermination de mots exprime la distinction la plus importante qu'on puisse considérer dans les recherches pratiques.

§ 4 Théorème III

Un être raisonnable ne peut concevoir ses maximes comme des lois pratiques universelles, qu'autant qu'il peut les concevoir comme des principes qui déterminent la volonté par leur forme seule, et non par leur matière. La matière d'un principe pratique est l'objet de la volonté. L'objet est ou n'est pas le principe qui détermine la volonté. S'il en est le principe déterminant, la règle de la volonté est soumise à une condition empirique (au rapport de la représentation déterminante avec le sentiment du plaisir ou de la peine) ; par conséquent, elle ne peut être une loi pratique. Or, si dans une loi on fait abstraction de toute matière, c'est-à-dire de tout objet de la volonté (comme principe de détermination), il ne reste plus que la seule forme d'une législation universelle. Donc, ou un être raisonnable ne peut concevoir ses principes subjectivement pratiques, c'est-à-dire ses maximes, comme étant en même temps des lois universelles, ou il doit admettre que c'est la forme seule de ces maximes qui, en leur donnant le caractère qui convient à une *législation universelle*, en fait des lois pratiques.

Scholie

L'intelligence la plus vulgaire peut, sans avoir reçu aucune instruction à cet égard, distinguer quelles maximes peuvent revêtir la forme d'une législation universelle, et quelles maximes ne le peuvent pas. Je me suis fait par exemple une maxime d'augmenter ma fortune par tous les moyens sûrs. J'ai maintenant entre les mains un *dépôt*, dont le propriétaire est mort sans laisser aucun écrit à ce sujet. C'est bien le cas d'appliquer ma maxime ; mais je veux savoir si elle peut avoir la valeur d'une loi pratique universelle. Je l'applique donc au cas présent, et je me demande si elle peut recevoir la forme d'une loi, et, par conséquent, si je puis la convertir en cette loi : il est permis à chacun de nier un dépôt, dont personne ne peut fournir la preuve. Je m'aperçois aussitôt qu'un tel principe se détruirait lui-même comme loi, car il ferait qu'il n'y aurait plus de dépôt. Une loi pratique, que je reconnais pour telle, doit avoir la qualité d'un principe de législation universelle ; c'est là une proposition identique, et, par conséquent, claire par elle même. Or je soutiens que, si ma volonté est soumise à une *loi* pratique, je ne puis donner mon inclination (par exemple, dans le cas présent, ma convoitise) pour un principe de détermination propre à former une loi pratique universelle, car, bien loin de pouvoir être érigée en un principe de législation universelle, elle se détruit elle-même au contraire, lorsqu'on cherche à lui donner cette forme.

Aussi, quoique le désir du bonheur et la maxime par laquelle chacun fait de ce désir un principe de détermination pour sa volonté soient universels, est-il étonnant qu'il soit tombé dans l'esprit d'hommes intelligents de donner ce principe pour une *loi pratique* universelle. En effet, si l'on donnait à cette maxime l'universalité d'une loi, au lieu de l'ordre qu'une loi universelle de la nature établit partout ailleurs, on aurait tout juste le contraire, un désordre extrême, où disparaîtraient complètement la maxime elle-même et son but. La volonté de tous n'a pas, sous ce rapport, un seul et même objet, mais chacun a le sien (son propre bien-être, qui peut bien s'accorder accidentellement avec les desseins que les autres rapportent également à eux-mêmes, mais qui est loin de suffire à fonder une loi, car les exceptions qu'on a le droit de faire à l'occasion sont en nombre infini, et ne peuvent être comprises d'une manière déterminée dans une règle universelle. On obtiendrait de cette manière une harmonie semblable à celle que nous montre certain poème satirique entre deux époux ayant la même tendance à se ruiner : *O merveilleuse harmonie, ce qu'il veut, elle le veut aussi*, ou semblable à celle qui régnait entre le roi *François Ier* et *Charles V*, lorsque le premier, prenant un engagement envers le second, disait : Ce que veut mon frère Charles (Milan), je le veux aussi. Des principes empiriques de détermination ne peuvent fonder une législation universelle extérieure, mais ils ne peuvent pas davantage en fonder une intérieure, car l'inclination ayant son fondement dans la nature de chacun, il y a autant d'inclinations différentes que de sujets différents, et, dans le même sujet, c'est tantôt l'une, tantôt l'autre, qui l'emporte. Il est absolument impossible de trouver une loi qui les gouvernerait toutes, en les mettant toutes d'accord.

§ 5 Problème I

Supposé que la simple forme législative des maximes soit le seul principe de détermination suffisant pour une volonté, trouver la nature de cette volonté, qui ne peut être déterminée que par ce principe.

Puisque la simple forme de la loi ne peut être représentée que par la raison, et que, par conséquent, elle n'est pas un objet des sens, et, par conséquent aussi, ne fait pas partie des phénomènes, la représentation de cette forme est, pour la volonté, un principe de détermination distinct de tous ceux qui viennent des circonstances arrivant dans la nature suivant la loi de la causalité, car ici les causes déterminantes doivent être elles-mêmes des phénomènes. Mais, si nul autre principe de détermination ne peut servir de loi à la volonté, que cette forme de loi universelle, il faut concevoir la volonté comme entièrement indépendante de la loi naturelle des phénomènes, c'est-à-dire de la loi de la causalité. Or cette indépendance s'appelle liberté, dans le sens le plus étroit, c'est-à-dire dans le sens transcendental. Donc une volonté, à laquelle la forme législative des maximes peut seule servir de loi, est une volonté libre.

§ 6 Problème II

Supposé qu'une volonté soit libre, trouver la loi qui seule est propre à la déterminer nécessairement.

Puisque la matière de la loi pratique, c'est-à-dire un objet des maximes, ne peut jamais être donnée qu'empiriquement, et que, d'un autre côté, la volonté libre doit pouvoir être déterminée indépendamment de toutes conditions empiriques (ou appartenant au monde sensible), une volonté libre doit trouver dans la loi un principe de détermination indépendant de sa matière même. Or, si dans une loi on fait abstraction de la matière, il ne reste plus que la forme législative.

Donc la forme législative, en tant qu'elle est contenue dans la maxime, est la seule chose qui puisse fournir à la volonté un principe de détermination.

Scholie

Liberté et loi pratique absolue sont donc des concepts corrélatifs. Or je ne cherche pas ici si ce sont des choses réellement distinctes, ou si plutôt une loi absolue n'est pas entièrement identique à la conscience d'une raison pure pratique, et celle-ci au concept positif de la liberté ; mais je demande par où commence notre connaissance de ce qui est pratique absolument, si c'est par la liberté ou par la loi pratique. Ce ne peut être par la liberté, car, d'un côté, nous ne pouvons en avoir immédiatement conscience, puisque le premier concept en est négatif, et, d'un autre côté, nous ne pouvons la conclure de l'expérience, puisque l'expérience ne nous fait connaître que la loi des phénomènes, par conséquent, le mécanisme de la nature, c'est-à-dire justement le contraire de la liberté. C'est donc la loi morale, dont nous avons immédiatement conscience (dès que nous nous traçons des maximes pour notre volonté), qui s'offre *d'abord* à nous, et la raison, en nous la présentant comme un principe de détermination qui doit l'emporter sur toutes les conditions sensibles, et qui même en est tout à fait indépendant, nous conduit droit au concept de la liberté. Mais comment la conscience de cette loi est-elle possible ? Nous pouvons avoir conscience de lois pratiques pures, tout comme nous avons conscience de principes théoriques purs, en remarquant la nécessité avec laquelle la raison nous les impose, et en faisant abstraction de toutes les conditions empiriques auxquelles elle nous renvoie. Le concept d'une volonté pure sort des premiers, comme la conscience d'un entendement pur sort des seconds. Que ce soit là l'ordre véritable de nos concepts, que ce soit la moralité qui nous découvre le concept de la liberté, et, par conséquent, que ce soit la *raison pratique* qui, par ce concept, propose à la raison spéculative le problème le plus insoluble pour elle et le plus propre à l'embarrasser, c'est ce qui résulte clairement de cette considération : puisque, avec le concept de la liberté, on ne peut rien expliquer dans le monde des phénomènes, mais qu'ici le mécanisme de la nature doit toujours servir de guide, et qu'en outre, lorsque la raison pure veut s'élever à l'inconditionnel dans la série des causes, elle tombe dans une antinomie où, d'un côté comme de l'autre, elle se perd dans l'incompréhensible, tandis que le mécanisme est du moins utile dans l'explication des phénomènes, personne ne se serait jamais avisé d'introduire la liberté dans la science, à la loi morale, et avec elle la raison pratique, n'était intervenue et ne nous avait imposé ce concept. L'expérience confirme aussi cet ordre de nos concepts. Supposez que quelqu'un prétende ne pouvoir résister à sa passion, lorsque l'objet aimé et l'occasion se présentent ; est-ce que, si l'on avait dressé un gibet devant la maison où il trouve cette occasion, pour l'y attacher immédiatement après qu'il aurait satisfait son désir, il lui serait encore impossible d'y résister ? Il n'est pas difficile de deviner ce qu'il répondrait. Mais si son prince lui ordonnait, sous peine de mort, de porter un faux témoignage contre un honnête homme qu'il voudrait perdre au moyen d'un prétexte spécieux, regarderait-il comme possible de vaincre en pareil cas son amour de la vie, si grand qu'il pût être. S'il le ferait ou non, c'est ce qu'il n'osera peut-être pas décider, mais que cela lui soit possible, c'est ce dont il conviendra sans hésiter. Il juge donc qu'il peut faire quelque chose, parce qu'il a la conscience de le devoir, et il reconnaît ainsi en lui-même la liberté qui, sans la loi morale, lui serait toujours demeurée inconnue.

§ 7 Loi fondamentale de la raison pure pratique.

Agis de telle sorte que la maxime de ta volonté puisse toujours être considérée comme un principe de législation universelle.

Scholie

La géométrie pure a des postulats qui sont des propositions pratiques, mais qui ne supposent rien de plus sinon qu'on peut faire une chose, si on veut la foire, et ces postulats sont les seules propositions de cette science qui concernent une existence ; ce sont donc des règles pratiques dont l'application est soumise à une condition problématique de la volonté. Mais ici la règle dit qu'on doit absolument agir d'une certaine manière. La règle pratique est donc inconditionnelle, et, par conséquent, nous nous la représentons *à priori* comme une proposition catégoriquement pratique, qui détermine objectivement la volonté d'une manière absolue et immédiate (par la règle pratique même qu'elle exprime, et qui, par conséquent, a ici force de loi). En effet c'est la raison pure qui, étant *pratique par elle même*, est ici immédiatement législative. La volonté est conçue comme indépendante de toutes conditions empiriques, par conséquent, comme volonté pure, comme déterminée *par la simple forme de la loi*, et ce principe de détermination est considéré comme la condition suprême de toutes les maximes. La chose est assez étrange, et il n'y a rien de semblable dans tout le reste de la connaissance pratique. En effet la pensée *à priori* d'une législation universelle possible, cette pensée qui, par conséquent, est purement problématique, nous est ordonnée absolument comme une loi, sans que l'expérience ou quelque volonté extérieure y entre pour rien. Mais ce n'est pas non plus un de ces préceptes d'après lesquels il faut faire telle chose, pour obtenir tel effet désiré (car alors la règle dépendrait toujours de conditions physiques), mais une règle qui détermine *à priori* la volonté, quant à la forme de ses maximes, et dès lors il n'est pas impossible de concevoir au moins, comme un principe de détermination puisé dans la forme *objective* d'une loi en général, une loi qui ne s'applique qu'à la forme *subjective* des principes. On peut appeler la conscience de cette loi un fait de la raison, car on ne peut le conclure par voie de raisonnement de données antérieures de la raison, par exemple de la conscience de la liberté (laquelle ne nous est pas donnée d'abord), mais elle s'impose à nous par elle-même comme une proposition synthétique *à priori*, qui ne se fonde sur aucune intuition, ni pure ni empirique. Cette proposition serait, il est vrai, analytique, si on pouvait supposer d'abord la liberté de la volonté ; mais, pour en avoir un concept positif, il faudrait une intuition intellectuelle, qu'on n'a pas ici le droit d'admettre. Qu'on remarque bien, pour ne tomber dans aucune méprise en considérant cette loi comme donnée, que ce n'est pas là un fait empirique, mais le fait unique de la raison, qui se proclame par là originairement législative (*sic volo, sic jubeo*).

Corollaire

La raison pure est pratique par elle seule, et elle donne (à l'homme) une loi universelle que nous appelons la loi morale.

Scholie

Le fait que nous venons de constater est incontestable. Qu'on analyse le jugement que portent les hommes sur la légitimité de leurs actions, on trouvera toujours que, quoi que puisse dire l'inclination, leur raison demeurant incorruptible et n'obéissant qu'à sa propre loi, confronte toujours la maxime suivie par la volonté dans une action avec la volonté pure, c'est à-dire avec elle-même, en se considérant comme pratique *à priori*. Or ce principe de la moralité, faisant de l'universalité même de la législation un principe formel et suprême de détermination pour la volonté, sans tenir compte de toutes les différences subjectives que celle-ci peut offrir, la raison le présente comme une loi qui s'applique à tous les êtres raisonnables, en tant qu'ils ont une volonté, c'est-à-dire une faculté de déterminer leur causalité par la représentation de certaines règles, par conséquent, en tant qu'ils sont capables d'agir d'après des principes, et, par conséquent aussi, d'après des principes pratiques *à priori* (car ceux-ci ont seuls cette nécessité que la raison exige d'un principe). Il ne se borne donc pas aux hommes, mais il s'étend à tous les êtres finis doués de raison et de volonté, et il enveloppe même l'être infini en tant qu'intelligence suprême. Mais, lorsqu'elle s'applique aux hommes, la loi prend la forme d'un impératif, car si, comme êtres raisonnables, on peut leur attribuer une volonté *pure*, comme êtres soumis à des besoins et à des mobiles sensibles, on ne peut leur supposer une volonté *sainte*, c'est-à-dire une volonté incapable de toute maxime contraire à la loi morale. La loi morale est donc pour eux un *impératif*, lequel commande catégoriquement, puisque la loi est inconditionnelle ; le rapport de leur volonté à cette loi est un rapport de *dépendance* auquel on donne le nom d'*obligation*, qui désigne une *contrainte*, mais imposée par la raison seule et par sa loi objective, et l'action qui nous est ainsi imposée s'appelle *devoir*, parce qu'une volonté sujette à des affections pathologiques (quoiqu'elle ne soit pas déterminée par ces conditions, et que, par conséquent, elle soit toujours libre) renferme un désir qui, résultant de causes *subjectives*, peut être souvent opposé au motif pur et objectif de la moralité, et qui, par conséquent, provoque une opposition de la raison pratique, qu'on peut appeler une contrainte intérieure, mais intellectuelle, une contrainte morale. Dans l'intelligence souverainement parfaite, on doit concevoir la volonté comme incapable d'aucune maxime qui ne puisse être en même temps une loi objective, et le concept de la *sainteté*, qui lui convient par là même, ne la place pas sans doute au-dessus de toutes les lois pratiques, mais au-dessus de toutes les lois pratiques restrictives, par conséquent, au-dessus de l'obligation et du devoir. Cette sainteté de la volonté n'en est pas moins une idée pratique, qui doit nécessairement servir de *type* à tous les êtres raisonnables finis : la seule chose qui leur soit accordée est de s'en rapprocher indéfiniment, et la pure loi morale, qui pour cela même est appelée sainte, leur met toujours cette idée même devant les yeux. S'assurer dans ce progrès indéfini, de manière à le rendre constant et sans cesse croissant, suivant des maximes immuables, c'est la *vertu*, et la vertu est le plus haut degré que puisse atteindre une raison pratique finie, car celle-ci, du moins comme faculté naturellement acquise, ne peut jamais être parfaite, et en pareil cas la certitude n'est jamais apodictique, et la conviction est très dangereuse.

§ 8 Théorème IV

L'autonomie de la volonté est l'unique principe de toutes les lois morales et de tous les devoirs qui y sont conformes : toute hétéronomie de la volonté au contraire non-seulement ne fonde aucune obligation, mais même est opposée au principe de l'obligation et à la moralité de la volonté. En effet la moralité réside uniquement dans une volonté indépendante de toute matière de la loi (c'est-à-dire de tout objet désiré) et exclusivement déterminée par la forme universellement législative que ses maximes doivent être capables de revêtir. Or cette indépendance est la liberté dans le sens négatif, et cette législation propre de la raison pure, et pratique à ce titre, est la liberté dans le sens positif. Donc la loi morale n'exprime pas autre chose que l'autonomie de la raison pure pratique, c'est-à-dire de la liberté, et cette autonomie même est la condition formelle de toutes les maximes, la seule qui leur permette de s'accorder avec la loi pratique suprême. C'est pourquoi, si la matière du vouloir, qui ne peut être autre chose que l'objet d'un désir lié à la loi, s'introduit dans la loi pratique, comme condition de la possibilité de cette loi, il en résultera une hétéronomie de la volonté, c'est-à-dire que la volonté dépendra de la loi de la nature, de quelque attrait ou de quelque inclination, et, qu'au lieu de se donner à elle-même la loi, elle se bornera à chercher le précepte d'après lequel elle peut raisonnablement obéir à des lois pathologiques. Mais la maxime, qui dans ce cas ne peut jamais contenir une forme universellement législative, non-seulement ne peut produire de cette manière aucune obligation, mais elle est même contraire au principe d'une raison pratique *pure*, et, par conséquent aussi, à toute intention morale, quand même l'action qui en résulterait aurait un caractère légal.

Scholie 1

Il ne faut donc jamais ériger en loi pratique un précepte pratique qui contient une condition matérielle (par conséquent empirique). En effet la loi de la volonté pure, qui est libre, place cette volonté même dans une sphère tout autre que la sphère empirique, et la nécessité qu'elle exprime, n'étant pas une nécessité physique, ne peut résider que dans les conditions formelles de la possibilité d'une loi en général. Toute matière de règles empiriques repose toujours sur des conditions subjectives, qui ne lui donnent d'autre universalité, à l'égard des êtres raisonnables, qu'une universalité conditionnelle (c'est-à-dire que, dans le cas où je *désirerais* ceci ou cela, je devrais agir de telle ou telle manière pour me le procurer), et toutes ces règles rentrent dans le principe du *bonheur* personnel. Or il est sans doute incontestable que tout vouloir doit avoir un objet, par conséquent, une matière ; mais cette matière n'est pas par cela même le principe déterminant et la condition de la maxime, car dans ce cas cette maxime ne pourrait prendre la forme d'un principe de législation universelle, puisque l'attente de l' existence de l'objet serait alors la cause qui déterminerait la volonté, et qu'il faudrait donner pour principe au vouloir la dépendance de la faculté de désirer par rapport à l'existence de quelque chose, dépendance dont on ne peut chercher la cause que dans des conditions empiriques, et qui, par conséquent, ne peut servir de fondement à une règle nécessaire et universelle. C'est ainsi que le bonheur d'autrui pourra être l'objet de la volonté d'un être raisonnable. Que s'il était le principe déterminant de sa maxime, il faudrait supposer que le bonheur d'autrui est pour lui, non-seulement un plaisir naturel, mais un besoin, comme est en effet la sympathie chez les hommes. Mais ce besoin, je ne puis le supposer en tout être raisonnable (en Dieu par exemple). La matière de la maxime peut donc subsister, mais elle ne doit pas en être la condition, car autrement celle-ci n'aurait plus la valeur d'une loi. Par conséquent, la forme d'une loi, à laquelle la matière est subordonnée, nous permet bien d'ajouter cette matière à la volonté, mais non pas de la supposer. Que, par exemple, la matière soit mon bonheur personnel ; si j'attribue à chacun le même désir (comme je le puis faire à l'égard des êtres finis), le bonheur ne peut être une loi pratique objective, que si j'y comprends aussi le bonheur d'autrui. La loi qui ordonne de travailler au bonheur d'autrui ne résulte donc pas de cette supposition que le bonheur est un objet de désir pour chacun, mais de ce que la forme de principe universel, dont la raison a besoin, comme d'une condition nécessaire, pour donner à une maxime de l'amour de soi la valeur objective d'une loi, est le principe déterminant de la volonté. Par conséquent, ce n'est pas l'objet (le bonheur d'autrui) qui est le principe déterminant de la volonté pure, mais seulement la forme législative, laquelle me sert à restreindre ma maxime fondée sur une inclination, de manière à lui donner l'universalité d'une loi, et à l'approprier ainsi à la raison pure pratique, et c'est de là seulement, et non de l'addition de quelque mobile extérieur, que peut résulter le concept de l'*obligation* d'étendre la maxime de l'amour de soi au bonheur d'autrui.

Scholie 2

On a tout juste le contraire du principe de la moralité, lorsqu'on donne à la volonté pour principe déterminant le principe du bonheur *personnel* auquel, comme je l'ai montré plus haut, il faut rattacher en général tout ce qui place le principe de détermination, qui doit servir de loi, ailleurs que dans la forme législative des maximes. Et il n'y a pas seulement ici une contradiction logique, comme quand on veut élever des règles empiriques au rang de principes nécessaires de la connaissance, mais une contradiction pratique, qui ruinerait entièrement la moralité, si la voix de la raison, parlant à la volonté, n'était pas si claire, si puissante si distincte, même pour les hommes les plus vulgaires. Aussi ne trouve-t-on cette contradiction que dans les fausses spéculations des écoles, assez hardies pour rester sourdes à cette voix céleste, afin de maintenir une théorie qui ne coûte aucune contention d'esprit.

Supposez qu'un de vos amis croie se justifier auprès de vous d'avoir porté un faux témoignage, en alléguant d'abord le devoir, sacré à ses yeux, du bonheur personnel, en énumérant ensuite tous les avantages qu'il s'est procurés par ce moyen, enfin en vous indiquant les précautions qu'il emploie pour échapper au danger d'être découvert, même par vous, à qui il ne révèle ce secret que parce qu'il pourra le nier en tout temps, et qu'il prétende sérieusement s'être acquitté d'un véritable devoir d'humanité ; ou vous lui ririez au nez, ou vous vous éloigneriez de lui avec horreur, et pourtant, si on ne fonde ses principes que sur son avantage personnel, il n'y a pas la moindre chose à objecter. Supposez encore qu'on vous recommande un intendant, à qui vous pourrez, vous dit-on, confier aveuglément toutes vos affaires, et que, pour vous inspirer de la confiance, on vous le vante comme un homme prudent qui entend à merveille ses propres intérêts, et dont l'infatigable activité ne laisse échapper aucune occasion de les servir, qu'enfin, pour ne pas vous laisser craindre de ne trouver en lui qu'un grossier égoïsme, on vous assure qu'il sait vivre élégamment, qu'il cherche son plaisir, non dans l'avarice ou la débauche, mais dans la culture de son esprit, dans le commerce des hommes distingués et instruits, et même dans la bienfaisance, mais que d'ailleurs il n'est pas très-scrupuleux sur les moyens (pensant que les moyens tirent toute leur valeur du but qu'on se propose), et que, pour arriver à ses fins, l'argent ou le bien d'autrui lui est aussi bon que le sien, pourvu qu'il soit sûr de pouvoir s'en servir sans danger ; ne croiriez-vous pas que celui qui vous recommanderait un tel homme ou se moquerait de vous, ou aurait perdu la tête. — La ligne de démarcation entre la moralité et l'amour de soi est si clairement et si distinctement tracée, que l'œil même le plus grossier ne peut confondre en aucun cas l'une de ces choses avec l'autre. Les quelques remarques qui suivent peuvent donc paraître superflues pour établir une vérité aussi évidente ; mais elles serviront du moins à donner un peu plus de clarté au jugement du sens commun.

Le principe du bonheur peut bien donner des maximes, mais non des maximes qui puissent servir de lois à la volonté, quand même on prendrait le bonheur *général* pour objet. En effet, comme la connaissance de cet objet repose sur des données purement empiriques, puisque le jugement qu'en porte chacun dépend de sa manière de voir, et que cette manière de voir même est très-variable dans le même individu, on en peut bien tirer des règles *générales*, mais non pas des règles *universelles*, c'est-à-dire on en peut bien tirer des règles qui après tout conviendront le plus souvent, mais non pas des règles ayant toujours et nécessairement la même valeur, et, par conséquent, on n'y peut fonder de lois pratiques. Précisément parce qu'ici un objet de la volonté doit servir de principe à sa règle, et, par conséquent, lui être antérieur, cette règle ne peut se rapporter qu'à la chose recommandée, c'est-à-dire à l'expérience, et, par conséquent, elle ne peut se fonder que sur l'expérience, d'où il suit que la diversité des jugements doit être infinie. Ce principe ne prescrit donc pas à tous les êtres raisonnables les mêmes règles pratiques, quoiqu'elles aient un titre commun, celui de bonheur. La loi morale au contraire n'est conçue comme objectivement nécessaire, que parce qu'elle doit avoir la même valeur pour quiconque est doué de raison et de volonté.

La maxime de l'amour de soi (la prudence) *conseille* seulement ; la loi de la moralité *ordonne*. Or il y a une grande différence entre les choses qu'on nous *conseille*, et celles auxquelles nous sommes *obligés*.

L'intelligence la plus ordinaire reconnaît sans peine et sans hésitation ce qu'il faut faire suivant le principe de l'autonomie de la volonté ; mais il est difficile de savoir ce qu'il convient de faire, au point de vue de l'hétéronomie de la volonté, et cela exige une certaine expérience du monde. En d'autres termes, la connaissance de ce qui est *devoir* s'offre d'elle-même à chacun ; mais ce qui peut nous procurer un avantage vrai et durable est toujours enveloppé d'une impénétrable obscurité, surtout s'il s'agit d'un avantage qui s'étende à toute l'existence, et il faut beaucoup de prudence pour adapter, même passablement, aux buts de la vie, en faisant la part des exceptions, les règles pratiques qui se fondent sur cette considération. Au contraire, la loi morale exigeant de chacun l'obéissance la plus ponctuelle, ce qu'elle commande de faire ne doit pas être si difficile à discerner, que l'intelligence la plus ordinaire et la moins exercée ne puisse y parvenir, même sans aucune expérience du monde.

Il est toujours au pouvoir de chacun d'obéir aux ordres catégoriques de la moralité ; il est rare qu'on puisse suivre les préceptes empiriquement conditionnels du bonheur, et il s'en faut que, même relativement à un même but, cela soit possible pour tous. La raison en est que, dans le premier cas, il ne s'agit que de maximes qui doivent être pures, tandis que, dans le second, il s'agit d'appliquer ses forces et sa puissance physique pour produire un objet désiré. Il serait ridicule d'ordonner à chacun de chercher à se rendre heureux, car on n'ordonne jamais à quelqu'un ce qu'il veut inévitablement de lui-même. Tout ce qu'on peut faire est de lui prescrire ou plutôt de lui présenter les moyens à employer pour arriver à son but, car il ne peut pas tout ce qu'il veut. Mais il est tout à fait raisonnable de prescrire la moralité sous le nom de devoir ; car d'abord tous les hommes ne consentent pas volontiers à obéir à ses préceptes, lorsqu'ils sont en opposition avec leurs penchants, et, quant aux moyens de pratiquer cette loi, ils n'ont pas besoin d'être appris, puisque chacun, sous ce rapport, peut ce qu'il veut.

Celui qui a perdu au jeu peut s'*affliger* sur lui-même et sur son imprudence, mais celui qui a conscience d'avoir *trompé* au jeu (quoiqu'il ait gagné par ce moyen) doit se *mépriser* lui-même, lorsqu'il se juge au point de vue de la loi morale. Celte loi doit donc être tout autre chose que le principe du bonheur personnel. Car, pour pouvoir se dire à soi-même : je suis un *misérable*, quoique j'aie rempli ma bourse, il faut un autre critérium que pour se féliciter soi-même et se dire : je suis un homme *prudent*, car j'ai enrichi ma caisse.

Enfin il y a encore quelque chose dans l'idée de notre raison pratique qui accompagne la transgression d'une loi morale, c'est le *démérite*. Or le concept de la jouissance du bonheur ne s'accorde guère avec celui d'une punition comme punition. En effet, quoique celui qui punit puisse avoir la bonne intention de diriger la punition même vers ce but, il faut d'abord que cette punition comme telle, c'est-à-dire comme un mal, soit juste par elle-même, c'est-à-dire il faut que celui qu'on punit, en restant sous le coup de la punition, et alors même qu'il n'espérerait aucune grâce, puisse avouer qu'il l'a méritée et que son sort est parfaitement approprié à sa conduite. La justice est donc la première condition de toute punition, comme telle, et l'essence même de ce conçut. La bonté peut s'y joindre sans doute, mais celui qui, par sa conduite, mérite d'être puni n'a pas le moindre droit d'y compter. Ainsi la punition est un mal physique qui, quand même il ne serait pas lié comme conséquence *naturelle* avec le mal moral, devrait en être considéré encore comme une conséquence suivant les principes de la législation morale. Or, si tout crime, indépendamment même des conséquences physiques qu'il peut avoir pour l'agent, est punissable en soi, c'est-à-dire s'il encourt la perte du bonheur (du moins en partie), il est évidemment absurde de dire que le crime consiste précisément à attirer sur soi un châtiment, en portant atteinte à son bonheur personnel (ce qui, suivant le principe de l'amour de soi, serait le concept propre de tout crime). Dans ce système, la punition étant la seule raison qui ferait qualifier une action de crime, la justice consisterait bien plutôt à laisser de côté toute punition et même à écarter la punition naturelle ; car alors il n'y aurait plus rien de mal dans l'action, puisqu'on aurait écarté les maux qui en seraient résultés, et qui seuls rendaient cette action mauvaise. Enfin ne voir dans toute punition et dans toute récompense qu'un moyen mécanique dont se servirait une puissance supérieure pour pousser des êtres raisonnables vers leur but final (le bonheur), c'est soumettre la volonté à ce mécanisme qui écarte toute liberté ; cela est trop évident pour qu'il soit nécessaire d'y insister.

C'est une opinion plus subtile, mais tout aussi fausse, que d'admettre, à la place de la raison, sous le nom de sens moral, un certain sens particulier, qui déterminerait la loi morale, et par le moyen duquel la conscience de la vertu serait immédiatement liée au contentement et au plaisir, celle du vice au trouble de l'âme et à la douleur, et ceux qui avancent cette opinion font tout reposer en définitive sur le désir du bonheur personnel. Sans rappeler ce qui a été dit précédemment, je veux seulement faire remarquer l'illusion où l'on tombe ici. Pour pouvoir se représenter un criminel tourmenté parla conscience de ses crimes, il faut lui attribuer d'abord un caractère qui, au fond et à quelque degré du moins, ne soit pas privé de toute bonté morale, de même qu'il faut d'abord concevoir vertueux celui que réjouit la conscience de ses bonnes actions. Ainsi le concept de la moralité et du devoir doit précéder la considération de ce contentement de soi-même, et il n'en peut être dérivé. Il faut d'abord savoir apprécier l'importance de ce que nous nommons devoir, l'autorité de la loi morale et la valeur immédiate que nous donne à nos propres yeux l'observation de cette loi, pour pouvoir sentir le contentement qui réside dans la conscience de l'accomplissement du devoir, et l'amertume des remords qui en suivent la violation. Il est donc impossible de sentir cette satisfaction de soi-même ou cette peine intérieure, avant d'avoir la connaissance de l'obligation, et de placer dans la première le fondement de la seconde. Il faut être déjà au moins à moitié honnête homme pour pouvoir se faire une idée de ces sentiments. Je ne prétends pas nier d'ailleurs que, si la volonté humaine peut être, grâce à la liberté, immédiatement déterminée par la loi morale, la pratique fréquente de ce principe de détermination ne puisse aussi produire à la fin dans le sujet un sentiment de satisfaction de soi-même ; je reconnais au contraire qu'il est de notre devoir de faire naître en nous et de cultiver ce sentiment, qui seul mérite véritablement le nom de sentiment moral. Mais le concept du devoir n'en peut être dérivé, à moins qu'on n'admette le sentiment d'une loi comme telle, et qu'on ne regarde comme un objet de sensibilité une chose qui ne peut être conçue que par la raison, ce qui, si ce n'est pas une plate contradiction, ruinerait tout concept du devoir et y substituerait un jeu mécanique de penchants délicats, en lutte parfois avec les penchants grossiers.

Si nous rapprochons de notre principe *formel* suprême de la raison pure pratique (considérée comme autonomie de la volonté) tous les principes *matériels* de moralité admis jusqu'ici, nous pouvons former un tableau qui épuise tous les cas possibles en dehors de notre principe, et rendre, pour ainsi dire, sensible aux yeux cette vérité, qu'il serait inutile de chercher un principe différent de celui que nous proposons ici.

— Les principes qui peuvent déterminer la volonté sont ou purement *subjectifs* et, par conséquent, empiriques, ou *objectifs* et rationnels, et ces deux classes de principes sont ou *externes* ou *internes*.

Les principes matériels de détermination, qu'on peut donner pour fondement à la moralité sont :

SUBJECTIFS				OBJECTIFS	
Externes		**Internes**		**Internes**	**Externes**
L'éducation (suivant Montaigne).	La constitution civile (suivant Mandeville)	Le sentiment physique (suivant Epicure)	Le sentiment moral (suivant Hutcheson)	La perfection suivant Wolf et les Stoïciens)	La volonté de Dieu (suivant Crusius et d'autres théologiens moralistes.)

Les principes qui sont placés à la gauche de ce tableau sont tous empiriques, et ne peuvent évidemment fournir le principe universel de la moralité. Ceux qui sont placés à droite se fondent sur la raison (car la perfection conçue comme qualité des choses, et la perfection suprême conçue comme substance, c'est-à-dire Dieu, sont deux choses que nous ne pouvons concevoir qu'au moyen de concepts rationnels). Le premier concept, celui de la *perfection*, peut être pris dans un sens *théorique*, ou dans un sens *pratique*. Dans le premier cas, il ne signifie autre chose que la perfection de chaque chose en son genre (perfection transcendantale), ou la perfection d'une chose comme chose en général (perfection métaphysique), ce dont il ne peut être ici question. Dans le second cas, la perfection est l'aptitude suffisante d'une chose pour toutes sortes de fins.

Mais cette perfection, comme *qualité* de l'homme, c'est à dire la perfection interne, n'est autre chose que le *talent*, et, ce qui le fortifie ou le complète, l'*habileté*. La perfection suprême en *substance*, c'est-à-dire *Dieu*, par conséquent, la perfection extérieure (considérée au point de vue pratique) est l'attribut qui fait que cet être suffit à toutes les fins en général. Or, si, d'un côté, il faut admettre comme donnés des buts relativement auxquels le concept d'une *perfection* (d'une perfection interne, en nous-mêmes, ou d'une perfection externe, en Dieu) puisse seul servir de principe de détermination à la volonté, d'un autre côté, un but, en tant qu'*objet* antérieur à l'acte de la volonté déterminée par une règle pratique et contenant le principe de la possibilité de cette détermination, ou la matière de la volonté, comme principe déterminant de cette faculté, est toujours empirique, et, par conséquent, ce but peut bien servir de principe à une doctrine du bonheur comme celle d'Épicure, mais on ne saurait y voir un principe purement rationnel de la morale et du devoir (c'est ainsi que les talents et leur développement, se rattachant aux avantages de la vie, et la volonté de Dieu, quand on en fait un objet de notre volonté, sans reconnaître d'abord un principe pratique indépendant de cette idée, ne peuvent être pour nous des causes déterminantes que par le bonheur que nous en attendons. Il suit de ce qui précède,

1° que tous les principes exposés ici sont matériels ;
2° qu'ils représentent tous les principes pratiques matériels possibles.

D'où enfin cette conclusion que, les principes matériels ne pouvant (comme on l'a prouvé) fournir à la morale une loi suprême, le *principe pratique formel* de la raison pure, d'après lequel la seule forme d'une législation universelle possible par nos maximes doit constituer le motif suprême et immédiat de la volonté, est *le seul* qui puisse fournir des impératifs catégoriques, c'est-à-dire des lois pratiques (qui fassent de l'action un devoir), et en général servir de principe de moralité dans l'appréciation des actions humaines comme dans les déterminations de notre volonté.

1 -
De la déduction des principes de la raison pure pratique.

Cette analytique prouve que la raison pure peut être pratique, c'est-à-dire déterminer la volonté par elle même, indépendamment de tout élément empirique, — et elle le prouve par un fait où la raison pure se montre en nous réellement pratique, c'est-à-dire par l'autonomie du principe moral par lequel elle détermine la volonté à l'action. — Elle montre en même temps que ce fait est inséparablement lié et même identique à la conscience de la liberté de la volonté. Or c'est par là que la volonté d'un être raisonnable, qui, comme cause appartenant au monde sensible, se reconnaît nécessairement soumise, comme les autres causes efficientes, aux lois de la causalité, a aussi, d'un autre côté, c'est-à-dire comme être en soi, non pas il est vrai au moyen d'une intuition particulière d'elle-même, mais au moyen de certaines lois dynamiques qui peuvent déterminer sa causalité dans le monde sensible, c'est-à-dire pratiquement, la conscience d'une existence déterminable dans un ordre intelligible des choses. Car que la liberté, si elle nous est attribuée, nous place dans un ordre intelligible des choses, c'est ce qui a été suffisamment démontré ailleurs.

Que si nous rapprochons de cette analytique celle de la critique de la raison pure spéculative, nous y verrons un remarquable contraste. Là nous trouvions dans une intuition sensible pure (l'espace et le temps), et non dans des principes, la première donnée qui rendait possible la connaissance à priori, mais pour les seuls objets des sens. — Il était impossible de tirer des principes synthétiques de simples concepts sans intuition ; au contraire ces principes n'étaient possibles que relativement à l'intuition qui était sensible, et, par conséquent, aux objets de l'expérience, puisque l'union des concepts de l'entendement et de cette intuition peut seule rendre possible cette connaissance que nous nommons expérience. En dehors des objets de l'expérience, par conséquent, à l'égard des choses comme noumènes, toute connaissance positive fut à juste titre refusée à la raison spéculative. — Cependant celle-ci put du moins mettre en sûreté le concept des noumènes, c'est-à-dire la possibilité et même la nécessité d'en concevoir, et, par exemple, en montrant que la supposition de la liberté, considérée négativement, peut parfaitement se concilier avec les principes et les limites qu'elle reconnaît comme raison pure théorique, placer cette supposition à l'abri de toute objection, mais sans pouvoir nous apprendre sur ces objets quelque chose de déterminé et de propre à étendre notre connaissance, puisque toute vue sur cet ordre de choses lui est interdite.

Au contraire la loi morale, quoiqu'elle ne nous en donne non plus aucune vue, nous fournit un fait, absolument inexplicable par toutes les données du monde sensible et par toute notre raison théorique, qui nous révèle un monde purement intelligible, et qui même le détermine d'une manière positive et nous en fait connaître quelque chose, à savoir une loi.

Cette loi doit donner au monde sensible, considéré comme nature sensible (en ce qui concerne les êtres raisonnables), la forme d'un monde intelligible, c'est-à-dire d'une *nature supra-sensible*, sans pourtant attaquer son mécanisme. Or la nature dans le sens le plus général est l'existence des choses sous des lois. La nature sensible d'êtres raisonnables en général est l'existence de ces êtres sous des lois qui dépendent de conditions empiriques, et qui, par conséquent, sont de l'*hétéronomie* pour la raison. La nature supra-sensible de ces mêmes êtres est au contraire leur existence sous des lois indépendantes de toute condition empirique, et appartenant, par conséquent, à l'*autonomie* de la raison pure. Et, comme les lois où l'existence des choses dépend de la connaissance sont pratiques, la nature supra-sensible n'est autre chose, autant que nous pouvons nous en faire un concept, *qu'une nature soumise à l'autonomie de la raison pure pratique.* Mais la loi de cette autonomie est la loi morale, et, par conséquent, celle-ci est la loi fondamentale d'une nature supra sensible et d'un monde purement intelligible, dont la copie doit exister dans le monde sensible, mais sans préjudice des lois de ce monde. On pourrait appeler le premier, que la raison seule nous fait connaître, le monde *archétype (natura archetypa)*, et le second, qui contient l'effet possible de l'idée du premier comme principe déterminant de la volonté, le monde *ectype (natura ectipa)*. Car dans le fait la loi morale nous place en idée dans une nature où la raison pure produirait le souverain bien, si elle était douée d'une puissance physique suffisante, et elle détermine notre volonté à donner au monde sensible la forme d'un ensemble d'êtres raisonnables.

La plus légère réflexion sur soi-même prouve que cette idée sert réellement de modèle aux déterminations de notre volonté.

Si je veux soumettre à l'épreuve de la raison pratique la maxime d'après laquelle je suis disposé à porter un témoignage, je considère toujours ce que serait ici une maxime qui aurait la valeur d'une loi universelle de la nature. Il est évident qu'une telle maxime contraindrait chacun à dire la vérité. En effet qu'une déposition puisse avoir force de preuve et en même temps être fausse à notre gré, c'est ce qu'il est impossible de considérer comme une loi universelle de la nature. De même, si je me fais une maxime de disposer librement de ma vie, je vois aussitôt quelle en est la valeur, en me demandant ce qu'il faudrait que fut ma maxime pour qu'une nature dont elle serait la loi pût subsister. Evidemment personne dans une telle nature ne pourrait arbitrairement mettre fin à sa vie, car une nature où chacun pourrait *arbitrairement* disposer de sa vie ne constituerait pas un ordre de choses durable. De même pour les autres cas. Or, dans la nature réelle, en tant qu'elle est un objet d'expérience, le libre arbitre ne se détermine pas de lui-même à des maximes qui pourraient par elles mêmes servir de fondement ou s'adapter à une nature dont elles seraient les lois universelles ; ses maximes sont plutôt des penchants particuliers, constituant un ordre naturel fondé sur des lois pathologiques (physiques), mais non une nature qui ne serait possible que par la conformité de notre volonté à des lois pures pratiques. Et pourtant nous avons par la raison conscience d'une loi à laquelle toutes nos maximes sont soumises, comme si un ordre naturel devait sortir de notre volonté. Celte loi doit donc être l'idée d'une nature qui n'est pas donnée par l'expérience, et qui pourtant est possible par la liberté, par conséquent, d'une nature supra-sensible, à laquelle nous accordons de la réalité objective, au moins sous le rapport pratique, en la regardant comme l'objet de notre volonté, en tant qu'êtres purement raisonnables.

Ainsi la différence qui existe entre les lois d'une nature à laquelle *la volonté est soumise*, et celles d'une *nature soumise* à une volonté (en ce qui concerne le rapport de celle-ci à ses libres actions), consiste en ce que, dans la première, les objets doivent être causes des représentations qui déterminent la volonté, tandis que, dans la seconde, la volonté doit être cause des objets, en sorte que sa causalité place uniquement son principe de détermination dans la raison pure, qu'on peut appeler pour cela même la raison pure pratique.

Ce sont donc deux questions bien différentes que celles de savoir, *d'une part*, comment la raison pure peut connaître *à priori* des objets, et, *d'autre part*, comment elle peut être immédiatement un principe de détermination pour la volonté, c'est-à-dire pour la causalité des êtres raisonnables relativement à la réalité des objets (par la seule idée de la valeur universelle de leurs propres maximes comme lois).

Le premier problème, appartenant à la critique de la raison pure spéculative, demande qu'on explique d'abord comment des intuitions, sans lesquelles aucun objet en général ne nous peut être donné, et, par conséquent, synthétiquement connu, sont possibles à priori, et la solution de cette question est que toutes ces intuitions sont sensibles, que, par conséquent, elles ne peuvent donner lieu à aucune connaissance spéculative dépassant les limites de l'expérience possible, et que, par conséquent encore, tous les principes de la raison pure spéculative[4] ne peuvent faire autre chose que rendre possible l'expérience, ou d'objets donnés, ou d'objets qui peuvent être donnés à l'infini, mais ne le sont jamais complètement.

Le second problème, appartenant à la critique de la raison pratique, ne demande pas qu'on explique comment sont possibles les objets de la faculté

---

[4] L'édition de Rosenkranz, sur laquelle j'ai fait cette traduction, porte ici *praktischen Vernunft*, et la traduction de Born donne aussi *rationis practicœ* ; mais il y a évidemment erreur, car c'est de la raison spéculative et non de la raison pratique qu'il s'agit ici. J. B.

de désirer, car cette question est du ressort de la critique de la raison spéculative, comme problème relatif à la connaissance théorique de la nature, mais seulement comment la raison peut déterminer la maxime de la volonté, si c'est seulement au moyen d'une représentation empirique comme principe de détermination, ou si la raison pure est pratique et donne la loi d'un ordre naturel possible, qui ne peut être connu empiriquement. La possibilité d'une nature supra-sensible, dont le concept peut être en même temps le principe de sa réalisation même par notre libre volonté, n'a pas besoin d'une intuition à priori (d'un monde intelligible), qui dans ce cas, devant être supra-sensible, serait même impossible pour nous. En effet c'est une question qui ne concerne que le principe de détermination du vouloir dans ses maximes, que celle de savoir si ce principe est empirique, ou si c'est un concept de la raison pure (de sa forme législative en général), et comment cela peut être. Quant à la question de savoir si la causalité de la volonté suffit ou non à la réalisation des objets, c'est aux principes théoriques de la raison qu'il appartient d'en décider, car c'est une question qui concerne la possibilité des objets du vouloir. Par conséquent, l'intuition de ces objets ne constitue pas dans le problème pratique un moment de ce problème. Il ne s'agit pas ici du résultat, mais seulement de la détermination de la volonté et du principe de détermination de ses maximes, comme libre volonté. En effet, dès que la volonté est légitime aux yeux de la raison pure, que sa puissance suffise ou non à l'exécution, que, suivant ces maximes de la législation d'une nature possible, elle produise réellement ou non une telle nature, ce n'est pas chose dont s'inquiète la critique, laquelle se borne à rechercher si et comment la raison pure peut être pratique, c'est-à-dire déterminer immédiatement la volonté.

Dans cette recherche elle peut donc à juste titre, et elle doit commencer par l'examen des lois pratiques pures et de leur réalité. Au lieu de l'intuition, elle leur donne pour fondement le concept de leur existence dans le monde intelligible, c'est-à-dire le concept de la liberté. Car ce concept ne signifie pas autre chose, et ces lois ne sont possibles que relativement à la liberté de la volonté, mais, celle-ci supposée, elles sont nécessaires, ou, réciproquement, celle-ci est nécessaire, puisque ces lois, comme postulats pratiques, sont nécessaires. Mais comment cette conscience de la loi morale, ou, ce qui revient au même, la conscience de la liberté est-elle possible ? On n'en peut donner d'autre explication ; seulement la critique théorique a montré qu'on pouvait l'admettre sans contradiction.

L'exposition du principe suprême de la raison pratique est maintenant achevée, puisque nous avons montré d'abord ce qu'il contient et qu'il existe par lui-même tout à fait *à priori* et indépendamment de tout principe empirique, et ensuite en quoi il se distingue de tous les autres principes pratiques. Quant à la déduction, c'est-à-dire à la justification de la valeur objective et universelle de ce principe et à la découverte de la possibilité d'une semblable proposition synthétique à priori, nous ne pouvons espérer d'y être aussi heureux que dans celle des principes de l'entendement pur théorique. En effet ceux-ci se rapportaient à des objets d'expérience possible, c'est-à-dire à des phénomènes, et l'on pouvait prouver que ces phénomènes ne peuvent être connus comme objets d'expérience qu'à la condition d'être ramenés à des catégories au moyen de ces lois, et que, par conséquent, toute expérience possible doit être conforme à ces lois. Mais dans la déduction du principe moral je ne puis suivre la même marche. Il ne s'agit plus ici de la connaissance de la nature des objets qui peuvent être donnés à la raison par quelque autre voie, mais d'une connaissance qui peut être le principe de l'existence des objets mêmes, et de la causalité de la raison dans un être raisonnable, ce qui veut dire que la raison pure peut être considérée comme une faculté déterminant immédiatement la volonté.

Or toute notre pénétration nous abandonne, dès que nous arrivons aux forces ou aux facultés premières ; car rien ne peut nous en faire concevoir la possibilité, et il ne nous est pas permis non plus de la feindre et de l'admettre à notre gré. C'est pourquoi dans l'usage théorique de la raison l'expérience seule pouvait nous autoriser à l'admettre. Mais ce remède[5] qui consiste à substituer des preuves empiriques à une déduction partant de sources à priori de la connaissance, nous ne pouvons pas même l'employer ici, pour expliquer la possibilité de la raison pure pratique. Car une chose qui a besoin de tirer de l'expérience la preuve de sa réalité doit dépendre, quant aux principes de sa possibilité, des principes de l'expérience ; or le concept même d'une raison pure et pourtant pratique ne nous permet pas de lui attribuer ce caractère. En outre la loi morale nous est donnée comme un fait de la raison pure dont nous avons conscience *à priori* et qui est apodictiquement certain, quand même on ne pourrait trouver dans l'expérience un seul exemple où elle fut exactement pratiquée. Aucune déduction ne peut donc démontrer la réalité objective de la loi morale, quel qu'effort que fasse pour cela la raison théorique ou spéculative, même avec le secours de l'expérience; et, par conséquent, quand même on renoncerait à la certitude apodictique, on ne pourrait la confirmer par l'expérience et la démontrer *à*

---

[5] *Surrogat*, mot à mot *succédané*, terme de médecine qui signifie un remède qu'on peut substituer à un autre. J. B.

posteriori, ce qui ne l'empêche pas d'ailleurs d'être par elle-même fort solide.

Mais, à la place de cette déduction vainement cherchée du principe moral, nous trouvons quelque chose de bien différent et de tout à fait singulier : c'est qu'en revanche, ce principe sert lui-même de fondement à la déduction d'une faculté impénétrable, qu'aucune expérience ne peut prouver, mais que la raison spéculative (dans l'emploi de ses idées cosmologiques, pour trouver l'absolu de la causalité et éviter par là de tomber en contradiction avec elle-même) devait du moins admettre comme possible ; je veux parler de la liberté, dont la loi morale, qui elle-même n'a besoin d'être justifiée par aucun principe, ne prouve pas seulement la possibilité, mais la réalité dans les êtres qui reconnaissent cette loi comme obligatoire pour eux. La loi morale est dans le fait une loi de la causalité libre, et, par conséquent, de la possibilité d'une nature supra sensible, de même que la loi métaphysique des événements dans le monde sensible était une loi de la causalité de la nature sensible ; elle détermine donc ce que la philosophie spéculative devait laisser indéterminé, c'est-à-dire la loi d'une causalité dont le concept était pour celle-ci purement négatif, et lui donne ainsi pour la première fois de la réalité objective.

Cette espèce de crédit qu'on accorde à la loi morale, en la donnant elle-même pour principe à la déduction de la liberté, comme causalité de la raison pure, suffit parfaitement, à défaut de toute justification *à priori*, pour satisfaire un besoin de la raison théorique, qui était forcée d'admettre du moins la possibilité d'une liberté. En effet la loi morale prouve sa réalité d'une manière suffisante, même pour la critique de la raison spéculative, en ajoutant une détermination positive à une causalité conçue d'une manière purement négative, dont la raison spéculative était forcée d'*admettre* la possibilité sans pouvoir la comprendre, c'est-à-dire en y ajoutant le concept d'une raison qui détermine immédiatement la volonté (par la condition qu'elle lui impose de donner à ses maximes la forme d'une législation universelle), en se montrant ainsi capable de donner pour la première fois de la réalité objective, mais seulement au point de vue pratique, à la raison, dont les idées seraient toujours transcendantes, si elle voulait procéder spéculativement, et en convertissant l'usage *transcendant* de cette faculté en un usage immanent (qui la rend propre à devenir, dans le champ de l'expérience, une cause efficiente déterminée par des idées).

La détermination de la causalité des êtres dans le monde sensible, comme tel, ne pouvait jamais être inconditionnelle ; et pourtant il doit nécessairement y avoir pour toute la série des conditions quelque chose d'inconditionnel, et, par conséquent, une causalité qui se détermine entièrement par elle-même. C'est pourquoi l'idée de la liberté, comme d'une faculté d'absolue spontanéité, n'était pas un besoin, mais, *en ce qui concerne sa possibilité*, un principe analytique de la raison pure spéculative. Mais, comme il est absolument impossible de trouver dans quelque expérience un exemple conforme à cette idée, puisque, parmi les causes des choses comme phénomènes, on ne peut trouver aucune détermination de la causalité qui soit absolument inconditionnelle, nous ne pouvions que *défendre la pensée* d'une cause agissant librement, en montrant qu'on peut l'appliquer à un être du monde sensible, en tant qu'on le considère d'un autre côté comme noumène. Nous avons montré en effet qu'il n'y a point de contradiction à considérer toutes ses actions comme physiquement conditionnelles, en tant qu'elles sont des phénomènes, et, en même temps, à en considérer la causalité comme physiquement inconditionnelle, en tant que l'être qui agit appartient à un monde intelligible : de cette manière je me sers du concept de la liberté comme d'un principe régulateur, qui ne me fait pas connaître ce qu'est l'objet auquel j'attribue cette espèce de causalité, mais qui lève tout obstacle, car, d'un côté, dans l'explication des événements du monde, et, par conséquent aussi, des actions des êtres raisonnables, je laisse au mécanisme de la nécessité physique le droit de remonter à l'infini de condition en condition, et, d'un autre côté, je tiens ouverte à la raison spéculative une place qui reste vide pour elle, mais où l'on peut transporter l'inconditionnel, c'est-à-dire la place de l'intelligible. Mais je ne pouvais réaliser cette *pensée*, c'est-à-dire la convertir en *connaissance* d'un être agissant ainsi, même relativement à sa possibilité. Or la raison pure pratique remplit cette place vide par une loi déterminée de la causalité dans un monde intelligible (de la causalité libre), c'est-à-dire par la loi morale.

La raison spéculative n'y gagne pas à la vérité une vue plus étendue, mais elle y trouve la *garantie* de son concept problématique de la liberté, auquel on attribue ici une *réalité objective*, qui, pour n'être que pratique, n'en est pas moins indubitable. Le concept même de la causalité, qui (comme le prouve la critique de la raison pure) n'a véritablement d'application et, par conséquent, de sens que relativement aux phénomènes, qu'il réunit pour les convertir en expériences, n'est pas étendu à ce point par la raison pratique, que son usage dépasse ces limites. Car si elle allait jusque-là, elle montrerait comment peut être employé synthétiquement le rapport logique de principe à conséquence dans une autre espèce d'intuition que l'intuition sensible, c'est-à-dire comment est possible une *causa noumenon*. Mais elle ne peut le faire et elle n'y songe pas non plus, comme raison pratique. Elle se borne à placer le *principe déterminant* de la causalité de l'homme, comme être sensible (laquelle est donnée), dans la raison pure (qui s'appelle à cause de cela pratique) ; et, par conséquent, le concept même de cause, qu'elle peut ici entièrement abstraire de l'application que nous en faisons à des objets au profit de la connaissance théorique (puisque ce concept réside toujours *à priori* dans l'entendement, même indépendamment de toute intuition), elle ne l'emploie pas pour connaître des objets, mais pour déterminer la causalité relativement à des objets en général. Elle ne l'emploie donc que dans un but pratique, et c'est pourquoi elle peut placer le principe déterminant de la volonté dans l'ordre intelligible des choses, tout en avouant qu'elle ne comprend pas en quoi le concept de cause peut servir à déterminer la connaissance de ces choses. Il faut sans doute qu'elle connaisse d'une manière déterminée la causalité relativement aux actions de la volonté dans le monde sensible, car autrement elle ne pourrait réellement produire aucune action. Mais le concept qu'elle se forme de sa propre causalité comme noumène, elle n'a pas besoin de le déterminer théoriquement au profit de la connaissance de son existence supra-sensible, et, par conséquent, de pouvoir lui donner une signification dans ce sens. En effet il a d'ailleurs une signification, mais seulement au point de vue pratique, c'est-à-dire celle qu'il reçoit de la loi morale. Aussi, considéré théoriquement, reste-t-il toujours un concept donné à priori par l'entendement pur, et qui peut être appliqué à des objets, qu'ils soient sensibles ou non. Seulement dans ce dernier cas il n'a aucune signification et aucune application théorique déterminée, et il n'est alors qu'une pensée formelle, mais essentielle, de l'entendement touchant un objet en général. La signification que la raison lui donne par la loi morale est purement pratique, puisque l'idée de la loi d'une causalité (de la volonté) a elle-même de la causalité, ou est le principe déterminant de celte causalité.

2 -

Du droit qu'a la raison pure, dans son usage pratique, à une extension qui lui est absolument impossible dans son usage spéculatif.

Nous avons trouvé dans le principe moral une loi de la causalité qui transporte le principe déterminant de cette causalité au delà de toutes les conditions du monde sensible, et qui ne nous fait pas seulement concevoir la volonté, de quelque manière qu'elle puisse être déterminée en tant qu'elle appartient à un monde intelligible, et, par conséquent, le sujet de cette volonté (l'homme) comme appartenant à un monde purement intelligible, quoique sous ce rapport nous la concevions comme quelque chose qui nous est inconnu (au point de vue de la critique de la raison pure spéculative), mais qui la *détermine* relativement à sa causalité, étant une loi qu'il est impossible de rattacher à celles du monde sensible, et qui *étend* ainsi notre connaissance au delà du monde sensible, quoique la critique de la raison pure ait condamné cette prétention dans toute la spéculation. Or comment concilier ici l'usage pratique de la raison pure avec son usage théorique relativement à la détermination de ses limites.

Un philosophe dont on peut dire qu'il commença véritablement toutes les attaques contre les droits de la raison pure, lesquels exigeaient un examen complet de cette faculté, *David Hume* argumente ainsi : le concept de cause renferme celui d'une liaison *nécessaire* dans l'existence de choses diverses, en tant qu'elles sont diverses de telle sorte que si je suppose A je reconnais que quelque chose de tout à fait différent, que B doit aussi nécessairement exister. Mais la nécessité ne peut être attribuée à une liaison qu'à la condition d'être reconnue *à priori* car l'expérience peut bien nous apprendre qu'une liaison existe entre des choses diverses, mais non que cette liaison est nécessaire. Or, dit *Hume*, il est impossible de reconnaître *à priori* et comme nécessaire une liaison entre une chose et une *autre* (ou une détermination et une autre qui en est entièrement distincte), si elles ne sont pas données dans l'expérience. Donc le concept de cause est un concept mensonger et trompeur, et, pour en parler le moins mal possible, une illusion s'expliquant par l'*habitude* que nous avons de percevoir certaines choses ou leurs déterminations constamment associées soit simultanément soit successivement, et que nous prenons insensiblement pour une nécessité *objective* d'admettre cette liaison dans les objets mêmes (tandis qu'elle ne donne qu'une nécessité *subjective*), introduisant ainsi subrepticement le concept de muse, mais ne l'acquérant pas légitimement, et même ne pouvant jamais l'acquérir et le justifier, puisqu'il exige une liaison nulle en soi, chimérique, qui ne tient devant aucune raison et à laquelle rien ne peut correspondre dans les objets. — C'est ainsi que d'abord l'*empirisme* fut présenté comme source unique des principes de toute connaissance concernant l'existence des choses (les mathématiques, par conséquent, exceptées), et qu'avec lui le *scepticisme* le plus radical envahit toute la connaissance de la nature (comme philosophie). En effet nous ne pouvons, avec des principes dérivés de cette source, *conclure* de certaines déterminations données des choses existantes, à une conséquence (car il nous faudrait pour cela un concept de cause qui présentât cette liaison comme nécessaire) ; nous ne pouvons qu'attendre, suivant la règle de l'imagination, des cas semblables aux précédents, mais cette attente a beau être confirmée par l'expérience, elle n'est jamais certaine. Dès lors il n'y a plus d'événement dont on puisse dire qu'il *doit* avoir été précédé de quelque chose dont il soit la suite *nécessaire*, c'est-à-dire qu'il doit avoir une cause, et, par conséquent, quand même l'expérience nous aurait montré cette association dans un nombre de cas assez grand pour que nous pussions en tirer une règle, nous ne pourrions pourtant admettre que les choses doivent toujours et nécessairement se passer ainsi, et il nous faudrait aussi faire une part à l'aveugle hasard, devant qui dis paraît tout usage de la raison, et voilà le scepticisme solidement établi et rendu irréfutable, à l'endroit des raisonnements qui concluent des effets aux causes.

Les mathématiques échappaient à ce scepticisme, parce que Hume regardait toutes leurs propositions comme analytiques, c'est-à-dire comme allant d'une détermination à une autre en vertu de l'identité, c'est à-dire suivant le principe de contradiction (ce qui est faux, car au contraire ces propositions sont toutes synthétiques, et, quoique la géométrie par exemple n'ait pas à s'occuper de l'existence des choses, mais seule ment de leur détermination à priori dans une intuition possible, cependant elle va, tout comme si elle suivait le conçut de la causalité, d'une détermination A à une détermination B tout à fait différente, et pourtant liée nécessairement à la première). Mais cette science, si vantée pour sa certitude apodictique, doit aussi tomber à la fin sous l'*empirisme des principes*, par la même raison qui engage *Hume* à substituer l'habitude à la nécessité objective dans le concept de cause, et, malgré tout son orgueil, il faut qu'elle consente à montrer plus de modestie dans ses prétentions, en n'exigeant plus *à priori* notre adhésion à l'universalité de ses principes, mais en réclamant humblement le témoignage des observateurs, qui voudront bien reconnaître qu'ils ont toujours perçu ce que les géomètres présentent comme des principes, et que, par conséquent, quand même cela ne serait pas nécessaire, on peut l'attendre à l'avenir. Ainsi l'empirisme de *Hume* dans les principes conduit inévitablement à un scepticisme qui atteint même les mathématiques, et qui, par conséquent, embrasse tout usage scientifique de la raison théorique (car cet usage appartient ou à la philosophie ou aux mathématiques). La raison vulgaire (dans un bouleversement si terrible des fondements de la con naissance) sera-t-elle plus heureuse, ou ne sera-t-elle pas plutôt entraînée sans retour dans cette ruine de tout savoir, et, par conséquent, un scepticisme universel ne doit-il pas dériver des mêmes principes (bien qu'il n'atteigne que les savants) ; c'est ce que je laisse juger à chacun.

Pour rappeler ici le travail auquel je me suis livré dans la critique de la raison pure, travail qui fut occasionné, il est vrai, par ce scepticisme de *Hume*, mais qui alla beaucoup plus loin et embrassa tout le champ de la raison pure théorique, considérée dans son usage synthétique, et, par conséquent, de ce qu'on appelle en général métaphysique, voici comment je traitai le doute du philosophe écossais sur le concept de la causalité. Si *Hume* (comme on le fait presque toujours) prend les objets de l'expérience pour des *choses en soi*, il a tout à fait raison de regarder le concept de cause comme une vaine et trompeuse illusion ; car, relativement aux choses et à leurs déterminations, comme choses en soi, on ne peut voir comment, parce qu'on admet quelque chose A, il faut nécessairement admettre aussi quelque autre chose B, et, par conséquent, il ne pouvait accorder une telle connaissance *à priori* des choses en soi. D'un autre côté, un esprit aussi pénétrant pouvait encore moins donner à ce concept une origine empirique, car cela est directement contraire à la nécessité de Maison qui constitue l'essence du concept de la causalité. Il ne restait donc plus qu'à proscrire le concept et à mettre à sa place l'habitude que nous donne l'observation de l'ordre des perceptions.

Mais il résulta de mes recherches que les objets que nous considérons dans l'expérience ne sont nullement des choses en soi, mais de purs phénomènes, et que, si, relativement aux choses en soi, il est impossible de comprendre et de voir comment, parce qu'on admet *A*, il est *contradictoire* de ne pas admettre *B*, qui est entièrement différent de *A* (ou la nécessité d'une liaison entre *A* comme cause et *B* comme effet), on peut bien concevoir que, comme phénomènes, ces choses doivent être nécessairement liées dans *une expérience* d'une certaine manière (par exemple relativement aux rap ports de temps), et ne puissent être séparées, sans *contredire* cette liaison même qui rend possible l'expérience, dans laquelle ces choses sont, pour nous du moins, des objets de connaissance. Et cela se trouva vrai en effet, en sorte que je pus non-seulement prouver la réalité objective du concept de la causalité relativement aux objets de l'expérience, mais même *déduire* ce concept comme concept *à priori*, à cause de la nécessité de Maison qu'il renferme, c'est-à-dire dériver sa possibilité de l'entendement pur, et non de sources empiriques, et, par conséquent, après avoir écarté l'empirisme de son origine, renverser la con séquence qui en sortait inévitablement, à savoir le scepticisme, d'abord dans la physique, et puis dans les mathématiques, deux sciences qui se rapportent à des objets d'expérience possible, c'est-à-dire tout le scepticisme qui peut porter sur les assertions de la raison théorique.

Mais que dire de l'application de cette catégorie de la causalité, comme aussi de toutes les autres (car on ne peut acquérir sans elles aucune connaissance de ce qui existe}, aux choses qui ne sont pas des objets d'expérience possible, mais qui sont placées au delà de ces limites ? Car je n'ai pu déduire la réalité objective de ces concepts que relativement aux *objets de l'expérience possible*. — Par cela seul que je les ai sauvées dans ce cas, et que j'ai montré qu'elles nous faisaient concevoir des objets, mais sans les déterminer *à priori*, je leur ai donné une place dans l'entendement pur, par qui elles sont rapportées à des objets en général (sensibles ou non sensibles). Si quelque chose manque encore, c'est la condition de l'application de ces catégories, et particulièrement de celle de la causalité, à des objets, c'est-à-dire l'intuition ; car, en l'absence de celle-ci, il est impossible de les appliquer à la *connaissance théorique* de l'objet comme noumène, et, par conséquent, cette application est absolument inter dite à quiconque ose l'entreprendre (comme il est arrivé dans la critique de la raison pure). Cependant la réalité objective du concept subsiste toujours, et on peut même l'appliquer à des noumènes, mais sans pouvoir le moins du monde le déterminer théorique ment, et produire par là quelque connaissance. En effet on a prouvé que ce concept ne contient rien d'impossible même relativement à un objet comme noumène[6], en montrant que, dans toutes ses applications à des objets des sens, il a pour siège l'entendement pur, et que, si, rapporté à des choses en soi (qui ne peuvent être des objets d'expérience), il ne peut recevoir aucune détermination et représenter aucun *objet déterminé* au point de vue de la connaissance théorique, il se pourrait pourtant qu'il trouvât à quelque autre point de vue (peut-être au point de vue pratique) une application déterminée. Ce qui ne pourrait être si, comme le veut *Hume*, le concept de la causalité contenait quelque chose qu'il fut absolument impossible de concevoir.

Or, pour découvrir cette condition de l'application du concept de la causalité à des noumènes, il suffit de se rappeler *pourquoi nous ne nommes pas satisfaits de l'application de ce concept aux objets de l'expérience*, et pourquoi nous voulons l'appliquer aussi à des choses en soi. On verra aussitôt que ce n'est pas dans un but théorique, mais dans un but pratique que nous nous imposons cette nécessité. Dans la spéculation, quand même une chose nous réussirait, nous n'aurions véritablement rien à gagner du côté de la connaissance de la nature, et en général relativement aux objets qui peuvent nous être donnés ; mais nous passerions du monde sensible (où nous avons déjà assez de peine à nous maintenir et assez à faire pour parcourir soigneusement la chaîne des causes) au monde supra-sensible, afin d'achever et de limiter notre connaissance du côté des principes, quoique l'abîme infini qui existe entre ces limites et ce que nous connaissons ne pût jamais être comblé, et que nous cédassions plutôt à une vaine curiosité qu'à

---

[6] J'ai ajouté, pour plus de clarté, ces mots comme noumènes, qui ne sont pas dans le texte. J. B.

un véritable et solide désir de connaître.

Mais, outre le rapport que l'entendement soutient avec les objets (dans la connaissance théorique), il en soutient un aussi avec la faculté de désirer, qui pour cela s'appelle volonté, et volonté pure, en tant que l'entendement pur (qui dans ce cas s'appelle raison) est pratique par la seule représentation d'une loi. La réalité objective d'une volonté pure, ou, ce qui est la même chose, d'une raison pure pratique est donnée *à priori* dans la loi morale comme par un fait ; car on peut appeler ainsi une détermination de la volonté, qui est inévitable, quoiqu'elle ne repose pas sur des principes empiriques. Mais dans le concept d'une volonté est déjà contenu celui de la causalité, par conséquent, dans le concept d'une volonté pure, celui d'une causalité douée de liberté, c'est-à-dire d'une causalité qui ne peut être déterminée suivant des lois de la nature, et qui ainsi ne peut trouver dans aucune intuition empirique la preuve de sa réalité objective, mais la justifie pleinement *à priori* dans la loi pure pratique qui la détermine, quoique (comme on le voit aisément) cela ne concerne pas l'usage théorique, mais seulement l'usage pratique de la raison. Or le concept d'un être doué d'une volonté libre est celui d'une *causa noumenon*, et que ce concept ne renferme aucune contradiction, c'est ce qu'on a prouvé d'avance par la déduction du concept de cause, en le faisant dériver entièrement de l'entendement pur, ainsi qu'en en assurant la réalité objective relativement aux objets en général, et en montrant ainsi qu'indépendant par son origine de toutes conditions sensibles, il n'est point nécessairement restreint par lui-même à des phénomènes (à moins qu'on n'en veuille faire un usage théorique déterminé), et qu'il peut s'appliquer aussi aux choses purement intelligibles. Mais, comme nous ne pouvons soumettre à cette application aucune intuition qui ne soit pas sensible, le concept d'une *causa noumenon* est, pour l'usage théorique de la raison, un concept vide, quoiqu'il ne renferme pas de contradiction. Mais aussi ne désiré-je point connaître par là théoriquement la nature d'un être, en tant qu'il a une volonté pure ; il me suffit de pouvoir par ce moyen le qualifier comme tel, et, par conséquent, associer le concept de la causalité avec celui de la liberté (et, ce qui en est inséparable, avec la loi morale comme principe de ses déterminations). Or l'origine pure, non empirique, du concept de cause me donne certainement ce droit, puisque je ne me crois pas autorisé à en faire un autre usage que celui qui concerne la loi morale, laquelle détermine sa réalité, c'est-à-dire qu'un usage pratique.

Si j'avais, avec *Hume*, enlevé au concept de la causalité toute réalité objective dans l'usage théorique[7], non-seulement relativement aux choses en soi (au supra-sensible), mais même aux objets des sens, je lui aurais ôté par là-même toute espèce de signification ; et, en ayant fait un concept théorique impossible, je l'aurais rendu entièrement inutile, car, comme de rien on ne peut faire quelque chose, l'usage pratique d'un concept *théoriquement nul* serait absurde. Mais, comme le concept d'une causalité empiriquement inconditionnelle, quoique vide théoriquement (sans une intuition appropriée), n'est pourtant pas impossible, et que si, sous ce point de vue, il se rapporte à un objet indéterminé, il reçoit en revanche dans la loi morale, par conséquent, sous le rapport pratique, une signification, il faut reconnaître que, si je ne puis trouver une intuition qui détermine théoriquement sa valeur objective, il n'en a pas moins une application réelle qui se révèle *in concreto* par des intentions ou des maximes, c'est à-dire une réalité pratique qui peut être indiquée, ce qui suffit pour le rendre légitime même au point de vue des noumènes.

Cette réalité objective, une fois attribuée à un concept pur de l'entendement dans le champ du supra-sensible, donne aussi de la réalité objective à toutes les autres catégories, mais seulement dans leur rapport nécessaire avec le principe déterminant de la volonté pure (avec la loi morale), par conséquent, une réalité qui n'est que pratique, et qui n'ajoute absolument rien à la connaissance des objets, ou à la connaissance que la raison pure peut avoir de la nature de ces objets. Aussi trouverons-nous dans la suite qu'elles ne se rapportent aux êtres que comme à des *intelligences*, et, dans ces intelligences, qu'à la relation de la *raison* à la *volonté*, par conséquent, qu'elles ne se rapportent qu'aux choses *pratiques*, et ne peuvent nous donner au delà aucune connaissance de ces êtres ; que, quant aux propriétés qui peuvent y être jointes, et qui appartiennent à la représentation théorique de ces choses supra-sensibles, il n'y point là de savoir, mais seulement un droit (qui, au point de vue pratique, devient une nécessité) de les admettre et de les supposer, même là où l'on conçoit des êtres supra-sensibles (comme Dieu) par analogie, c'est-à-dire suivant un rapport purement rationnel, dont nous nous servons pratiquement relativement aux choses sensibles ; et qu'en appliquant ainsi la raison pure au supra-sensible, mais seulement sous le point de vue pratique, on lui ôte tout moyen de se perdre dans le transcendant.

---

[7] Il y a ici encore une erreur évidente dans le texte de Rosenkranz et dans la traduction de Born, qui donnent le mot pratique au lieu du mol théorique. J. B.

Chapitre II
De l'analytique de la raison pure pratique

Du concept d'un objet de la raison pure pratique

Par concept de la raison pratique j'entends la représentation d'un objet conçu comme un effet qui peut être produit pur la liberté. Un objet de la connaissance pratique. comme telle, ne signifie donc autre chose que le rapport de lu volonté à l'action par laquelle cet objet ou son contraire serait réalisé, et juger si quelque chose est ou n'est pas un objet de la raison pure pratiqua, c'est tout simplement discerner la possibilité ou l'impossibilité de *vouloir* l'action par laquelle un certain objet serait réalisé, si nous avions la puissance nécessaire pour cela (chose dont l'expérience doit décider). L'objet est-il admis comme principe déterminant de notre faculté de désirer, il faut savoir si cet objet est *physiquement possible*, c'est-à-dire s'il peut être produit par le libre usage de nos forces, pour juger s'il est ou non un objet de la raison pratique, regarde-t-on au contraire la loi *à priori* comme le principe déterminant de l'action, et celle-ci, par conséquent, comme déterminée par la raison pure pratique, alors le jugement qui doit décider si quelque chose est on non un objet de la raison pure pratique est tout à fait indépendant de la considération de notre puissance physique, et il s'agit seulement de savoir s'il nous est possible de vouloir une action qui aurait pour but l'existence d'un objet, en supposant que cela fût en notre pouvoir ; par conséquent, ce n'est plus ici la *possibilité physique*, mais la *possibilité morale* de l'action qui est en question, puisque ce n'est pas l'objet, mais la loi de la volonté qui en est le principe déterminant.

Les seuls objets de la raison pratique sont le bien et le mal. En effet ils désignent tous deux un objet nécessaire, suivant un principe rationnel, le premier du désir, le second de l'aversion.

Si le concept du bien n'est pas dérivé d'une loi pratique antérieure, mais s'il doit servir au contraire de fondement à la loi, il ne peut être que le concept de quelque chose dont l'existence promet du plaisir et détermine par là la causalité du sujet à le produire, c'est-à-dire détermine la faculté de désirer. Or, comme il est impossible d'apercevoir *à priori* quelle représentation sera accompagnée de *plaisir*, quelle de *peine*, c'est à l'expérience seule qu'il appartient de décider ce qui est immédiatement bon ou mauvais. La qualité du sujet qui seule nous permet de faire cette expérience, c'est le *sentiment* du plaisir et de la peine, comme réceptivité propre au sens intérieur, et ainsi le concept de ce qui est immédiatement bon ne s'appliquerait qu'aux choses avec lesquelles est immédiatement liée la sensation du *plaisir*, et le concept de ce qui est immédiatement *mauvais*, aux choses qui excitent immédiatement la *douleur*. Mais, comme cela est contraire à l'usage de la langue[8], qui distingue l'agréable du bien, le désagréable du mal, et qu'on exige que le bien et le mal soient toujours déterminés par la raison, par conséquent, par des concepts, qui puissent être universellement partagés, et non par la seule sensation, qui est restreinte à des objets individuels et à la manière dont ils nous affectent, et, comme, d'un autre côté, une peine ou un plaisir ne peut être immédiatement lié par lui-même à priori à la représentation d'un objet, le philosophe qui se croirait obligé de donner pour fondement à ses jugements pratiques un sentiment de plaisir, appellerait bon ce qui est un moyen pour l'agréable, et mauvais ce qui est la cause du désagréable et de la douleur ; car le jugement que nous portons sur le rapport de moyens à fins appartient certainement à la raison. Mais, quoique la raison soit seule capable d'apercevoir la liaison des moyens avec leurs fins (de telle sorte qu'on pourrait définir la volonté la faculté des fins, puisque les causes déterminantes de la faculté de désirer, quand elle agit suivant des principes, sont toujours des fins), cependant les maximes pratiques qui dériveraient comme moyens du principe du bien dont il s'agit, ne donneraient jamais pour objet à la volonté quelque chose de bon en soi, mais seulement quelque chose de bon pour quelque autre chose : le bien ne serait plus alors que l'utile ; et, ce à quoi il serait utile, il le faudrait toujours chercher en dehors de la volonté, dans la sensation. Que s'il fallait distinguer celle-ci, en tant que sensation agréable, du concept du bien, il n'y aurait nulle part rien d'immédiatement bon, mais le bien ne devrait être cherché que dans les moyens qui peuvent procurer quelque autre chose, c'est-à-dire quelque chose d'agréable.

Cette vieille formule des écoles : *Nihil appetimus nisi sub ratione boni ; nihil aversamur nisi sub ratione mali*, est souvent employée d'une manière très exacte, mais souvent aussi d'une manière très-funeste à la philosophie, car les expressions *bonum* et *malum* contiennent une équivoque, qui vient de la pauvreté du langage : elles sont susceptibles d'un double sens et par là jettent inévitablement de l'ambiguïté dans les lois pratiques, et obligent la

---

[8] Kant parle ici de la langue allemande. Voyez la remarque qu'il fait un peu plus loin à ce sujet et la note que j'y ai jointe. J. B.

philosophie, qui, en les employant, aperçoit bien la différence des concepts exprimés par le même mot, mais ne peut trouver d'ex pressions particulières pour les rendre, à des distinctions subtiles, sur lesquelles on peut ensuite ne pas s'entendre, le caractère propre de chaque concept n'étant pas immédiatement désigné par quelque expression propre[9].

La langue allemande a le bonheur de posséder des expressions qui ne laissent pas échapper cette différence. Pour désigner ce que les Latins expriment par un seul mot *bonum*, elle a deux expressions très distinctes, qui désignent deux concepts très distincts. Pour le mot *bonum*, elle a les deux mots *Gute et Wohl* ; pour le mot *malum*, les deux mots *Böse* et *Übel* (ou *Weh*): en sorte que ce sont deux choses tout à fait différentes que de considérer dans une action ce qu'elle appelle *Gute* et *Böse*, ou ce qu'elle appelle *Wohl* et *Weh* (*Übel*)[10]. La proposition psychologique que nous venons de citer est au moins très-incertaine, lorsqu'on la traduit ainsi : nous ne désirons rien que ce que nous tenons pour bon ou pour mauvais dans le sens de *Wohl* et de *Weh* ; au contraire, elle est indubitablement certaine, lorsqu'on l'interprète ainsi : nous ne voulons rien, selon la raison, que ce que nous tenons pour bon ou pour mauvais dans le sens de *Gute* et de *Böse*.

Le bien et le mal désignés par les mots *Wohl* et *Übel* indiquent toujours un rapport des objets à ce qu'il peut y avoir d'agréable ou de désagréable, de doux ou de pénible dans notre état, et si, nous désirons ou repoussons un objet à cause de ce bien ou de ce mal, ce n'est qu'autant que nous le rapportons à notre sensibilité et au sentiment de plaisir et de peine qu'il produit. Mais le bien et le mal désignés par les mots *Gute* et *Böse* indiquent toujours un rapport de quelque chose à la volonté, en tant que celle-ci est

---

[9] En outre l'expression sub ratione boni est aussi susceptible d'un double sens, car elle peut signifier que nous nous représentons une chose comme bonne, lorsque et parce que nous la désirons (la voulons), mais aussi que nous désirons une chose, parce que nous nous la représentons comme bonne, le désir étant, dans le premier cas, la cause qui nous fait concevoir l'objet comme un bien, et le concept du bien étant, dans le second, la cause déterminante du désir (de la volonté) ; et alors l'expression sub ratione boni signifierait, dans le premier cas, que nous voulons une chose sous l'idée du bien ; dans le second, que nous la voulons en conséquence de cette idée, qui doit précéder le vouloir comme son principe déterminant.

[10] La langue française a le même défaut que la langue latine : elle exprime en un seul et même mot bien ou mal des idées fort différentes, pour lesquelles, comme on vient de le voir, la langue allemande a des mots distincts. Aussi me trouvé-je fort embarrassé pour traduire tout ce passage où Kant marque la différence des idées par celle des mots. J. B.

déterminée par la loi de la raison à s'en faire un objet ; et, ainsi considérée, la volonté n'est jamais immédiatement déterminée par l'objet et par la représentation de l'objet, mais elle est la faculté de prendre une règle de la raison pour cause déterminante d'une action (par laquelle un objet peut être réalisé). Ce bien et ce mal se rapportent donc proprement aux actions, et non à la manière de sentir de la personne, et, s'il y a quelque chose qui soit bon ou mauvais absolument (sous tous les rapports et sans aucune autre condition), ou qui doive être tenu pour tel, ce ne peut être que la manière d'agir, la maxime de la volonté, et, par conséquent, la personne même qui agit, en tant que bon ou méchant homme, car ce ne peut être une chose.

On pouvait bien rire du stoïcien qui s'écriait, au milieu des plus vives souffrances de la goutte : douleur, tu as beau me tourmenter, je n'avouerai jamais que tu sois un mal (κάκον, malum) ! Il avait raison. Ce qu'il ressentait était un mal physique[11], et ses cris l'attestaient, mais pourquoi eut-il accordé que c'était quelque chose de mauvais en soi. En effet la douleur ne diminuait pas le moins du monde la valeur de sa personne, elle ne diminuait que son bien-être. Un seul mensonge, qu'il aurait eu à se reprocher, eut suffi pour abattre sa fierté ; mais la douleur n'était pour lui qu'une occasion de la faire paraître, puisqu'il avait conscience de ne s'être rendu coupable d'aucune action injuste, et, par conséquent, de n'avoir mérité aucun châtiment.

Ce que désignent les mots *gut* et *böse*, c'est ce qui, au jugement de tout homme raisonnable, doit être un objet de désir ou d'aversion, et, par conséquent, suppose, outre la sensibilité, la raison qui porte ce jugement. Ainsi la véracité et son contraire, le mensonge, la justice et son contraire, la violence, etc. Mais une chose peut être considérée comme mauvaise dans le sens du mot *Übel*, qui, dans le sens du mot *gut*, doit être en même temps tenue pour bonne par chacun, quelquefois médiatement, quelquefois immédiatement. Celui qui se soumet à une opération chirurgicale la ressent assurément comme un mal dans le premier sens, mais par la raison il reconnaît et chacun reconnaît avec lui qu'elle est un bien dans le second. Si un homme qui se plaît à tourmenter et à vexer les gens paisibles finit par recevoir un jour une bonne volée de coups de bâton, c'est sans doute un mal dans le premier sens, mais chacun en est satisfait et regarde cela comme une bonne chose dans l'autre sens, quand même il n'en résulterait rien de plus ; et celui même à qui cela arrive doit reconnaître dans sa raison qu'il l'a mérité,

---

[11]*übel*. Ce passage ne peut être traduit dans la langue française, par la raison que j'ai déjà indiquée. La nécessité de reproduire le même mot pour exprimer les idées différentes que Kant a l'avantage de désigner par des expressions différentes, en dénature le caractère et presque le sens. J. B.

car il voit ici réalisée la proportion que sa raison lui fait nécessairement concevoir entre le bien-être et la bonne conduite.

La considération de notre bien et de notre mal a sans doute une très grande part dans les jugements de notre raison pratique, et, dans notre nature sensible, tout se rapporte à notre bonheur, lorsque nous en jugeons, comme la raison l'exige particulièrement, non pas d'après la sensation du moment, mais d'après l'influence que chacune de ces sensations fugitives peut avoir sur notre existence tout entière et sur tout le contentement que nous y pouvons trouver ; mais tout en général ne se rapporte pas à ce but. L'homme est un être qui a des besoins, en tant qu'il appartient au monde sensible, et, sous ce rapport, sa raison a certainement une charge à laquelle elle ne peut se refuser, celle de veiller aux intérêts de la sensibilité et de se faire des maximes pratiques en vue du bonheur de cette vie, et même, s'il est possible, d'une vie future. Mais il n'est pourtant pas assez animal pour rester indifférent à tout ce que la raison recommande par elle-même et pour ne se servir de celle-ci que comme d'un instrument propre à satisfaire les besoins qu'il éprouve comme être sensible. En effet le privilège de la raison ne lui donnerait pas une valeur supérieure à celle des animaux, si cette raison n'existait en lui que pour remplir l'office que remplit l'instinct chez l'animal ; elle ne serait plus alors qu'une manière particulière dont la nature se servirait pour conduire l'homme à la même fin à laquelle elle a destiné les animaux, sans lui assigner une fin supérieure. Sans doute, suivant le dessein de la nature, l'homme a besoin de la raison pour prendre toujours en considération son bien et son mal mais il la possède encore pour un but supérieur, c'est à-dire pour prendre aussi en considération ce qui est bon ou mauvais en soi, ce bien et ce mal dont la raison pure peut juger seule et indépendamment de tout intérêt sensible, et même pour distinguer absolument cette dernière considération de la première, et faire de celle-là la condition suprême de celle-ci.

Pour juger de ce qui est bon ou mauvais en soi et le distinguer de ce qui n'est bon ou mauvais que relativement, voici quels sont les points à considérer. Ou bien un principe rationnel est conçu comme étant déjà par lui-même, ou indépendamment de tout objet possible de la faculté de désirer (c'est-à-dire par la seule forme législative de la maxime), le principe déterminant de la volonté : alors ce principe est une loi pratique à priori, et la raison pure est regardée comme pratique par elle-même. Dans ce cas, la loi détermine immédiatement la volonté ; l'action qui lui est conforme est bonne en soi ; une volonté, dont la maxime est toujours conforme à cette loi, est bonne absolument, à tous égards, et elle est la condition suprême de tout bien. Ou bien la maxime de la volonté a pour origine un principe déterminant de la faculté de désirer : alors cette volonté suppose un objet de plaisir ou de peine, par conséquent, quelque chose qui plait ou déplaît ; les maximes que nous nous faisons à l'aide de notre raison, de rechercher l'un et de fuir l'autre, déterminent nos actions, comme bonnes relativement à notre inclination, par conséquent, médiatement (relativement à un autre but pour lequel elles sont des moyens), et ces maximes ne peuvent jamais être appelées des lois, mais seulement des préceptes pratiques raisonnables. Le but même, le plaisir, que nous cherchons, n'est pas, dans ce dernier cas, un bien au sens du mot *Gute,* mais seulement dans celui du mot *Wohl* ; ce n'est pas un concept de la raison, mais un concept empirique d'un objet de la sensation ; et, si le premier mot peut s'appliquer à l'emploi du moyen à suivre pour atteindre ce but, c'est-à-dire à l'action (parce qu'elle exige une délibération de la raison), il ne peut lui convenir dans son sens absolu, car elle n'est pas bonne absolument[12], mais seulement par rapport à notre sensibilité, à son sentiment de plaisir ou de peine, et la volonté, dont les maximes dépendent des affections de la sensibilité, n'est pas une volonté pure : celle-ci ne peut se trouver que là où la raison pure peut être pratique par elle même.

C'est ici le lieu d'expliquer le paradoxe de la méthode à suivre dans une critique de la raison pratique : à savoir que le *concept du bien et du mal ne doit pas être déterminé antérieurement à la loi morale (à laquelle, suivant l'apparence, il devrait servir de fondement), mais seulement (comme il arrive ici) après cette loi et par cette loi.* Si nous ne savions pas que le principe de la moralité est une loi pure, déterminant *à priori* la volonté, il faudrait, pour ne pas admettre des principes gratuits (gratis), laissa au moins d'abord indécise la question de savoir si la volonté n'a que des principes de détermination empiriques, ou si elle n'en a pas aussi qui soient purement *à priori* ; car il est contraire à toutes les règles de la méthode philosophique de commencer par admettre comme chose jugée ce qui est précisément en question. Supposez maintenant que nous voulions débuter par le concept du bien, pour en dériver les lois de la volonté, ce concept d'un objet (conçu comme bon) nous le donnerait en même temps comme le seul principe déterminant de la volonté. Et, comme ce concept n'aurait pour règle aucune loi pratique *à priori*, la pierre de touche du bien et du mal ne pourrait être placée ailleurs que dans l'accord de l'objet avec notre sentiment de plaisir ou de peine, et

---

[12] J'ai été forcé d'arranger un peu ce passage, pour rendre le texte aussi fidèlement que possible, ne pouvant le traduire littéralement, puisque les mots nous manquent. J. B.

la raison n'aurait d'autre fonction que de déterminer, d'une part, le rapport de chaque plaisir ou de chaque peine avec l'ensemble de toutes les sensations de notre existence, et, d'autre part, les moyens de nous en pro curer les objets. Or, comme l'expérience seule peut montrer ce qui est favorable au sentiment du plaisir, et que la loi pratique, suivant la donnée, doit être fondée sur cette condition, la possibilité de lois pratiques à priori serait exclue, par cela seul qu'on croirait nécessaire de chercher d'abord un objet dont le concept, comme concept d'un bien, constituerait le principe de détermination universel, quoique empirique, de la volonté. Il était donc nécessaire de rechercher d'abord s'il n'y aurait pas à priori un principe déterminant de la volonté (qu'on ne trouverait que dans une loi pure pratique, laquelle d'ailleurs se bornerait à prescrire aux maximes la forme législative, sans égard à aucun objet). Mais, en cherchant le fondement de toute loi pratique dans un objet conçu comme bien ou mal, et, en se condamnant à ne concevoir cet objet, faute d'une loi antérieure, que d'après des concepts empiriques, on s'était d'avance la possibilité même de concevoir une loi pure pratique, tandis qu'au contraire, si l'on avait commencé par chercher analytiquement cette loi, on aurait trouvé que ce n'est pas le concept du bien, comme objet, qui détermine et rend possible la loi morale, mais tout au contraire la loi morale qui dé termine et rend possible le concept du bien, dans le sens absolu du mot.

Cette remarque, qui ne concerne que la méthode à suivre dans les premières recherches morales, a de l'importance. Elle explique ensemble toutes les erreurs où sont tombés les philosophes sur le principe suprême de la morale. En effet ils cherchèrent un objet de la volonté, pour en faire la matière et le fondement d'une loi (qui, par conséquent, ne pouvait pas déterminer la volonté immédiatement, mais au moyen de cet objet rapporté au sentiment du plaisir ou de la peine), tandis qu'ils auraient dû commencer par rechercher une loi qui déterminât *à priori* et immédiatement la volonté et lui donnât ainsi elle-même son objet. Or, qu'ils plaçassent cet objet de plaisir, qui devait fournir le concept suprême du bien, dans le bonheur, dans la perfection, dans le sentiment moral[13], ou dans la volonté de Dieu, leur principe était toujours hétéronome, et ils étaient condamnés à fonder la loi morale sur des conditions empiriques, car ils ne pouvaient qualifier de bon ou de mauvais l'objet, dont ils faisaient un principe immédiat de détermination pour la volonté, que d'après son rapport immédiat au

---

[13] Rosenkranz donne ins moralische Gesetz, dans la loi morale, et Born traduit *in lege morali* ; mais il faut évidemment lire *Gefühl* au lieu de *Gesetz*, sentiment au lieu de loi.

sentiment, lequel est toujours empirique. Il n'y a qu'une loi formelle, c'est-à-dire une loi qui n'impose à la raison d'autre condition que de donner à ses maximes la forme d'une législation universelle, il n'y a qu'une telle loi qui puisse être à priori un principe déterminant de la raison pratique. Les anciens révélèrent le vice de <cette méthode, en donnant pour but à leurs recherches morales la détermination du concept du souverain bien, par conséquent, d'un objet, dont ils cherchaient à faire ensuite le principe déterminant de la volonté dans la loi morale, tandis qu'au contraire c'est seulement quand la loi morale est bien établie par elle-même, et qu'elle est reconnue comme un principe immédiat de détermination pour la volonté, qu'on peut présenter cet objet à la volonté, dont la forme est désormais déterminée *à priori*, comme nous l'entreprendrons dans la dialectique de la raison pure pratique. Les modernes, chez qui la question du souverain bien semble n'être plus à Tordre du jour, ou du moins être devenue une chose secondaire, dissimulent le même vice de méthode (ici comme eh beaucoup d'autres cas) sous des expressions vagues, mais leurs systèmes le trahissent à nos yeux, en nous montrant toujours l'hétéronomie de la raison pratique, d'où il est impossible de tirer une loi morale capable de dicter *à priori* des ordres universels.

Puisque les concepts du bien et du mal, comme conséquences de la détermination à priori de la volonté, supposent aussi un principe pur pratique, par conséquent, une causalité de la raison pure, ils ne se rapportent pas originairement (en quelque sorte comme déterminations de l'unité synthétique de la diversité d'intuitions données dans une conscience) à des objets, comme les concepts purs de l'entendement, ou les catégories de la raison considérée dans son emploi théorique, qu'ils supposent plutôt comme données, mais ils sont tous des modes (*modi*) d'une seule catégorie, de la catégorie de la causalité, en tant que le principe qui la détermine réside dans la représentation rationnelle d'une loi, que la raison se donne à elle-même comme une loi de la liberté, et par laquelle elle se révèle *à priori* comme pratique. Cependant, comme, si les actions rentrent, d'un côté, sous une loi, qui n'est pas une loi de la nature, mais une loi de la liberté, et, par conséquent, appartiennent à la conduite d'êtres intelligibles, elles appartiennent aussi, d'un *autre côté*, aux phénomènes, comme événements du monde sensible, les déterminations d'une raison pratique ne sont possibles que relativement aux phénomènes, et, par conséquent, conformément aux catégories de l'entendement, quoi qu'il ne s'agisse pas ici d'employer théoriquement cette faculté, pour ramener les éléments divers de l'intuition (sensible) sous une conscience *à priori*, mais seulement de soumettre la diversité des désirs à l'unité de conscience d'une raison pratique qui commande dans la loi morale, ou d'une volonté pure *à priori*.

Ces *catégories de la liberté*, car nous les appellerons ainsi, pour les distinguer de ces concepts théoriques qui sont des catégories de la nature, ont un avantage évident sur ces dernières. Tandis que celles-ci ne sont que des formes de la pensée, qui, par des concepts universels, ne désignent les objets que d'une manière indéterminée et générale pour toute intuition possible pour nous, celles-là au contraire se rapportant à la détermination d'un *libre arbitre* (auquel il est à la vérité impossible de trouver une intuition parfaitement correspondante, mais qui, ce qui n'a lieu pour aucun des concepts de notre faculté de connaître considérée dans son emploi théorique, a son fondement *à priori* dans une loi pure pratique), celles-là, dis-je, comme concepts pratiques élémentaires, au lieu de la forme de l'intuition (l'espace et le temps), qui ne réside pas dans la raison même, mais doit être tirée d'ailleurs, c'est-à-dire de la sensibilité, supposent donnée et ont pour fondement la *forme d'une volonté pure*, qui réside dans cette faculté et, par conséquent, dans la faculté même de penser. D'où il suit que, comme, dans tous les préceptes de la raison pure pratique, il s'agit seulement de la *détermination de la volonté*, et non des conditions physiques (de la faculté pratique) de *l'exécution de ses desseins*, les concepts pratiques *à priori*, dans leur rapport au principe suprême de la liberté, sont immédiatement des connaissances, et n'ont pas besoin d'attendre des intuitions, pour recevoir une signification, et cela par cette raison remarquable, qu'ils produisent eux-mêmes la réalité de ce à quoi ils se rapportent (l'intention de la volonté), ce qui n'est pas le cas des concepts théoriques. Il faut bien remarquer, d'ailleurs, que les catégories, qui forment le tableau suivant[14], concernent la raison pratique en général, et qu'ainsi l'ordre dans lequel elles se présentent conduit, de celles qui sont encore indéterminées moralement et soumises à des conditions sensibles, à celles qui, indépendantes de toutes conditions sensibles, sont uniquement déterminées par la loi morale.

---

[14] Ces derniers mots ne sont pas dans le texte. J'ai cru devoir les ajouter.

TABLEAU
DES CATÉGORIES DE LA LIBERTÉ
Relativement aux concepts
DU BIEN ET DU MAL

1
QUANTITE.

Subjectif : maximes (*opinions pratiques individuelles*) ;
Objectif : principes (*préceptes*) ;
Principes à priori tant objectifs que subjectifs
de la volonté (*lois*).

2
QUALITÉ.
Règles pratiques d'*action* (*præceptivæ*) ;
Règles pratiques d'*omission* (*prohibitivæ*) ;
Règles pratiques d'exception (*exceptivæ*.).

3
RELATION
Relation à la *personnalité* ;
Relation à l'*état* de la personne ;
Relation *réciproque* d'une personne à l'état des autres.

4
MODALITÉ.
Le *licite* et l'*illicite* ;
Le *devoir* et le *contraire au devoir* ;
Le devoir *parfait* et le devoir *imparfait*.

On remarquera aisément que dans ce tableau la liberté, relativement aux actions qu'elle peut produire, comme phénomènes du monde sensible, est considérée comme une espèce de causalité, mais qui n'est pas soumise à des principes empiriques de détermination, et que, par conséquent, elle se rapporte aux catégories de sa possibilité physique, mais qu'en même temps chaque catégorie est prise si universellement que le principe déterminant de cette causalité peut être placé en dehors du monde sensible, dans la liberté conçue comme la propriété d'un être intelligible, jusqu'à ce que les catégories de la modalité opèrent le passage, mais seulement d'une manière problématique, des principes pratiques en général à ceux de la moralité, lesquels peuvent être ensuite dogmatiquement établis par la loi morale.

Je n'ajoute rien pour expliquer ce tableau, parce qu'il est assez clair par lui-même. Une division fondée, comme celle-ci, sur des principes est fort utile à toute science, sous le rapport de la solidité comme sous ce lui de la clarté. Ainsi, par exemple, le précédent tableau nous montre en son premier numéro par où l'on doit commencer dans les recherches pratiques : des maximes que chacun fonde sur son inclination, on va aux préceptes qui valent pour toute une espèce d'êtres raisonnables, en tant qu'ils s'accordent dans certaines inclinations, et enfin on s'élève à la loi qui vaut pour tous, indépendamment de leurs inclinations, et ainsi des autres. De cette manière on aperçoit tout le plan de ce que l'on a à faire, chacune des questions de philosophie pratique auxquelles on a à répondre, et en même temps l'ordre qu'il faut suivre.

De la typique de la raison pure pratique.

Les concepts du bien et du mal déterminent d'abord un objet pour la volonté. Mais ils sont eux-mêmes soumis à une règle pratique de la raison, qui, s'il s'agit de la raison pure, détermine la volonté à priori relativement à son objet. C'est ensuite au Jugement pratique à décider si une action, possible pour nous dans la sensibilité, est ou n'est pas le cas soumis à la règle : par lui ce qui était dit universellement (in abstracto) dans la règle est appliquée in concreto à une action. Mais, puisqu'une règle pratique de la raison pure concerne d'abord, en tant que pratique, l'existence d'un objet, et qu'ensuite, en tant que règle pratique de la raison pure, elle implique nécessité relativement à l'existence de l'action, et, par conséquent, est une loi pratique, non pas une loi de la nature, s'appuyant sur des principes empiriques de détermination, mais une loi de la liberté, ou une loi d'après laquelle la volonté doit pouvoir se déterminer, indépendamment de tout élément empirique (sans aucun autre motif que la représentation de la loi en général et de sa forme), et puisque, d'un autre côté, tous les cas possibles d'action qui se présentent sont empiriques, c'est-à-dire ne peuvent appartenir qu'à l'expérience de la nature, il semble absurde de vouloir trouver dans le monde sensible un cas qui, devant toujours être soumis, comme événement du monde sensible, à la loi de la nature, permette qu'on lui applique une loi de la liberté, et auquel puisse convenir l'idée suprasensible du bien moral, qui y doit être exhibée in çoncreto. Le Jugement dans la raison pure pratique est donc soumis aux mêmes difficultés que dans la raison pure théorique, mais celle-ci avait sous la main un moyen de sortir de ces difficultés. En effet, si l'usage théorique de la raison exige des intuitions aux quelles puissent être appliqués les concepts purs de l'entendement, des intuitions de ce genre (quoiqu'elles ne concernent que les objets des sens) peuvent être données à priori, et, par conséquent, en ce qui regarde l'union du divers dans ces intuitions, conformément aux concepts *à priori* de l'entendement pur (auxquels elles servent de schèmes). Au contraire le bien moral est quelque chose de supra-sensible quant à l'objet, et, par conséquent, on ne peut trouver dans aucune intuition sensible rien qui y corresponde. Le Jugement qui se rapporte aux lois de la raison pure pratique semble donc soumis à des difficultés particulières, qui viennent de ce qu'une loi de la liberté doit être appliquée à des actions, en tant qu'événements ayant lieu dans le monde sensible et en cette qualité appartenant à la nature.

Cependant une issue favorable s'ouvre ici au Jugement pratique pur. Quand il s'agit de subsumer, sous une loi pure pratique, une action que je puis produire dans le monde sensible, il n'est pas question de la possibilité de l'action considérée comme événement du monde sensible ; car juger cette possibilité, c'est juger l'usage théorique que fait la raison, suivant la loi de la causalité, d'un concept pur de l'entendement, pour lequel elle a un schème dans l'intuition sensible. La causalité physique, ou la condition sous laquelle elle a lieu, rentre dans les concepts de la nature, dont l'imagination transcendantale trace le schème. Mais il ne s'agit pas ici du schème d'un cas qui a lieu d'après des lois, mais du schème (si cette expression peut convenir ici) d'une loi même, puisque la propriété qu'a la volonté (je ne parle pas de l'action considérée dans son effet) d'être déterminée uniquement par la loi, indépendamment de tout autre principe de détermination, rattache le concept de la causalité à des conditions tout à fait différentes de celles qui constituent la liaison naturelle des effets et des causes.

Un schème, c'est-à-dire une manière universelle dont procède l'imagination (pour exhiber *à priori* aux sens le concept pur de l'entendement, que la loi détermine), doit correspondre à la loi physique, comme à une loi à laquelle sont soumis les objets de l'intuition sensible, en tant que tels. Mais on ne peut soumettre aucune intuition, partant aucun schème, à la loi de la liberté (en tant que causalité indépendante de toute condition sensible), et, par conséquent aussi, au concept du bien absolu, pour l'appliquer in concreto. C'est pourquoi la seule faculté de connaître qui puisse appliquer la loi morale à des objets de la nature, c'est l'entendement (non l'imagination), lequel à une idée de la raison peut soumettre, comme une loi pour le Jugement, non pas un schème de la sensibilité, mais une loi qui peut être appliquée in concreto à des objets des sens, et, par conséquent, considérée comme une loi de la nature, mais seulement quant à la forme, et cette loi, nous pouvons l'appeler en conséquence le type de la loi morale.

La règle du Jugement, en tant qu'il est soumis aux lois de la raison pure pratique, est celle-ci : demande-toi si, en considérant l'action que tu as en vue comme devant arriver d'après une loi de la nature dont tu ferais toi-même partie, tu pourrais encore la regarder comme possible pour ta volonté. C'est dans le fait d'après cette règle que chacun Juge si les actions sont moralement bonnes ou mauvaises. Ainsi l'on dira : Eh quoi ! si chacun se permettait de tromper, lorsqu'il penserait y trouver son avantage, ou se croyait le droit d'attenter à sa vie, dès qu'il s'en trouverait entièrement dégoûté, ou voyait avec une parfaite indifférence les maux d'autrui, et si tu faisais partie d'un tel ordre de choses, y serais-tu avec l'assentiment de ta volonté ? A la vérité chacun sait bien que, s'il se permet secrètement quelque ruse, tout le monde n'agit pas pour cela de la même manière, ou que, s'il est, sans qu'on s'en aperçoive, insensible pour les autres, ce n'est pas une raison pour que tout le monde soit dans la même disposition à son égard ; aussi cette comparaison de la maxime de notre action avec une loi universelle de la nature n'est-elle pas non plus le principe déterminant de notre volonté. Mais cette loi n'en est pas moins un type *qui* nous sert à juger nos maximes suivant des principes moraux. Si la maxime de l'action n'est pas telle qu'elle puisse revêtir la forme d'une loi universelle de la nature, elle est moralement impossible. C'est ainsi que juge le sens commun lui-même, car la loi de la nature sert toujours de fondement à ses jugements les plus ordinaires, même aux jugements d'expérience. Il l'a donc toujours devant les yeux, sauf à ne faire, dans les cas où il s'agit de juger la causalité libre, de cette *loi de la nature* que le type d'une *loi de la liberté* ; car, s'il n'avait sous la main quelque chose qui pût lui servir d'exemple dans l'expérience, il ne pourrait mettre en usage dans l'application la loi d'une raison pure pratique.

Il est donc permis aussi d'employer la *nature du monde sensible comme type* d'une *nature intelligible*, pourvu qu'on ne transporte pas à celle-ci les intuitions et ce qui en dépend, mais qu'on se borne à lui rapporter la forme législative en général (dont le concept se trouve aussi dans l'usage le plus pur de la raison, mais ne peut être connu à priori d'une manière déterminée, que pour l'usage pratique de la raison pure). Car des lois, comme telles, sont identiques, quant à la forme, n'importe d'où elles tirent les principes qui les déterminent.

D'ailleurs, comme de tout l'intelligible il n'y a absolument que la liberté qui ait d'abord de la réalité (au moyen de la loi morale), et encore n'en a-t-elle qu'autant qu'elle est une supposition inséparable de la loi morale, comme en outre tous les objets intelligibles, auxquels la raison pourrait conduire en suivant cette loi, n'ont à leur tour de réalité pour nous que pour le besoin de cette loi même et pour l'usage de la raison pure pratique, et que, d'un autre côté, celle-ci a le droit et même le besoin de se servir de la nature (considérée dans sa forme purement intelligible) comme d'un type pour le Jugement, la présente remarque a pour effet de nous prémunir contre le danger de ranger parmi les concepts mêmes ce qui appartient simplement à la typique des concepts. Celle-ci donc, comme typique du Jugement, nous préserve de l'empirisme de la raison pratique, lequel place les concepts pratiques du bien et du mal uniquement dans les effets de l'expérience (ou dans ce qu'on appelle le bonheur), quoiqu'il soit vrai de dire que le bonheur et le nombre infini des conséquences utiles d'une volonté déterminée par l'amour de soi, si cette volonté se considérait en même temps comme une loi universelle de la nature, pourraient servir de type parfaitement approprié au bien moral, mais sans se confondre aucune ment avec lui. Cette même typique nous préserve aussi du mysticisme de la raison pratique, lequel fait un schème de ce qui ne doit servir que de symbole, c'est-à-dire applique aux concepts moraux des intuitions réelles, et pourtant supra-sensibles (d'un royaume invisible de Dieu), et s'égare dans le transcendant. La seule chose qui convienne à l'usage des concepts moraux, c'est le rationalisme du Jugement, lequel ne prend de la nature sensible que ce que la raison pure peut aussi concevoir par elle-même, c'est-à-dire la forme législative, et ne transporte dans le monde supra-sensible que ce qui peut en revanche s'exprimer réellement par des actions dans le monde sensible, selon la règle formelle d'une loi de la nature en général. Cependant c'est surtout contre l'empirisme qu'il importe de se mettre en garde. En effet le mysticisme n'est pas absolument incompatible avec la pureté et la sublimité de la loi morale, et en outre ce n'est pas une chose naturelle et qui convienne au commun des hommes que de pousser l'imagination jusqu'à des intuitions supra-sensibles; le danger n'est donc pas aussi général de ce côté. L'empirisme au contraire extirpe jusqu'aux racines de la moralité dans les intentions (où réside la haute valeur que l'humanité peut et doit se procurer, car cette valeur n'est pas dans les actions) ; il substitue au devoir quelque chose de bien différent, un intérêt empirique, dans lequel entrent tous les penchants en général, qui tous, quelle que forme qu'ils revêtent, dégradent l'humanité, quand on les élève à la dignité de principes pratiques suprêmes, et, comme ces penchants flattent néanmoins la sensibilité de chacun, l'empirisme est beaucoup plus dangereux que le fanatisme, lequel ne peut constituer chez la plupart des hommes un état durable.

Chapitre III
De l'analytique de la raison pure pratique.

Des mobiles de la raison pure pratique

Le caractère essentiel de la valeur morale des actions, c'est *que la loi morale détermine immédiatement la volonté*. La détermination volontaire a beau être conforme à la loi morale, si lu volonté a besoin d'un sentiment, de quelque espèce qu'il soit, pour prendre cette détermination, et si, par conséquent, elle ne se détermine pas uniquement en *vue de la loi*, l'action aura bien alors un *caractère légal*, mais non un *caractère moral*. Or, si l'on entend par *mobile* (*elator animi*) le principe subjectif qui détermine la volonté d'un être dont la raison n'est pas déjà pur sa nature même, nécessairement conforme à la loi objective il s'en suivra d'abord qu'on ne peut attribuer aucun mobile à la volonté divine, et ensuite que le mobile de la volonté humaine (et de la volonté de tout être raisonnable créé) ne peut être autre que la loi morale, et, par conséquent le principe subjectif de détermination, autre que le principe objectif, si l'on veut que l'action no remplisse pas seulement la *lettre* de la loi, mais en contienne l'*esprit* 1[1]. Si donc, pour donner à la loi morale de l'influence sur la volonté, on ne doit invoquer aucun mobile étranger, qui puisse dispenser de celui de la loi morale, puisqu'on ne produirait ainsi qu'une pure et vaine hypocrisie, et s'il est même dangereux d'admettre à côté de la loi morale le concours de quelques autres mobiles (comme ceux de l'intérêt), il ne reste qu'à déterminer avec soin de quelle manière la loi morale devient un mobile, et quel effet elle produit alors sur notre faculté de désirer. Car, quant à la question de savoir comment une loi peut être par elle-même et immédiatement un principe de détermination pour la volonté (ce qui constitue pourtant le caractère essentiel de toute moralité), c'est une question insoluble pour la raison humaine, et qui revient à celle de savoir comment est possible une volonté libre. Nous n'aurons donc pas à montrer *à priori* comment il se fait que la loi morale contient en soi un mobile, mais ce

---
[1] On peut dire de toute action conforme à la lui, mais qui n'a pas été faite en vue de la loi, qu'elle est moralement bonne quant à la lettre, mais non quant à l'esprit (quant à l'intention.

que, comme mobile, elle produit (ou, pour mieux parler, doit produire) dans l'esprit.

Le caractère essentiel de toute détermination morale de la volonté, c'est que la volonté soit déterminée uniquement par la loi morale, comme volonté libre, par conséquent, sans le concours et même à l'exclusion des attraits sensibles, et au préjudice de toutes les inclinations qui pourraient être contraires à cette loi. Sous ce rapport l'effet de la loi morale, comme mobile, est donc purement négatif, et il peut être reconnu *à priori*. En effet toute inclination, tout penchant sensible est fondé sur le sentiment, et l'effet négatif produit sur le sentiment (par le préjudice porté aux inclinations) est lui-même un sentiment. Par conséquent, nous pouvons bien voir *à priori* que la loi morale, comme principe de détermination de la volonté, par cela même qu'elle porte préjudice à toutes nos inclinations, doit produire un sentiment qui peut être appelé de la douleur, et c'est ici le premier et peut-être le seul cas où il nous soit permis de déterminer par des concepts *à priori* le rapport d'une connaissance (qui vient ici de la raison pure pratique) au sentiment du plaisir ou de la peine. Toutes les inclinations ensemble (qu'on peut ramener à une sorte de système, et dont la satisfaction s'appelle alors le bonheur personnel) constituent l'*amour-propre* (*solipsismus*). Celui-ci est ou bien l'égoïsme, qui consiste dans une bienveillance excessive pour soi-même (*philautia*), ou bien la satisfaction de soi-même (*arrogantia*). Le premier s'appelle particulièrement amour de soi), la seconde présomption). La raison pure pratique ne porte préjudice à l'amour de soi, qui est naturel à l'homme et antérieur à la loi morale, que pour le contraindre à se mettre d'accord avec cette loi, et à mériter ainsi le nom à amour propre raisonnable. Mais elle confond entièrement la présomption, car toute prétention à l'estime de soi-même, qui précède la conformité de la volonté à la loi morale, est nulle et illégitime, puisque la conscience d'une intention conforme à cette loi est la première condition de la valeur de la personne (comme nous le montrerons bientôt plus clairement). Le penchant à l'estime de soi-même fait donc partie des inclinations auxquelles la loi morale porte préjudice, puisque l'estime de soi-même ne peut reposer que sur la moralité. La loi morale ruine donc entièrement la présomption. Mais, comme cette loi est quelque chose de positif en soi, à savoir la forme d'une causalité intellectuelle, c'est-à-dire de la liberté, en rabaissant la présomption, au mépris du penchant contraire, elle est en même temps un objet de *respect*, et, en allant même jusqu'à la *confondre entièrement* l'objet du plus grand respect, par conséquent aussi, la source d'un sentiment positif, qui n'est point d'origine empirique et peut être connu *à priori*. Le respect pour la loi morale est donc un sentiment produit par une cause intellectuelle, et ce sentiment est le seul que nous connaissions parfaitement *à priori*, et dont nous puissions apercevoir la nécessité.

Nous avons vu, dans le chapitre précédent, que tout ce qui se présente comme objet de la volonté, antérieurement à la loi morale, doit être écarté des mobiles d'une volonté que détermine, sous le nom de bien absolu, cette loi même, comme condition suprême de la raison pratique, et que la seule forme pratique, laquelle consiste dans l'aptitude des maximes à former une législation universelle, détermine d'abord ce qui est bon en soi et absolument, et fonde les maximes d'une volonté pure, qui seule est bonne à tous égards. Or nous trouvons notre nature, en tant qu'êtres sensibles, tellement constituée, que la matière de la faculté de désirer (tout ce qui est objet d'inclination, soit d'espérance, soit de crainte) s'impose d'abord à nous, et que notre moi pathologique, tout incapable qu'il est de fonder par ses maximes une législation universelle, élève pourtant le premier ses prétentions, et s'efforce de les faire passer pour des droits primitifs et originels, comme s'il était notre moi tout entier. Ce penchant à faire en général de soi-même son principe objectif de détermination, en cédant aux prétentions des principes subjectifs de la volonté, on peut l'appeler l'*amour de soi*, et l'amour de soi, quand il s'érige en législateur et en principe pratique absolu, devient de la *présomption*. Mais la loi morale, qui seule est véritablement (c'est-à-dire à tous égards) objective, exclut absolument l'influence de l'amour de soi sur le principe pratique suprême, et elle porte un préjudice infini à la présomption, qui prescrit comme des lois les conditions subjectives de l'amour de soi. Or ce qui porte préjudice à la présomption avec laquelle nous nous jugeons nous-mêmes, humilie. La loi morale humilie donc inévitablement tout homme qui compare à cette loi le penchant sensible de sa nature. Mais ce dont la représentation, *comme principe déterminant de notre volonté*, nous humilie dans notre propre conscience, excite par soi-même le respect, comme étant quelque chose de positif et comme principe de détermination. La loi morale est donc aussi subjectivement une cause de respect. Or, comme tout ce qui rentre dans l'amour de soi appartient à l'inclination, que toute inclination repose sur des sentiments, et que, par conséquent, ce qui porte préjudice à toutes les inclinations ensemble dans l'amour de soi a nécessairement par là de l'influence sur le sentiment, on comprend comment il est possible de voir *à priori* que la loi morale, en refusant aux inclinations et au penchant que nous avons à en faire la condition suprême de la volonté, c'est-à-dire à l'amour de soi, toute participation à la législation suprême, peut produire sur le sentiment un effet, qui, d'un côté, est purement *négatif*, et de l'autre, relativement au principe restrictif de la raison pure pratique, *positif*. Mais il ne faut pas admettre pour cela, sous le nom de sentiment pratique ou moral, une espèce particulière de sentiment, qui serait antérieure à la loi morale et lui servirait de fondement.

L'effet négatif produit sur le sentiment (sur le sentiment de la peine) est, comme toute influence exercée sur le sentiment, et comme tout sentiment en général, *pathologique*. Comme effet de la conscience de la loi morale, par conséquent, relativement à une cause intelligible, c'est-à-dire au sujet de la raison pure pratique, considérée comme législatrice suprême, ce sentiment d'un sujet raisonnable, affecté par des inclinations, s'appelle humiliation (mépris intellectuel), mais, relativement à son principe positif, c'est-à-dire à la loi, il s'appelle respect pour la loi. Ce n'est pas qu'il faille admettre pour cette loi un sentiment particulier ; mais, comme elle triomphe de la résistance, un obstacle écarté est estimé par le jugement de la raison à l'égal d'un effet positif de la causalité. C'est pour cela même que ce sentiment peut être appelé un sentiment de respect pour la loi morale, et, pour les deux raisons ensemble, on peut le désigner sous le nom de *sentiment moral*.

Ainsi, de même que la loi morale est présentée par la raison pure pratique comme un principe formel qui doit déterminer l'action, de même aussi qu'elle est un principe matériel en un sens, mais objectif, propre à déterminer les objets de l'action qu'on appelle le bien et le mal, elle est encore un principe subjectif de détermination, c'est-à-dire un mobile pour cette action, puisqu'elle a de l'influence sur la moralité du sujet, et qu'elle produit un sentiment nécessaire à l'influence de la loi sur la volonté. Il n'y a point *antérieurement* dans le sujet de sentiment qui le disposerait à la moralité. Cela est impossible, puisque tout sentiment est sensible, et que le mobile de l'intention morale doit être libre de toute condition sensible. Sans doute le sentiment sensible, qui est le fondement de toutes nos inclinations, est la condition de ce sentiment que nous nommons respect ; mais la cause qui le détermine réside dans la raison pure pratique, et, par conséquent, il ne faut pas dire que c'est un effet *pathologique*, mais un effet *pratique*. Par cela même que la représentation de la loi morale enlève à l'amour de soi son influence et à la présomption son illusion, elle diminue l'obstacle que rencontre la raison pure pratique, et elle amène ainsi, dans le jugement de la raison, la représentation de la supériorité de cette loi objective sur les impulsions de la sensibilité, et, par conséquent, en écartant ce contre-poids, lui donne relativement du poids (pour une volonté affectée par ces impulsions). Et ainsi le respect pour la loi n'est pas un mobile pour la moralité, mais il est la moralité même, considérée subjectivement comme mobile, en ce sens que la raison pure pratique, en enlevant à l'amour de soi toute prétention contraire, donne de l'autorité à la loi, qui dès lors a seule de l'influence. Il faut remarquer ici que, comme le respect est un effet produit sur le sentiment, c'est-à-dire sur la sensibilité d'un être raisonnable, il suppose, chez les êtres auxquels s'impose la loi morale, la sensibilité, et, par conséquent aussi, le caractère d'êtres finis, et que ce respect pour la loi ne peut être attribué à un être suprême, ou même à un être libre de toute sensibilité, et chez qui, par conséquent, la sensibilité ne peut pas être un obstacle à la raison pratique.

Ce sentiment (qu'on appelle le sentiment moral) est donc produit uniquement par la raison. Il ne sert pas à juger les actions ou à fonder la loi morale objective, mais seulement à en faire notre maxime, c'est-à-dire qu'il sert de mobile. Or quel nom plus convenable pourrait-on donner à ce sentiment singulier, qu'on ne peut comparer à aucun sentiment pathologique ? Il est d'une nature si particulière, qu'il semble n'être qu'aux ordres de la raison, je parle de la raison pure pratique.

Le *respect* s'adresse toujours aux personnes, jamais aux choses. Les choses peuvent exciter en nous de l'*inclination*, et même de l'amour, quand ce sont des animaux (par exemple des chevaux, des chiens, etc.), ou de la crainte, comme la mer, un volcan, une bête féroce, mais jamais de *respect*. Ce qui ressemble le plus à ce sentiment, c'est l'*admiration*, et celle-ci, comme affection, est un étonnement que les choses peuvent aussi produire, par exemple les montagnes qui s'élèvent jusqu'au ciel, la grandeur, la multitude et l'éloignement des corps célestes, la force et l'agilité de certains animaux, etc. Mais tout cela n'est point du respect. Un homme peut aussi être un objet d'amour, de crainte, ou d'admiration, et même d'étonnement, sans être pour cela un objet de respect. Son enjouement, son courage et sa force, la puissance qu'il doit au rang qu'il occupe parmi les autres, peuvent m'inspirer ces sentiments, sans que j'éprouve intérieurement de respect pour sa personne. *Je m'incline devant un grand* disait *Fontenelle, mais mon esprit ne s'incline pas*. Et moi j'ajouterai : devant l'humble bourgeois, en qui je vois l'honnêteté du caractère portée à un degré que je ne trouve pas en moi-même, *mon esprit s'incline*, que je le veuille ou non, et si haute que je porte la tête pour lui faire remarquer la supériorité de mon rang.

Pourquoi cela ? C'est que son exemple me rappelle une loi qui confond ma présomption, quand je la compare à ma conduite, et dont je ne puis regarder la pratique comme impossible, puisque j'en ai sous les yeux un exemple vivant. Que si j'ai conscience d'être honnête au même degré, le respect subsiste encore. En effet, comme tout ce qui est bon dans l'homme est toujours défectueux, la loi, rendue visible par un exemple, confond toujours mon orgueil, car l'imperfection dont l'homme, qui me sert de mesure, pourrait bien être entachée ne m'est pas aussi bien connue que la mienne, et il m'apparaît ainsi sous un jour plus favorable. Le *respect* est un *tribut* que nous ne pouvons refuser au mérite, que nous le voulions ou non ; nous pouvons bien ne pas le laisser paraître au dehors, mais nous ne saurions nous empêcher de l'éprouver intérieurement.

Le respect est *si peu* un sentiment de *plaisir*, qu'on ne s'y livre pas volontiers à l'égard d'un homme. On cherche à trouver quelque chose qui puisse en alléger le fardeau, quelque motif de blâme qui dédommage de l'humiliation causée par l'exemple qu'on a sous les yeux. Les morts mêmes, surtout quand l'exemple qu'ils nous donnent parait inimitable, ne sont pas toujours à l'abri de cette critique. La loi morale elle-même, malgré son *imposante* majesté, n'échappe pas à ce penchant que nous avons à nous défendre du respect. Si nous aimons à la rabaisser jusqu'au rang d'une inclination familière, et si nous nous efforçons à ce point d'en faire un précepte favori d'intérêt bien entendu, n'est-ce pas pour nous délivrer de ce terrible respect, qui nous rappelle si sévèrement notre propre indignité ?

Mais d'un autre côté le respect est si peu un sentiment de *peine*, que, quand une fois nous avons mis à nos pieds notre présomption, et que nous avons donné à ce sentiment une influence pratique, nous ne pouvons plus nous lasser d'admirer la majesté de la loi morale, et que notre âme croit s'élever elle-même d'autant plus qu'elle voit cette sainte loi plus élevée au-dessus d'elle et de sa fragile nature. De grands talents, joints à une activité non moins grande, peuvent il est vrai produire aussi du respect ou un sentiment analogue ; cela est même tout à fait convenable, et il semble que l'admiration soit ici identique avec ce sentiment.

Mais, en y regardant de plus près, on remarquera que, comme il est toujours impossible de faire exactement dans l'habileté la part des dispositions naturelles et celle de la culture ou de l'activité personnelle, la raison nous la présente comme le fruit probable de la culture, et, par conséquent, comme un mérite qui rabaisse singulièrement notre présomption, et devient pour nous un reproche vivant, ou un exemple à suivre, autant qu'il est en nous. Ce n'est donc pas simplement de l'admiration que ce respect que nous montrons à un homme de talent (et qui s'adresse véritablement à la loi que son exemple nous rappelle). Et ce qui le prouve encore, c'est qu'aussitôt que le commun des admirateurs se croit renseigné sur la méchanceté du caractère d'un homme de cette sorte (comme *Voltaire*, par exemple), il renonce à tout sentiment de respect pour sa personne, tandis que celui qui est véritablement instruit continue toujours à éprouver ce sentiment, au moins pour le talent de cet homme, parce qu'il est engagé dans une œuvre et suit une vocation qui lui fait en quelque sorte un devoir d'imiter l'exemple qu'il a devant les yeux. Le respect pour la loi morale, en tant que ce sentiment ne se rapporte à aucun autre objet qu'à cette loi, est donc incontestablement un mobile moral et le seul qui mérite ce nom. La loi morale détermine d'abord objectivement et immédiatement la volonté dans le jugement de la raison ; mais la liberté, dont la causalité doit être déterminée uniquement par la loi, a précisément pour caractère de restreindre toutes les inclinations, et, par conséquent, l'estimation de la personne même, à l'observation de sa loi pure. Or cette restriction a un effet sur la sensibilité, et produit un sentiment de peine, que la loi morale peut faire connaître *à priori*. Comme ce n'est là qu'un effet *négatif*, qui, résultant de l'influence d'une raison pure pratique, porte préjudice à l'activité du sujet, en tant qu'il a des inclinations pour principes de détermination, et, par conséquent, à l'idée de sa valeur personnelle (laquelle n'est quelque chose qu'autant qu'elle s'accorde avec la loi morale), l'effet de cette loi sur la sensibilité est un sentiment d'humiliation, que nous pouvons à la vérité connaître *à priori*, mais sans pouvoir connaître par là autre chose que la résistance de la loi pure pratique aux mobiles de la sensibilité, ou sans pouvoir connaître la force de cette loi comme mobile.

Mais aussi, comme cette même loi est un principe objectif, c'est-à-dire un principe qui doit déterminer immédiatement la volonté par la représentation de la raison pure, et que, par conséquent, cette humiliation n'a lieu que à cause de la pureté de la loi, ce qui, du côté sensible, rabaisse toute prétention à l'estime morale de soi-même, c'est-à-dire humilie, rehausse, du côté intellectuel, l'estime morale ou pratique de la loi même, en un mot, excite le respect pour la loi, et, par conséquent, produit un sentiment positif par sa cause intellectuelle, et qui peut être connu *à priori*. En effet tout ce qui amoindrit les obstacles, qui s'opposent à une activité, favorise par là même cette activité. Or reconnaître la loi morale, c'est avoir conscience d'une activité de la raison pratique, que déterminent des causes objectives, et qui révélerait toujours son effet par des actions, si elle n'en était empêchée par des causes subjectives (pathologiques). Le respect pour la loi morale doit donc être aussi considéré comme un effet positif, mais indirect, de cette loi sur le sentiment, en tant qu'il affaiblit, par l'humiliation qu'il nous cause, l'influence contraire des penchants, par conséquent, comme un principe subjectif d'activité, c'est-à-dire comme un *mobile* qui nous porte à observer cette loi, et à nous faire des maximes de conduite qui y soient conformes. Du concept d'un mobile découle celui d'un *intérêt*. Il n'y a qu'un être doué de raison qui puisse montrer de l'intérêt pour quelque chose, et cet intérêt signifie un *mobile* de la volonté, en tant qu'il est *représenté par la raison*. Comme, dans une volonté moralement bonne, c'est la loi même qui doit être le mobile, l'intérêt moral est un intérêt indépendant des sens, et qui a uniquement sa source dans la raison pure pratique. Sur le concept d'un intérêt se fonde à son tour celui d'une *maxime*. Une maxime n'est donc moralement bonne, que quand elle repose sur l'intérêt qu'on prend à la pratique de la loi. Mais ces trois concepts, d'un *mobile*, d'un *intérêt* et d'une *maxime*, ne peuvent s'appliquer qu'à des êtres finis. Ils supposent tous une limitation dans la nature de l'être auquel ils s'appliquent ; car ils supposent que la volonté de cet être ne s'accorde pas d'elle-même subjectivement avec la loi objective d'une raison pratique, et que, rencontrant dans sa nature même un obstacle qui s'oppose à l'accomplissement de cette loi, elle a besoin d'y être poussée par quelque moyen. Ils ne peuvent donc pas s'appliquer à la volonté divine.

Il y a quelque chose de si singulier dans le respect infini de la loi morale, de cette loi pure, indépendante de tout avantage, qu'impose à notre conduite la raison pratique, dont la voix fait trembler le plus hardi scélérat et le contraint à se cacher, qu'on ne peut s'étonner de trouver impénétrable à la raison spéculative cette influence d'une idée purement intellectuelle sur le sentiment, et d'être forcé de se contenter de pouvoir encore si bien voir *à priori* que ce sentiment est inséparablement lié à la représentation de la loi morale en tout être raisonnable fini. Si ce sentiment de respect était pathologique, et si, par conséquent, c'était un sentiment de plaisir fondé sur le sens intérieur, il serait inutile de chercher à découvrir une liaison entre ce sentiment et quelque idée *à priori*. Mais il ne concerne que l'ordre pratique, et ne s'attache à la représentation d'une loi que pour sa forme et non pour quelque objet correspondant ; par conséquent, il ne peut être rapporté ni au plaisir, ni à la douleur, quoiqu'il produise un intérêt, lié à l'accomplissement de cette loi, et que nous appelons l'intérêt moral, de même que la faculté de prendre un tel intérêt à la loi (ou le respect pour la loi morale même) est proprement le sentiment moral.

La conscience d'une *libre* soumission de la volonté à la loi, mais accompagnée pourtant d'une *contrainte* inévitable, exercée sur tous nos penchants par notre propre raison, est donc le respect pour la loi. La loi, qui exige et inspire aussi ce respect, n'est autre, comme on le voit, que la loi morale (car seule celle-ci a le privilège d'exclure tous les penchants de l'influence immédiate qu'elle exerce sur la volonté).

L'action, qui est objectivement pratique suivant cette loi, et qui exclut tout principe de détermination tiré de l'inclination, s'appelle devoir, et le devoir, à cause de cette exclusion même, emporte le concept d'une *contrainte*[2] pratique, c'est-à-dire d'actions auxquelles nous devons nous déterminer, *quelque peine* que cela nous coûte. Le sentiment, qui résulte de la conscience de cette contrainte, n'est pas pathologique, comme un sentiment qui serait produit par un objet des sens, mais il est pratique, c'est-à-dire que le principe de sa possibilité est dans une détermination antérieure (objective) de la volonté et dans une causalité de la raison. Comme *soumission* à une loi, c'est-à-dire comme ordre reçu (qui dit ordre dit contrainte exercée sur un sujet sensible), il ne contient aucun plaisir, mais plutôt une peine attachée à l'action. Mais, d'un autre côté, comme cette contrainte est exercée uniquement par la législation de *notre propre* raison, elle a aussi quelque chose qui nous *relève*, et l'effet subjectif produit sur le sentiment, en tant que la raison pure pratique en est l'unique cause, peut être appelé aussi, sous ce rapport, *approbation de soi-même*, car on reconnaît en soi la faculté d'être déterminé par la loi uniquement et indépendamment de tout intérêt, et on a dès lors conscience d'un intérêt d'un tout autre genre, produit subjectivement par cette cause, c'est-à-dire d'un intérêt purement pratique et *libre*, que quelque inclination ne nous conseille pas, mais que la raison nous or donne absolument par la loi pratique de prendre à une action conforme au devoir, et qu'elle produit réellement, ce qui fait qu'il mérite un nom tout particulier, celui de respect.

Le concept du devoir exige donc *objectivement* de l'action, qu'elle soit conforme à la loi, et subjectivement de la maxime de l'action, que le respect de cette loi soit l'unique principe qui détermine la volonté. Et c'est là-dessus que repose la différence qui existe entre la conscience d'une action *conforme au devoir* et celle d'une action faite *par devoir*, c'est-à-dire par respect pour la loi. La première (la *légalité*) serait possible, alors même que la volonté ne serait déterminée que par des penchants ; mais la seconde (la *moralité*), qui seule donne aux actions une valeur morale, suppose nécessairement que l'action a été faite par devoir, c'est-à-dire uniquement en vue de la loi[3].

---

[2] *Nöthigung*. Le mot français *contrainte* traduit également les deux mots allemands *Zwang* et *Nöthigung*, suivant qu'on le prend au sens actif ou au sens passif, car il a ces deux sens. *J. B.*

[3] Si l'on examine convenablement le concept du respect pour les personnes, tel que nous l'avons exposé précédemment, on remarquera que ce respect repose toujours sur la conscience d'un devoir qu'un exemple nous rappelle, que, par conséquent, il ne peut avoir qu'un fondement moral, et qu'il est très bon, et même, au point de vue psychologique, très utile pour la connaissance des hommes, de faire attention, chaque fois que nous employons cette expression, à cette déférence secrète et

Il est de la plus grande importance d'examiner avec la dernière exactitude, dans tous les jugements moraux, le principe subjectif de toutes les maximes, afin de placer toute la moralité des actions dans la nécessité d'agir par devoir et par respect pour la loi, et non dans celle d'agir par amour et par inclination pour ce que les actions doivent produire. Pour les hommes et pour tous les êtres raisonnables créés la nécessité morale est contrainte, c'est-à-dire obligation, et toute action qui se fonde sur cette nécessité doit être considérée comme un devoir, et non pas comme une manière d'agir qui nous plaît déjà ou qui peut nous plaire par elle-même. C'est qu'il ne nous est pas donné de pouvoir jamais posséder la sainteté de la volonté, c'est -à- dire de pouvoir jamais parvenir à cet état, où disparaîtrait ce respect pour la loi, qui est lié à la crainte, ou du moins à l'appréhension de la transgresser, et où, à l'exemple de la divinité qui est au-dessus de toute dépendance, notre volonté s'accorderait d'elle-même et infailliblement avec la loi morale pure (laquelle cesserait alors d'être un ordre pour nous, puisque nous ne pourrions plus être tentés de lui être infidèles).

La loi morale est en effet pour la volonté d'un être tout parfait une loi de *sainteté* ; mais pour la volonté de tous les êtres raisonnables finis elle est une loi de *devoir*, une loi qui leur impose une contrainte morale et les détermine à agir par respect pour elle et par soumission au devoir. On ne peut prendre pour mobile aucun autre principe subjectif, car autrement l'action que prescrit la loi pourrait bien avoir lieu ; mais, comme cette action, toute conforme qu'elle se rait au devoir, ne serait pas faite par devoir, l'intention, à laquelle s'adresse proprement cette législation, ne serait pas morale.

Il est très beau de faire du bien aux hommes par humanité et par sympathie, ou d'être juste par amour de l'ordre, mais ce n'est pas là encore la vraie maxime morale qui doit diriger notre conduite, celle qui nous convient, *à nous autres hommes*. Il ne faut pas que, semblables à des soldats volontaires, nous ayons l'orgueil de nous placer au-dessus de l'idée du devoir, et de prétendre agir de notre propre mouvement, sans avoir besoin pour cela d'aucun ordre. Nous sommes soumis à la *discipline* de la raison, et dans nos maximes nous ne devons jamais oublier cette soumission, ni en rien retrancher. Il ne faut pas diminuer par notre présomption l'autorité qui appartient à la loi (quoiqu'elle vienne de notre propre raison), en plaçant ailleurs que dans la loi même et dans le respect que nous lui devons le

---

admirable, mais pourtant assez fréquente, que l'homme montre à la loi morale dans ses jugements.

principe déterminant de notre volonté, celle-ci fût-elle d'ailleurs conforme à la loi. Devoir et obligation, voilà les seuls mots qui conviennent pour exprimer notre rapport à la loi morale. Nous sommes il est vrai des membres législateurs d'un royaume moral que notre liberté rend possible, et que la raison pratique nous propose comme un objet de respect, mais en même temps nous en sommes les sujets, non les chefs, et méconnaître l'infériorité du rang que nous occupons comme créatures, et refuser par présomption à la sainte loi du devoir l'autorité qui lui appartient, c'est déjà commettre une infraction à l'esprit de cette loi, quand même on en remplirait la lettre.

Cette manière d'envisager les choses n'exclut nullement un ordre comme celui-ci : *Aime Dieu par-dessus tout et ton prochain comme toi-même*[4]. En effet ce précepte exige, à titre d'ordre, du respect pour une loi qui *commande l'amour*, et ne laisse pas à notre choix le soin d'en faire notre principe de conduite. Mais l'amour de Dieu est impossible comme inclination (comme amour pathologique), car Dieu n'est pas un objet des sens. Quant à l'amour des hommes, il est sans doute possible à ce point de vue, mais il ne peut être ordonné, car il n'est au pouvoir d'aucun homme d'aimer quelqu'un par ordre. Dans ce noyau de toutes les lois, il ne peut donc être question que de l'*amour pratique*. Aimer Dieu signifie dans ce sens *aimer* à suivre ses commandements ; aimer le prochain, *aimer* à remplir tous ses devoirs envers lui. Mais l'ordre qui nous en fait une règle ne peut pas non plus nous commander d'*avoir* cette disposition d'esprit, en nous conformant au devoir, mais seulement d'y *tendre*. En effet l'ordre d'aimer à faire une chose implique contradiction ; car si nous savons déjà par nous-mêmes ce que nous avons à faire et que nous ayons en outre conscience d'aimer à le faire, un ordre à cet égard est tout à fait inutile, et si nous n'aimons pas à le faire, mais que nous ne le fassions que par respect pour la loi, un ordre qui ferait de ce respect le mobile de notre maxime agirait tout juste contrairement à la disposition ordonnée. Cette loi de toutes les lois présente donc, ainsi que tous les préceptes moraux de l'Evangile, la moralité dans toute sa perfection, comme un idéal de sainteté qu'aucune créature ne peut atteindre, et qui pourtant est le type dont nous devons tendre à nous rapprocher par un progrès continu, mais sans fin. Si une créature raisonnable pouvait jamais aller jusqu'à aimer à suivre toutes les lois morales, il ne s'élèverait plus en elle un seul désir qui la poussât à les violer, car la victoire remportée sur un

---

[4] Le principe du bonheur personnel, dont quelques-uns veulent faire le principe fondamental de la moralité, forme un étrange contraste avec cette loi. Il faudrait le formuler ainsi : *Aime-toi par-dessus tout, et Dieu et ton prochain à cause de toi-même*.

désir de ce genre suppose toujours un sacrifice de la part du sujet, et, par conséquent, une contrainte exercée sur soi-même, pour faire ce qu'on n'aime pas faire. Mais une créature ne peut jamais s'élever à ce degré de moralité. En effet, comme, en sa qualité de créature, elle est toujours dépendante relativement à tout ce dont elle a besoin pour être parfaitement contente de son état, elle ne peut jamais être entièrement libre de désirs et d'inclinations. Or les désirs et les inclinations, reposant sur des causes physiques, ne s'accordent pas d'eux-mêmes avec la loi morale, qui a une tout autre origine. D'où il suit qu'il est toujours nécessaire de reconnaître dans nos maximes le caractère d'une contrainte morale, et non celui d'un attachement empressé, et de leur donner pour fondement le respect qu'*exige* l'observation de la loi, quoique nous ne l'accordions pas sans peine, et non l'amour qui ne craint aucun refus de la volonté vis à-vis de la loi. Et pourtant il faut faire du pur amour de la loi (laquelle dès lors cesserait d'être un *ordre*, comme la moralité, élevée dans le sujet à l'état de sainteté, cesserait d'être *vertu*), le but constant, quoique inaccessible, de nos efforts. En effet, dans les choses que nous estimons par-dessus tout, mais que pourtant nous redoutons (à cause de la conscience de notre faiblesse), la facilité plus grande que nous acquérons change la crainte en inclination et le respect en amour, et elle donnerait à nos dispositions à l'égard de la loi toute leur perfection, s'il était possible à une créature de l'atteindre.

Cette considération n'a pas seulement ici pour but de ramener à des concepts clairs le principe évangélique cité plus haut, afin de prévenir le fanatisme religieux[5] où peut conduire l'amour de Dieu, mais aussi de déterminer exactement la disposition morale qui nous convient, même immédiatement dans la pratique de nos devoirs envers les hommes, afin d'arrêter, ou, s'il est possible, de prévoir le fanatisme *purement moral* qui s'empare de beaucoup d'esprits. Le degré moral où est placé l'homme (et, autant que nous en pouvons juger, toute créature morale), c'est le respect pour la loi morale. La disposition où il est obligé d'être dans l'observation de cette loi, c'est de la suivre par devoir, et non d'agir sous l'impulsion de quelque inclination spontanée, ni même d'aimer à tenter de soi-même un effort qui ne serait pas ordonné, et l'état moral, qui lui convient et où il peut toujours demeurer, c'est la *vertu*, c'est-à-dire la moralité *dans la lutte*, et non la *sainteté*, qui consiste dans la *possession* d'une parfaite pureté d'intention. C'est jeter les esprits dans un fanatisme moral et exalter leur présomption, que de leur présenter les actions, auxquelles on veut les engager, comme nobles, sublimes, magnanimes, car on leur fait croire que le principe qui doit

---

[5] *Religions schwärmerei.*

déterminer leur conduite n'est pas le devoir, c'est-à-dire le respect pour la loi, dont ils *devraient* porter le joug, malgré la peine que cela leur donne (quoique ce joug, nous étant imposé par la raison même, soit doux), et devant laquelle ils se sentent humiliés, tout en la suivant (en lui *obéissant*), mais qu'on attend d'eux ces actions comme un pur mérite de leur part, non comme un devoir. En donnant aux actions ce caractère, ou en mettant un tel principe en avant, outre qu'on ne satisfait pas le moins du monde à l'esprit de la loi, qui veut la soumission de l'intention, et ne se contente pas d'exiger la légalité de l'action (sans en regarder le principe) et qu'on substitue un mobile *pathologique* (la sympathie ou même l'amour de soi) à un mobile moral (à la loi), on introduit dans les esprits une façon de penser frivole, fugitive, fantastique, qui consiste à s'attribuer une bonté naturelle, n'ayant besoin ni d'aiguillon ni de frein, et rendant tout commandement inutile, et à oublier, dans cette présomption chimérique, les devoirs auxquels on devrait songer, avant de songer au mérite. On peut bien vanter, sous le nom de faits *nobles* et *sublimes*, des actions qui exigent un grand sacrifice, mais c'est à la condition qu'on puisse supposer qu'elles ont été accomplies par respect pour le devoir, et non par un simple mouvement de cœur. Veut-on les présenter à quel qu'un comme des exemples à suivre, il ne faut pas invoquer d'autre mobile que le respect pour le devoir (qui est le seul véritable sentiment moral), ce précepte sévère et sacré, qui ne souffre pas qu'un vain amour de soi s'amuse de penchants pathologiques (en tant qu'ils sont analogues à la moralité), et que nous nous prévalions de notre *mérite*. Si nous cherchons bien, nous trouverons dans toutes les actions dignes d'éloges une loi du devoir, qui *commande* et ne nous laisse pas choisir à notre gré ce qui peut flatter notre penchant. Cette manière de présenter les choses est la seule qui puisse former l'âme moralement, car c'est la seule qui contienne des principes stables et exactement déterminés.

Si le *fanatisme*, dans le sens le plus général du mot, consiste à sortir, suivant certains principes, des limites de la raison humaine, le fanatisme moral consiste à transgresser les bornes que la raison pure pratique pose à l'humanité, en nous défendant de placer le principe subjectif qui doit déterminer les actions conformes au devoir, c'est-à-dire leur mobile moral, ailleurs que dans la loi même, et l'intention que nous devons porter dans nos maximes, ailleurs que dans le respect de cette loi, et, par conséquent, en nous ordonnant de prendre pour *principe vital* et suprême de toute moralité humaine la pensée du devoir, qui confond toute présomption, comme tout vain *amour de soi*.

Ce ne sont pas seulement les faiseurs de romans, ou ceux qui écrivent des livres sentimentaux sur l'éducation (tout en s'emportant contre la sensiblerie), mais parfois aussi les philosophes, et même les plus sévères de tous, les stoïciens, qui, à une discipline morale, sobre, mais sage, substituent le *fanatisme moral*, quoique le fanatisme des derniers soit plus héroïque, et celui des premiers plus fade et plus tendre, et l'on peut, sans aucune hypocrisie et avec une parfaite vérité, louer la morale de l'Evangile d'avoir la première, en posant le principe moral dans toute sa pureté, et, en l'appropriant en même temps à la nature bornée des êtres finis, soumis toute la conduite de l'homme à la discipline d'un devoir, qui, placé devant ses yeux, ne lui permet pas de s'attribuer une perfection morale chimérique, et d'avoir ainsi rappelé à la modestie (c'est à-dire à la connaissance de soi-même) la présomption et l'amour-propre, qui tous deux oublient aisément leurs limites.

Devoir ! mot grand et sublime, toi qui n'as rien d'agréable ni de flatteur, et commandes la soumission, sans pourtant employer, pour ébranler la volonté, des menaces propres à exciter naturellement l'aversion et la terreur, mais en te bornant à proposer une loi, qui d'elle-même s'introduit dans l'âme et la force au respect (sinon toujours à l'obéissance), et devant laquelle se taisent tous les penchants, quoiqu'ils travaillent sourdement contre elle ; quelle origine est digne de toi ! Où trouver la racine de ta noble tige, qui repousse fièrement toute alliance avec les penchants, cette racine où il faut placer la condition indispensable de la valeur que les hommes peuvent se donner à eux-mêmes !

Elle ne peut être que ce qui élève l'homme au dessus de lui-même (comme partie du monde sensible), ce qui le lie à un ordre de choses purement intelligible, auquel est soumis tout le monde sensible, et avec lui l'existence empirique de l'homme dans le temps et l'ensemble de toutes les fins (en tant qu'il s'accorde avec des lois pratiques absolues, telles que la loi morale). Elle ne peut être que la *personnalité*, c'est-à-dire la liberté, ou l'indépendance de tout le mécanisme de la nature, considérée comme la faculté d'un être qui appartient au monde sensible, mais qui en même temps est soumis à des lois pures pratiques qui lui sont propres, ou qui lui sont dictées par sa propre raison, et, par conséquent, à sa propre personnalité, en tant qu'il appartient au monde intelligible. Il ne faut donc pas s'étonner si l'homme, appartenant à deux mondes, ne peut considérer son propre être, relativement à sa seconde et suprême destination, qu'avec vénération, et les lois, auxquelles il est soumis sous ce rapport, qu'avec le plus profond respect.

C'est là le fondement de quelques expressions qui désignent la valeur que nous attribuons aux objets suivant des idées morales. La loi morale est *sainte* (inviolable). L'homme à la vérité n'est pas saint, mais l'*humanité* dans sa personne doit lui être sainte. Dans la création entière, tout ce qu'on désire ou tout ce sur quoi on a quelque puissance, peut être employé comme *simple moyen* ; l'homme seul, et avec lui toute créature raisonnable, est *fin en soi*. C'est que, grâce à l'autonomie de sa liberté, il est le sujet de la loi morale, laquelle est sainte. Par-là toute volonté, même la volonté propre à chaque personne, la volonté individuelle, est astreinte à la condition de s'accorder avec l'autonomie de l'être raisonnable, c'est-à-dire de ne le soumettre jamais à un but qui ne serait pas possible suivant une loi dérivant de la volonté du sujet même qui souffre l'action, et, par conséquent, de ne le traiter jamais comme un simple moyen, mais toujours comme une fin. Cette condition, nous l'imposons même avec rai son à la volonté divine, relativement à ses créatures ou aux êtres raisonnables du monde, car elle repose sur la *personnalité*, qui seule leur donne le caractère de fins en soi.

Cette idée de la personnalité, qui excite notre respect et qui nous révèle la sublimité de notre nature (considérée dans sa destination), en même temps qu'elle nous fait remarquer combien notre conduite en est éloignée, et que par-là elle confond notre présomption, cette idée est naturelle même à la raison commune, qui la saisit aisément. Y a-t-il un homme, tant soit peu honnête, à qui il ne soit parfois arrivé de renoncer à un mensonge, d'ailleurs inoffensif, par lequel il pouvait se tirer lui-même d'un mauvais pas, ou rendre service à un ami cher et méritant, uniquement pour ne pas se rendre secrètement méprisable à ses propres yeux ? L'honnête homme, frappé par un grand malheur, qu'il aurait pu éviter, s'il avait voulu manquer à son devoir, n'est-il pas soutenu par la conscience d'avoir maintenu et respecté en sa personne la dignité humaine, de n'avoir point à rougir de lui-même et de pouvoir s'examiner sans crainte. Cette consolation n'est pas le bonheur sans doute, elle n'en est pas même la moindre partie. Nul en effet ne souhaiterait l'occasion de l'éprouver, et peut-être ne désirerait la vie à ces conditions ; mais il vit, et ne peut souffrir d'être à ses propres yeux indigne de la vie. Cette tranquillité intérieure n'est donc que négative, relativement à tout ce qui peut rendre la vie agréable ; car elle vient de la conscience que nous avons d'échapper au danger de perdre quelque chose de notre valeur personnelle, après avoir perdu tout le reste. Elle est l'effet d'un respect pour quelque chose de bien différent de la vie, et au prix duquel au contraire la vie, avec toutes ses jouissances, n'a aucune valeur. L'homme dont nous parlions ne vit plus que par devoir, car il est tout à fait dégoûté de la vie. Tel est le véritable mobile de la raison pure pratique ; il n'est autre que la loi morale même, en tant qu'elle nous fait sentir la sublimité de notre propre existence suprasensible, et que, subjectivement, elle produit dans l'homme, qui a aussi conscience de son existence sensible, et, par conséquent, de sa dépendance par rapport à sa nature pathologique, du respect pour sa haute destination. Sans doute assez d'attraits et d'agréments peuvent s'associer à ce mobile, pour qu'un *épicurien* raisonnable, réfléchissant sur le plus grand bien de la vie, puisse croire que le parti le plus prudent est de choisir une conduite morale ; il peut même être bon de joindre cette perspective d'une vie heureuse au mobile suprême et déjà suffisant par lui même de la moralité ; mais il ne faut avoir recours à ce genre de considération, que pour contrebalancer les séductions que le vice ne manque pas d'employer de son côté, et non pour en faire, si peu que ce soit, un véritable mobile de détermination, quand il s'agit de devoir. Car ce ne serait rien moins qu'empoisonner l'intention morale à sa source. La majesté du devoir n'a rien à démêler avec les jouissances de la vie ; elle a sa loi propre, elle a aussi son propre tribunal. On aurait beau secouer ensemble ces deux choses pour les mêler et les présenter comme un remède à l'âme malade, elles se sépareraient bientôt d'elles-mêmes, ou, dans tous les cas, la première cesserait d'agir, et, si la vie physique y gagnait quelque force, la vie morale s'éteindrait sans retour.

EXAMEN CRITIQUE
de l'analytique de la raison pure pratique

J'entends par examen critique d'une science ou d'une partie de cette science, constituant par elle-même un système, la recherche et la vérification des titres en vertu desquels on doit lui donner précisément cette forme systématique et non pas une autre, quand on la compare à un autre système ayant pour fondement une faculté de connaître semblable. Or la raison pratique et la raison spéculative rentrent dans la même faculté de connaître, en tant que l'une et l'autre sont *pures*. En comparant la première avec la seconde, on déterminera donc la différence qui existe entre la forme systématique de l'une et celle de l'autre, et l'on trouvera la raison de cette différence.

L'analytique de la raison pure théorique avait affaire à la connaissance des objets qui peuvent être donnés à l'entendement, et, par conséquent, elle devait commencer par l'*intuition*, c'est-à-dire (puisque celle-ci est toujours sensible) par la sensibilité, passer de là aux *concepts* (des objets de cette intuition), et cette double condition remplie, finir par les *principes*. Au contraire la raison pratique n'a pas affaire à des objets pour les *connaître*, mais à la faculté qu'elle a d'en *réaliser* (conformément à la connaissance qu'elle en a), c'est-à-dire à la volonté, laquelle est une causalité dont la raison contient le principe déterminant, et, par conséquent, elle n'a pas à fournir un objet d'intuition, mais *seulement*, comme raison pratique (le concept de la causalité impliquant toujours une relation à une loi, qui détermine l'existence des éléments divers dans leur rapport entre eux), la loi de cette causalité : d'où il suit que, dans l'analytique de la raison, en tant qu'elle doit être pratique (ce qui est précisément la question), la critique doit commencer par établir la *possibilité de principes pratiques à priori*. C'est de là seulement qu'elle a pu s'élever aux concepts des objets d'une raison pratique, c'est-à-dire aux concepts du bien et du mal absolus, pour les établir conformément à ces principes (car antérieurement à ces principes, comme principes du bien et du mal, aucune faculté de connaître ne peut nous donner ces concepts), et c'est alors seulement qu'elle a pu arriver enfin au rapport de la raison pure pratique avec la sensibilité et à l'influence nécessaire qu'on doit lui reconnaître *à priori* sur cette faculté, c'est-à-dire au *sentiment moral*, ce qui forme le dernier chapitre. L'analytique de la raison pure pratique s'est donc divisée d'une manière parfaitement analogue à celle de la raison théorique. quant à l'ensemble de ses conditions, mais en suivant l'ordre inverse. L'analytique de la raison pure théorique se divisait en esthétique transcendentale et logique transcendentale ; celle de la raison pure pratique au contraire se divise en logique et esthétique (s'il m'est permis d'employer ici, par analogie, ces expressions d'ailleurs impropres). A son tour la logique se divisait là en analytique des concepts et analytique des principes ; ici elle se divise en analytique des principes et analytique des concepts. En outre l'esthétique avait là deux parties, à cause des deux espèces d'intuition sensible ; ici, la sensibilité n'étant pas considérée comme capacité d'intuition, mais seulement comme sentiment (pouvant être un principe subjectif du désir), la raison pure pratique n'admet pas d'autre division.

Que si l'on demande pourquoi l'on n'a pas suivi réellement ici cette division en deux parties, avec leurs subdivisions (comme on pourrait être d'abord tenté de l'entreprendre, suivant l'exemple de la raison spéculative), il est facile d'en apercevoir la cause. Comme c'est *raison pure* que l'on considère ici dans son usage pratique, et que, par conséquent, on part de principes *à priori*, et non de principes empiriques de détermination, la division de l'analytique de la raison pure pratique doit être semblable à celle d'un raisonnement, c'est-à-dire que du général qui forme la *majeure* (le principe moral), elle doit aller, au moyen d'une subsumption d'actions possibles (comme bonnes ou mauvaises) sous ce principe, laquelle constitue la *mineure*, à la *conclusion*, c'est-à-dire à la détermination subjective de la volonté (à un intérêt qui s'attache au bien pratique possible, et aux maximes qui s'y fondent). Celui qui a pu se convaincre de la vérité des propositions contenues dans l'analytique doit aimer ces com paraisons, car elles lui font justement espérer de pouvoir un jour apercevoir l'unité de la raison pure tout entière (de la raison théorique et de la raison pratique), et tout dériver d'un seul principe, ce qui est l'inévitable besoin de la raison humaine, laquelle ne trouve une entière satisfaction que dans une unité parfaite ment systématique de ses connaissances.

Si maintenant nous considérons, tel que nous le présente l'analytique, le contenu de la connaissance que nous pouvons avoir de la raison pure pratique et par le moyen de cette faculté, nous trouverons, avec une analogie remarquable entre cette faculté et la raison pure théorique, des différences qui ne le sont pas moins. Au point de vue théorique, l'existence d'une *faculté de connaître purement rationnelle et à priori* pouvait être aisément et évidemment démontrée par des exemples tirés des sciences (lesquelles n'ont pas à craindre, comme la connaissance vulgaire, que des principes empiriques de connaissance ne se mêlent secrètement à leurs principes, car elles les mettent diversement à l'épreuve par l'usage méthodique qu'elles en font). Mais que la raison pure, sans le secours d'aucun principe empirique de détermination, soit pratique par elle-même, c'est ce qu'il a fallu prouver par l'*usage vulgaire de la raison pratique*, en posant le principe pratique suprême comme un principe que toute raison humaine, en tant qu'elle est tout à fait *à priori* et indépendante des données sensibles, reconnait naturellement pour la loi suprême de la volonté. Il fallait d'abord établir et justifier la pureté de son origine, en faisant appel au jugement même de cette raison commune, avant que la science pût s'en emparer pour s'en servir comme d'un fait antérieur à tous les raisonnements qu'on pouvait faire sur sa possibilité et à toutes les conséquences qu'on en pouvait tirer. Cette circonstance s'explique aisément par ce que nous avons dit tout à l'heure : puisque la raison pure pratique doit nécessairement débuter par des principes, ces principes doivent, comme données premières, servir de fondement à toute science, et, par conséquent, ils ne peuvent en dériver. Or cette justification des principes moraux, comme principes de la raison pure, on pouvait l'établir aisément et avec une suffisante certitude, par un simple appel au jugement de la raison commune ; car tout élément empirique, qui peut se glisser dans nos maximes comme principe déterminant de la volonté, se *fait* aussitôt reconnaître par le sentiment de plaisir ou de peine qui lui est nécessairement attaché, en tant qu'il excite des désirs, et la raison pure pratique se *refuse* net à admettre ce dernier comme condition dans son principe. L'hétérogénéité des principes de détermination (empiriques et rationnels) ressort de cette résistance même qu'oppose la raison, dans sa législation pratique, à toutes les inclinations qui tendent à s'y mêler, et de cette espèce particulière de sentiment, qui n'est pas antérieur à cette législation, mais qui au contraire est produit uniquement par elle, comme une chose à laquelle nous sommes forcés ; je veux parler de ce sentiment de respect que nul ne ressent pour des inclinations, de quelque espèce qu'elles soient, mais qu'on n'éprouve que pour la loi ; et elle en ressort d'une manière si claire et si frappante, qu'il n'y a pas d'homme, si peu cultivée que soit son intelligence, qui ne puisse comprendre, à l'aide d'un exemple, qu'on peut bien, en présentant à sa volonté des principes empiriques, l'engager à les suivre par l'attrait qu'ils lui offrent, mais qu'on ne peut exiger de lui qu'il *obéisse* à une autre loi qu'à la loi de la raison pure pratique.

Dans l'analytique de la raison pure pratique, le premier et le plus important devoir de la critique est de bien distinguer la *doctrine du bonheur* et la *doctrine morale*, la première, qui n'a pour fondement que des principes empiriques, et la seconde, qui en est entièrement indépendante, et elle doit y apporter autant de *soin*, et même, pour ainsi dire, de *peine*, que le géomètre dans son œuvre. Mais si le philosophe rencontre ici (comme il arrive toujours dans la connaissance rationnelle que nous devons à de simples concepts sans construction) de grandes difficultés, parce qu'il ne peut prendre pour fondement (d'un pur noumène) aucune intuition, il a aussi l'avantage de pouvoir, comme le chimiste en quelque sorte, expérimenter en tout temps sur la raison pratique de tout homme, pour distinguer le principe moral (pur) de détermination du principe empirique, en ajoutant la loi morale comme principe de détermination à une volonté soumise à des affections empiriques (par exemple, à la volonté de celui qui consentirait volontiers à mentir, lorsqu'il y trouverait quelque avantage. C'est comme quand le chimiste ajoute de l'alcali à une dissolution de chaux dans de l'esprit de sel ; l'esprit de sel abandonne aussitôt la chaux pour se joindre à l'alcali, et la chaux est précipitée au fond du vase. De même, si l'on montre à un homme, qui d'ailleurs est honnête (ou qui seulement se met par la pensée à la place d'un honnête homme), la loi morale, qui lui fait connaître l'indignité d'un menteur, aussitôt sa raison pratique (dans le jugement qu'elle porte sur ce que celui-ci devait faire) abandonne l'utilité, pour se joindre à ce qui maintient dans l'homme le respect de sa propre personne (à la véracité). Quant à l'utilité, après avoir été séparée de tout ce qui se rattache à la raison (laquelle est toute du côté du devoir), et s'être montrée à part, elle pourra dès lors être pesée par chacun, de manière à se concilier, dans d'autres cas, avec la raison, toutes les fois qu'elle ne sera pas contraire à la loi morale, que la raison n'abandonne jamais, mais qui lui est intimement unie.

Cette *distinction* entre le principe du bonheur et ce lui de la moralité n'est pas une *opposition*, et la raison pure pratique ne demande pas qu'on *renonce* à toute prétention au bonheur, mais seulement que, dès qu'il s'agit de devoir, *on ne le prenne point en considération*. Ce peut même être, sous un certain rapport, un devoir de songer à son bonheur, car, d'une part, le bonheur (auquel se rapportent l'habileté, la santé, la richesse) donne les moyens de remplir son devoir, et, d'autre part, la privation du bonheur (par exemple, la pauvreté) pousse l'homme à y manquer. Seulement ce ne peut jamais être immédiatement un devoir de travailler à notre bonheur, et bien encore moins le principe de tous les devoirs. Or, comme tous les principes déterminants de la volonté, excepté la loi de la raison pure pratique (la loi morale) sont empiriques, et à ce titre se rattachent au principe du bonheur, il les faut tous séparer du principe suprême moral, et ne jamais les y incorporer comme condition, car ce serait détruire toute valeur morale, tout comme le mélange d'éléments empiriques avec des principes géométriques détruirait toute évidence mathématique, c'est-à-dire (au jugement de *Platon*) ce qu'il y a déplus excellent dans les mathématiques, et ce qui surpasse même leur utilité.

Pour ce qui est de la déduction du principe suprême de la raison pure pratique, c'est-à-dire de l'explication de la possibilité d'une telle connaissance *à priori*, tout ce qu'on pouvait faire, c'était de montrer que, en considérant la possibilité de la liberté d'une cause efficiente, on aperçoit aussi, non-seulement la possibilité, mais encore la nécessité de la loi morale, comme principe pratique suprême des êtres raisonnables, à la volonté desquels on attribue une causalité libre, parce que ces deux concepts sont si inséparablement unis, qu'on pourrait définir la liberté pratique l'indépendance de la volonté par rapport à toute loi autre que la loi morale. Mais nous ne pouvons nullement apercevoir la possibilité de la liberté d'une cause efficiente, surtout dans le monde sensible, trop heureux si nous pouvons seulement être suffisamment assurés qu'il n'y a point de preuve de son impossibilité, et si la loi morale, qui la postule, nous force et par là même nous autorise à l'admettre. Ce pendant, comme il y a encore beaucoup d'esprits qui croient pouvoir expliquer cette liberté, ainsi que toute autre force naturelle, par des principes empiriques, et la considèrent comme une propriété *psychologique*, dont l'explication ne suppose qu'un examen attentif de la *nature de l'âme* et des mobiles de la volonté, et non comme un prédicat *transcendental* de la causalité d'un être appartenant au monde sensible (ce qui pourtant est la seule chose dont il s'agisse réellement ici), et, comme ils nous enlèvent par là cette noble perspective que nous ouvre la raison pure pratique au moyen de la loi morale, c'est-à-dire la perspective d'un monde intelligible, auquel nous participons par la réalisation du concept d'ailleurs transcendant de la liberté, et suppriment du même coup la loi morale même, qui exclut tout principe empirique de détermination, il est nécessaire d'ajouter ici quelque chose pour prémunir contre cette illusion, et montrer l'impuissance de l'*empirisme*.

Le concept de la causalité, considérée comme *nécessité physique*, par opposition à ce genre de causalité qu'on appelle la liberté, ne concerne l'existence des choses qu'autant qu'elles sont *déterminables dans le temps*, par conséquent, qu'autant qu'on les considère comme des phénomènes et non comme des choses en soi. Or, si l'on prend les déterminations de l'existence des choses dans le temps pour des déterminations des choses en soi (comme c'est l'ordinaire), la nécessité du rapport de causalité ne peut plus s'accorder en aucune manière avec la liberté ; mais ces deux choses sont contradictoires. En effet il suit de la première que tout événement, par conséquent aussi, toute action, qui arrive dans un point du temps, dépend nécessairement de ce qui était dans le temps précédent. Or, comme le temps passé n'est plus en mon pouvoir, toute action que j'accomplis, d'après des causes déterminantes *qui ne sont pas en mon pouvoir*, doit être nécessaire, c'est-à-dire que je ne suis jamais libre dans le point du temps où j'agis. J'aurais même beau considérer toute mon existence comme indépendante de toute cause étrangère (par exemple, de Dieu), de telle sorte que les principes qui détermineraient ma causalité, et même toute mon existence, ne seraient pas hors de moi : cela ne changerait pas le moins du monde cette nécessité physique en liberté. Car je n'en suis pas moins soumis à chaque point du temps à la nécessité d'être déterminé à l'action par *quelque chose qui n'est pas en mon pouvoir*, et la série infinie *a parte priori* des événements que je ne ferais que continuer, suivant un ordre déjà prédéterminé, sans pouvoir la commencer par moi-même, formerait une chaîne physique continue où il n'y au rait point de place pour la liberté.

Si donc on veut attribuer la liberté à un être dont l'existence est déterminée dans le temps, on ne peut pas soustraire, sous ce point de vue du moins, l'existence de cet être, et, par conséquent aussi, ses actions, à la loi de la nécessité physique, à laquelle sont soumis tous les événements, car ce serait la livrer à l'aveugle hasard. Mais, comme cette loi concerne inévitablement la causalité des choses, en tant que leur *existence* est déterminable *dans le temps*, il suit que, s'il n'y avait pas une autre manière de se représenter *l'existence de ces choses considérées en elles-mêmes*, il faudrait rejeter la liberté, comme un concept chimérique et impossible. Par conséquent, si l'on veut encore la sauver, il ne reste plus qu'un moyen, c'est de considérer l'existence d'une chose, en tant qu'elle est déterminable dans le temps, et, par conséquent aussi, la causalité soumise à la loi de la *nécessité physique*, comme un *simple phénomène*, et d'attribuer *la liberté à ce même être*, considéré comme chose en soi. Cela est certainement inévitable, si l'on veut conserver ensemble ces deux concepts contraires ; mais, dans l'application, quand on veut les considérer comme unis dans une seule et même action, et expliquer cette union même, on rencontre de grandes difficultés, qui semblent la rendre impossible.

Quand je dis d'un homme, qui commet un vol, que cette action est, suivant la loi physique de la causalité, une conséquence nécessaire des causes déterminantes du temps qui a précédé, cela ne veut-il pas dire qu'il était impossible que cette action n'eût pas lieu ? Comment donc, en jugeant d'après la loi morale, puis-je apporter ici un changement, et supposer que l'action aurait pu ne pas être faite, parce que la loi dit qu'elle aurait dû ne pas l'être ? En d'autres termes, comment peut-on considérer un homme comme étant dans le même point du temps, et relativement à la même action, libre à la fois et soumis à une nécessité physique inévitable ? Cherchera-t-on à éluder cette difficulté, en ramenant le *mode* des causes qui déterminent notre causalité, suivant la loi de la nature, à un concept *comparatif* de la liberté (d'après lequel on appelle quelquefois libre un effet dont la cause déterminante réside *intérieurement* dans l'être agissant, comme quand on parle du libre mouvement d'un corps lancé dans l'espace, parce que ce corps, dans son trajet, n'est poussé par aucune force extérieure, ou comme on appelle libre le mouvement d'une montre, parce qu'elle pousse elle-même ses aiguilles, et que celles ci, par conséquent, ne sont pas mues par une force extérieure ; de même, quoique les actions de l'homme soient nécessitées par leurs causes déterminantes, qui précèdent dans le temps, nous les appelons libres, parce que ces causes sont des représentations intérieures, produites par notre propre activité, ou des désirs excités par ces représentations suivant les circonstances, et que, par conséquent, les actions qu'elles dé terminent sont produites selon notre propre désir). Mais c'est là un misérable subterfuge, dont quelques esprits ont encore la faiblesse de se contenter, et c'est se payer de mots que de croire qu'on a résolu ainsi ce difficile problème, sur lequel tant de siècles ont travaillé en vain, et dont, par conséquent, il n'est guère probable que la solution soit si aisée à trouver. En effet, quand on parle de cette liberté, qui doit servir de fondement à toutes les lois morales et à l'imputation morale, la question n'est pas de savoir si des principes, qui détermineraient nécessairement la causalité suivant une loi de la nature, résident *dans* le sujet ou *hors* de lui, et, dans le premier cas, si ces principes viennent de l'instinct ou sont conçus par la raison. Si ces représentations déterminantes ont, comme l'avouent ces mêmes hommes, la cause de leur existence dans le temps et dans l'*état antérieur*, celui-ci à son tour dans un état précédent, et ainsi de suite, ces déterminations ont beau être intérieures ; elles ont beau avoir une causalité psychologique et non mécanique, c'est-à-dire produire des actions par des représentations et non par des mouvements corporels, elles n'en sont pas moins des *causes déterminantes* de la causalité d'un être dont l'existence est déterminable dans le temps, et, par conséquent, elles n'en sont pas moins soumises aux conditions nécessitantes du temps écoulé, lesquelles, au moment où le sujet doit agir, *ne sont plus en son pouvoir*. Qu'on appelle cela une liberté psychologique (si l'on veut par ce mot désigner l'enchaînement purement intérieur des représentations de l'âme), toujours est-il que c'est de la nécessité physique, et que, par conséquent, il faut renoncer à cette *liberté transcendentale*, qu'on doit concevoir comme l'indépendance de la volonté par rapport à tout élément empirique et, par conséquent, à la nature en général, considérée, soit comme objet du sens intime, ou comme existant seulement dans le temps, soit comme objet des sens extérieurs, ou comme existant à la fois dans l'espace et dans le temps, c'est-à-dire à cette vraie liberté, qui seule est pratique *à priori*, et sans laquelle il n'y a pas de loi morale, pas d'imputation morale possible. Aussi peut-on appeler mécanisme de la nature toute nécessité d'événements arrivant dans le temps suivant la loi physique de la causalité, sans entendre par là que toutes les choses soumises à ce mécanisme doivent être réellement des *machines* matérielles. On ne regarde ici que la nécessité de la liaison des événements dans une série de temps, telle qu'elle se développe suivant la loi de la nature, soit qu'on appelle le sujet, dans lequel a lieu ce développement, *automaton materiale*, lorsque la machine est mue par la matière, ou, avec *Leibnitz*, *automaton spirituale*, lorsqu'elle est mue par des représentations ; et, si la liberté de notre volonté n'était pas autre chose (que cette liberté psychologique et relative, qui n'a rien de transcendental, c'est-à-dire d'absolu), elle ne vaudrait guère mieux que celle d'un tourne-broche, qui, une fois monté, exécute de lui-même ses mouvements.

Or, pour lever la contradiction apparente que nous trouvons ici entre le mécanisme de la nature et la liberté dans une seule et même action, il faut se rappeler ce qui a été dit dans la critique de la raison pure, ou ce qui s'en suit. La nécessité physique, qui ne peut exister avec la liberté du sujet, ne s'attache qu'aux déterminations d'une chose soumise aux conditions du temps, par conséquent, aux déterminations du sujet agissant, considéré comme phénomène, et, sous ce rapport, les causes déterminantes de chacune de ses actions résident en quelque chose qui appartient au temps écoulé, et *n'est plus en son pouvoir* (à quoi il doit aussi lui-même, comme phénomène, rattacher ses actions passées et le caractère qu'on peut lui attribuer d'après ces actions). Mais le même sujet qui, d'un autre côté, a conscience de lui-même comme d'une chose en soi, considère aussi son existence comme *n'étant pas soumise aux conditions du temps*, et lui-même, comme pouvant être simplement déterminé par des lois qu'il reçoit de sa raison. Dans cette existence il n'y a rien d'antérieur à la détermination de sa volonté, mais toute action et en général tout changement de détermination, qui arrive dans son existence conformément au sens intime, toute la série même de son existence, comme être sensible, n'est, pour la conscience de son existence intelligible, qu'une conséquence de sa causalité, comme *noumène*, et n'en peut jamais être considérée comme la cause déterminante. A ce point de vue l'être raisonnable a raison de dire de toute action illégitime, qu'il aurait pu ne pas la commettre, quoique, comme phénomène, cette action soit suffisamment déterminée dans le passé, et qu'elle soit sous ce rapport absolument nécessaire ; car elle appartient, avec tout le passé qui la détermine, à un seul phénomène, au phénomène du caractère qu'il se donne, et d'après lequel il s'attribue à lui-même, comme aune cause indépendante de toute sensibilité, la causalité de ces phénomènes. Les sentences de cette faculté merveilleuse, qu'on appelle la conscience, s'accordent parfaitement avec ce qui précède. Un homme a beau chercher à se justifier, en se représentant une action illégitime, qu'il se rappelle avoir commise, comme une faute involontaire, comme une de ces négligences qu'il est impossible d'éviter entièrement, c'est-à-dire comme une chose où il a été entraîné par le torrent de la nécessité physique, il trouve toujours que l'avocat qui parle en sa faveur ne peut réduire au silence la voix intérieure qui l'accuse, s'il a conscience d'avoir été dans son bon sens, c'est-à-dire d'avoir eu l'usage de sa liberté au moment où il a commis cette action ; et, quoiqu'il s'explique sa faute par une mauvaise habitude, qu'il a insensiblement contractée en négligeant de veiller sur lui-même, et qui en est venue à ce point que cette faute en peut être considérée comme la conséquence naturelle, il ne peut pourtant se défendre des reproches qu'il s'adresse à lui-même. C'est aussi là le fondement du repentir, que le souvenir d'une action passée depuis longtemps ne manque jamais d'exciter en nous. Autrement que signifierait ce sentiment douloureux, produit par le sentiment moral, et qui est pratiquement vide, en ce sens qu'il ne peut servir à empêcher ce qui a été fait de l'avoir été ? Il serait même absurde (comme l'a reconnu *Priestley*, en véritable et conséquent fataliste, et cette franchise est mille fois préférable à l'hypocrisie de ceux qui, admettant en fait le mécanisme de la volonté, et ne gardant de la liberté que le nom, veulent encore paraître la conserver dans leur système syncrétique, quoiqu'ils ne puissent faire comprendre la possibilité de cette imputation). Mais le repentir, comme douleur, est tout à fait légitime, car la raison, quand il s'agit de la loi de notre existence intelligible (de la loi morale), ne reconnait aucune distinction de temps ; elle ne demande qu'une chose, savoir si le fait nous appartient comme action ; et, dans ce cas, que cette action soit faite dans le moment même, ou qu'elle soit passée depuis longtemps, elle y lie toujours moralement le même sentiment. En effet la vie *sensible* a relativement à la conscience *intelligible* de son existence (de la liberté) l'unité absolue d'un phénomène, qui, en tant qu'il contient simplement des phénomènes d'intention morale (de caractère), ne doit pas être jugé d'après la nécessité physique, sous laquelle il rentre comme phénomène, mais d'après l'absolue spontanéité de la liberté. On peut donc accorder que, s'il nous était possible de pénétrer l'âme d'un homme, telle qu'elle se révèle par des actes aussi bien internes qu'externes, assez profondément pour connaître tous les mobiles, même les plus légers, qui peuvent la déterminer, et de tenir compte en même temps de toutes les occasions extérieures qui peuvent agir sur elle, nous pourrions calculer la conduite future de cet homme avec autant de certitude qu'une éclipse de lune ou de soleil, tout en continuant de le déclarer libre. En effet, si nous possédions une autre manière de connaître (que celle que nous avons, laquelle se borne ici à un concept rationnel), c'est-à-dire si nous avions une intuition intellectuelle du même sujet, nous verrions que toute cette chaîne de phénomènes, en tout ce qui se rap porte à la loi morale, dépend de la spontanéité du sujet, comme chose en soi, dont on ne peut expliquer physiquement les déterminations. A défaut de cette intuition, la loi morale nous certifie cette distinction du rapport de nos actions, comme phénomènes, à la nature sensible de notre sujet, et de celui de cette na ture sensible même au substratum intelligible qui est en nous. — Par ce dernier rapport, qui est familier à notre raison, bien qu'il soit inexplicable, on peut justifier aussi certains jugements que nous portons en toute conscience, mais qui au premier aspect paraissent contraires à la justice. On voit quelquefois des hommes, ayant reçu la même éducation que d'autres à qui elle a été salutaire, montrer dès leur enfance une méchanceté si précoce, et y faire tant de progrès dans leur âge mûr, qu'on dit d'eux qu'ils sont nés scélérats et qu'on les regarde comme tout à fait incorrigibles ; et pourtant on ne laisse pas de les juger pour ce qu'ils font ou ne font pas, et de leur reprocher leurs crimes comme des fautes volontaires ; et eux mêmes (les enfants) trouvent ces reproches fondés, absolument comme si, malgré cette nature désespérée qu'on leur attribue, ils n'étaient pas moins responsables que les autres hommes. Cela ne pourrait être si nous ne supposions pas que tout ce qui est un effet de la volonté de l'homme (comme sont certainement toutes les actions faites avec intention) a pour principe une causalité libre, qui, dès la première jeunesse, exprime son caractère par des phénomènes (par des actions) qui lui sont propres. Ceux-ci, à cause de l'uniformité de la conduite, forment un enchaînement naturel, mais cet enchaînement ne rend pas nécessaire la méchanceté de la volonté ; il est au contraire la conséquence du choix volontaire de mauvais principes devenus immuables, et, par conséquent, il n'en est que plus coupable et plus digne de punition.

Mais l'union de la liberté avec le mécanisme de la nature dans un être, qui appartient au monde sensible, présente encore une difficulté, et cette difficulté, même après qu'on a accordé tout ce qui précède, la menace d'une ruine entière. Toutefois en ce danger une circonstance nous fait espérer une issue heureuse pour le dogme de la liberté, c'est que cette difficulté pèse beaucoup plus fortement (en réalité uniquement, comme nous le verrons bientôt) sur le système qui tient l'existence déterminable dans le temps et dans l'espace pour l'existence des choses en soi, que, par conséquent, elle ne nous force pas à abandonner notre supposition capitale de l'idéalité de l'espace, que nous considérons comme une pure forme de l'intuition sensible, partant comme un pur mode de représentation, propre au sujet en tant qu'il appartient au monde sensible, et qu'ainsi tout ce qu'elle demande, c'est que l'on concilie la liberté avec cette idée.

Si l'on nous accorde que le sujet intelligible peut être libre relativement à une action donnée, quoique, comme sujet appartenant au monde sensible, il soit soumis à des conditions mécaniques relativement à la même action, il semble aussi nécessaire, aussitôt qu'on admet Dieu comme cause première universelle, d'accorder qu'il est *la cause de l'existence de la substance* même (proposition qu'on ne peut rejeter sans rejeter en même temps le concept de Dieu comme être des êtres, et par là cet attribut qu'il a de suffire à tout et sur lequel repose la théologie tout entière). Dès lors les actions de l'homme ont leur cause déterminante en quelque chose *qui est tout à fait hors de son pouvoir*, c'est-à-dire dans la causalité d'un être suprême distinct de lui, de qui dépend absolument son existence et toutes les déterminations de sa causalité. Dans le fait, si les actions de l'homme, en tant qu'elles appartiennent à ses déterminations dans le temps, n'étaient pas de simples déterminations de l'homme comme phénomène, mais des déterminations de l'homme comme chose en soi, la liberté ne pourrait être sauvée. L'homme serait comme une marionnette ou comme un automate de Vaucanson, construit et mis en mouvement par le suprême ouvrier. La conscience de lui même en ferait sans doute un automate pensant, mais il serait la dupe d'une illusion, en prenant pour la liberté la spontanéité dont il aurait conscience, car celle-ci ne mériterait ce nom que relativement, puis que, si les causes prochaines qui le mettraient en mouvement et toute la série de ces causes, en remontant à leurs causes déterminantes, étaient intérieures, la cause dernière et suprême devrait être placée dans une main étrangère. C'est pourquoi je ne vois pas comment ceux qui persistent à regarder l'espace et le temps comme des déterminations appartenant à l'existence des choses en soi croient éviter ici la fatalité des actions, ou comment, quand ils n'admettent le temps et l'espace (ainsi que fait *Moïse Mendelssohn*, cet esprit d'ailleurs si pénétrant) que comme des conditions nécessairement inhérentes à l'existence des êtres finis et dérivés, et placent l'être infini au-dessus de ces conditions, ils prétendent justifier la distinction qu'ils établissent ici, comment même ils espèrent échapper à la contradiction où ils tombent en regardant l'existence dans le temps comme une détermination nécessairement inhérente aux choses finies, considérées en elles-mêmes : car, pour eux, Dieu est la cause de cette existence, mais il ne peut être celle du temps (ou de l'espace) même (puisque celui-ci doit être supposé comme condition nécessaire *à priori* à l'existence des choses), et, par conséquent, sa causalité, relativement à l'existence de ces choses, doit être soumise elle-même à la condition du temps, ce qui est inévitablement en contradiction avec les concepts de son infinité et de son indépendance. Au contraire il nous est très-facile de distinguer l'existence divine, en tant qu'indépendante de toutes les conditions du temps, de l'existence d'un être du monde sensible, en considérant la première comme l'*existence d'un être en soi*, et la seconde comme l'existence d'un *phénomène*. Mais, quand on n'admet pas cette idéalité du temps et de l'espace, il n'y a plus qu'un véritable système, c'est le *Spinozisme*, lequel fait de l'espace et du temps des déterminations essentielles de l'être premier, mais aussi regarde les choses qui dépendent de cet être (et nous-mêmes, par conséquent), comme des accidents qui lui sont inhérents, et non comme des substances, puisque, si ces choses n'existent, comme effets de l'être premier, que *dans le temps*, qui serait la condition de leur existence en soi, leurs actions ne peuvent être que les actions de cet être agissant en quelque point de l'espace et du temps. Aussi le Spinozisme, malgré l'absurdité de son idée fondamentale, arrive-t-il à une conclusion plus conséquente qu'on ne le peut faire dans la théorie de la création, lorsque, considérant les êtres comme existant réellement dans le temps, on les regarde comme des effets d'une cause suprême, et qu'en même temps on ne les identifie pas à cette cause et à son action, mais qu'on les considère en eux-mêmes comme des substances.

Cette difficulté se résout avec évidence et brièveté de la manière suivante : si l'existence *dans le temps* n'est qu'un mode purement sensible de représentation, propre aux êtres pensants qui sont dans le monde, et si, par conséquent, elle n'est pas un mode de leur existence comme choses en soi, la création de ces êtres est une création de choses en soi, puisque le concept d'une création n'appartient pas au mode sensible de représentation de l'existence et à la causalité, et ne peut se rapporter qu'à des noumènes. Par conséquent, quand je dis des êtres du monde sensible qu'ils sont créés, je les considère comme des noumènes. De même donc qu'il y aurait contradiction à dire que Dieu est un créateur de phénomènes, il y a contradiction à dire qu'il est, comme créateur, la cause des actions qui ont lieu dans le monde sensible, et, par conséquent, des actions considérées comme phénomènes, quoiqu'il soit la cause de l'être agissant (considéré comme noumène). Or, s'il est possible (en regardant l'existence dans le temps comme une condition qui ne s'applique qu'aux phénomènes, et ne s'applique pas aux choses en soi), d'affirmer la liberté, malgré le mécanisme naturel des actions considérées comme phénomènes, cette circonstance que les êtres agissants sont des créatures ne peut apporter ici le moindre changement, puisque la création concerne leur existence intelligible, mais non leur existence sensible, et que, par conséquent, elle ne peut être regardée comme la cause déterminante des phénomènes. Il en serait tout autrement, si les êtres du monde existaient *dans le temps* comme choses en soi, car alors le créateur de la substance serait en même temps l'auteur de tout le mécanisme de cette substance.

On voit combien, dans la critique de la raison pure spéculative, il était important de séparer le temps (ainsi que l'espace) de l'existence des choses en soi.

On dira que la solution proposée ici présente encore beaucoup de difficulté, et qu'il est à peine possible de l'exposer clairement. Mais de toutes celles qu'on a tentées ou qu'on peut tenter encore, en est-il une plus facile et plus claire ? On pourrait plutôt dire que les métaphysiciens dogmatiques ont montré plus de ruse que de sincérité en écartant, autant que possible, ce point difficile, dans l'espoir que, s'ils n'en parlaient pas, personne n'y songerait. Mais, quand on veut rendre service à une science, il ne faut pas craindre d'en *révéler* toutes les difficultés et même de rechercher celles qui peuvent lui nuire secrètement, car chacune de ces difficultés appelle un remède, qu'il est impossible de découvrir, sans que la science y gagne quelque chose, soit en étendue, soit en certitude, en sorte que les obstacles mêmes tournent à son avantage. Au contraire cache-t-on à dessein les difficultés, ou essaie-t-on d'y appliquer des palliatifs, elles de viennent tôt ou tard des maux irrémédiables, qui finissent par ruiner la science en la précipitant dans un scepticisme absolu.

Comme de toutes les idées de la raison pure spéculative, le concept de la liberté est proprement le seul qui donne à la connaissance, mais il est vrai à la connaissance pratique seulement, une si grande extension dans le champ du supra-sensible, je me demande *d'où vient qu'il possède exclusivement un si grand avantage*, tandis que les autres désignent sans doute une place vide pour des êtres purement intelligibles possibles, mais n'en peuvent déterminer le concept par rien. Je vois aussitôt que, comme je ne puis rien penser sans catégorie, il faut que je cherche d'abord pour l'idée rationnelle de la liberté, dont je m'occupe, une catégorie, laquelle est ici une catégorie de la *causalité*, et que, bien qu'on ne puisse supposer aucune intuition correspondante au *concept rationnel* de la liberté, qui est un concept transcendant, il faut pourtant qu'au *concept* (de la causalité), que nous donne l'*entendement*, et pour la synthèse duquel celui-là exige l'absolu, soit donnée une intuition sensible, qui en assure d'abord la réalité objective. Or toutes les catégories se partagent en deux classes, les catégories *mathématiques*, lesquelles se rapportent uniquement à l'unité de la synthèse dans la représentation des objets, et les catégories *dynamiques*, lesquelles se rapportent à l'unité de la synthèse dans la représentation de l'existence des objets. Les premières (celles de la quantité et de la qualité) contiennent toujours une synthèse de l'*homogène*, où l'on ne peut trouver l'inconditionnel pour ce qui est donné dans l'intuition sensible, sous la condition du temps et de l'espace, puisqu'il faudrait que cet inconditionnel à son tour appartint au temps et à l'espace, tout en restant inconditionnel ; et c'est pourquoi dans la dialectique de la raison pure théorique les deux moyens opposés d'arriver ici à l'inconditionnel et à la totalité des conditions étaient également faux. Les catégories de la seconde classe (celles de la causalité et de la nécessité d'une chose) n'exigeaient pas cette homogénéité (du conditionnel et de la condition dans la synthèse), car ce qu'il faut considérer ici dans l'intuition, ce n'est pas l'assemblage des éléments qu'elle contient, mais comment l'existence de l'objet correspondant à l'intuition se joint à l'existence de la condition (dans l'entendement qui lie la première à la seconde), et alors il était permis de chercher dans le monde intelligible l'inconditionnel, quoique d'ailleurs indéterminé, pour ce qui est partout conditionnel dans le monde sensible (relativement à la causalité comme à l'existence contingente des choses mêmes) et de rendre la synthèse transcendante. C'est pourquoi aussi, dans la dialectique de la raison pure spéculative, il s'est trouvé que les deux manières, opposées en apparence, de trouver l'inconditionnel pour le conditionnel n'étaient pas en réalité contradictoires ; que, par exemple dans la synthèse de la causalité, il n'y a pas contradiction à concevoir pour le conditionnel, qui consiste dans la série des causes et des effets du monde sensible, une causalité qui n'est plus soumise à aucune condition sensible, et que la même action, qui, en tant qu'elle appartient au monde sensible, est toujours soumise à des conditions sensibles, c'est-à-dire est mécaniquement nécessaire, peut en même temps, en tant que l'être agissant qui la produit appartient au monde intelligible, avoir pour principe une causalité indépendante de toute condition sensible, et, par conséquent, être conçue comme libre. Dès lors il ne s'agissait plus que de convertir cette *possibilité* en *réalité*, c'est-à-dire de prouver dans un cas réel, comme par un fait, que certaines actions supposent une telle causalité (une causalité intellectuelle, indépendante de toute condition sensible), qu'elles soient réelles ou seulement ordonnées, c'est-à-dire objectivement nécessaires au point de vue pratique. Nous ne pouvions espérer de rencontrer cette relation en des actions réellement données dans l'expérience, comme événements du monde sensible, puisque la causalité libre doit toujours être cherchée en dehors du monde sensible, dans l'intelligible. Mais les êtres sensibles sont les seules choses qui tombent sous notre perception et notre observation. Il ne restait donc plus qu'à trouver quelque principe de causalité incontestable et objectif qui exclût toute condition sensible, c'est-à-dire un principe dans lequel la raison n'eût pas besoin d'invoquer quelque *autre* chose comme principe déterminant de la causalité, mais qui fût lui-même ce principe, et où, par conséquent, elle se montrât elle même pratique, en tant que *raison pure*. Or ce principe n'était plus à chercher et à trouver ; il était depuis longtemps dans la raison de tous les hommes et inhérent à leur nature : je veux parler du principe de la *moralité*. Donc cette causalité inconditionnelle et la faculté qui la possède, la liberté, et avec celle-ci un être (moi même), qui appartient au monde sensible, mais qui par là appartient aussi au monde intelligible, ce n'est plus simplement une chose que l'on *conçoive* d'une manière indéterminée et problématique (comme on pouvait le faire déjà au moyen de la raison spéculative), mais une chose déterminée *relativement à la loi* de sa causalité et assertoriquement connue, et ainsi est donnée la réalité du monde intelligible, qui est *déterminé* au point de vue pratique, et cette détermination, qui serait ' transcendante au point de vue théorique, est immanente au premier point de vue. Mais nous ne pouvions faire le même pas relativement à la seconde idée dynamique, c'est-à-dire à l'idée d'un *être nécessaire*. Nous ne pouvions nous y élever en partant du monde sensible, sans l'intermédiaire de la première idée dynamique. En effet, si nous voulions le tenter, il nous faudrait oser faire un saut qui nous éloignerait de tout ce qui nous est donné, et nous transporterait dans un monde dont rien ne nous est donné, et où nous ne pourrions trouver le rapport de cet être intelligible avec le monde sensible (puisque l'être nécessaire serait connu comme donné *en dehors de nous*), tandis que cela, comme on le voit clairement maintenant, est tout à fait possible relativement à *notre propre* sujet, en tant qu'il se reconnaît lui-même, *d'un côté*, déterminé, comme être intelligible (en vertu de la liberté), par la loi morale, et, *d'un autre côté*, agissant dans le monde sensible suivant cette détermination. Le concept de la liberté est le seul qui nous permette de ne pas chercher hors de nous-mêmes l'inconditionnel et l'intelligible pour le conditionnel et le sensible. Car c'est notre raison qui, par la loi pratique, suprême et inconditionnelle, se connaît elle-même et connaît l'être qui a conscience de cette loi (notre propre personne) comme appartenant au monde purement intelligible, et détermine même le mode de son activité sous ce rapport. On comprend donc pourquoi dans toute la faculté de la raison il n'y a *que la faculté pratique* qui puisse nous transporter au delà du monde sensible, et nous fournir des connaissances d'un ordre et d'une liaison supra-sensibles, lesquelles, à cause de cela même, ne peuvent être étendues que juste autant qu'il est nécessaire au point de vue pratique pur.

Qu'il me soit permis de profiter de cette occasion pour faire remarquer une chose une fois pour toutes, c'est que tous les pas que nous fait faire la raison pure dans le champ pratique, où on laisse de côté toute subtile spéculation, correspondent toutefois exactement et d'eux-mêmes à tous les moments de la critique de la raison théorique, comme s'ils avaient été arrangés à dessein de manière à confirmer ses résultats. Cette exacte concordance, qui n'est nullement cherchée, mais qui s'offre d'elle-même (comme on peut s'en convaincre, pour peu que l'on veuille pousser les recherches morales jusqu'à leurs principes), entre les propositions les plus importantes de la raison pratique et les remarques, souvent subtiles et inutiles en apparence, de la critique de la raison spéculative, cause de la surprise et de l'étonnement, et elle confirme cette maxime déjà reconnue et vantée par d'autres, que, dans toute re cherche scientifique, il faut poursuivre tranquillement son chemin avec toute la fidélité et toute la sincérité possibles, sans s'occuper des obstacles qu'on pourrait rencontrer ailleurs, et ne songer qu'à une chose, c'est-à-dire à l'exécuter pour elle-même, en tant que faire se peut, d'une manière exacte et complète. Une longue expérience m'a convaincu que ce qui, au milieu d'une recherche, m'avait paru parfois douteux, comparé à d'autres doctrines étrangères, quand je négligeais cette considération et ne m'occupais plus que de ma recherche, jusqu'à ce qu'elle fût achevée, finissait par s'accorder parfaitement et d'une manière inattendue avec ce que j'avais trouvé naturellement, sans avoir égard à ces doctrines, sans partialité et sans amour pour elles. Les écrivains s'épargneraient bien des erreurs, bien des peines perdues (puisqu'elles ont pour objet des fantômes), s'ils pouvaient se résoudre à mettre plus de sincérité dans leurs travaux.

LIVRE SECOND
Dialectique de la raison pure pratique

Chapitre I

La raison pure, qu'on la considère dans son usage spéculatif ou dans son usage pratique a toujours sa dialectique ; car elle exige toujours l'absolue totalité des conditions pour un conditionnel donné et cette totalité on ne peut la trouver que dans les choses en soi. Mais, comme tous les concepts des choses doivent être ramenés à des intuitions, qui, pour nous autres hommes, ne peuvent jamais être que sensibles, et par conséquent, ne nous font pas connaître les objets comme choses en soi. mais seulement comme phénomènes, et que ce n'est pas dans la série des phénomènes qu'un peut trouver pour le conditionnel et les conditions l'inconditionnel l'application de cette idée rationnelle de la totalité des conditions (par conséquent de l'inconditionnel) à des phénomènes, considérés comme si c'étaient des choses en soi (car en l'absence des avertissements de la critique on les considère toujours ainsi) produit inévitablement une illusion dont on ne s'apercevrait jamais, si elle ne se trahissait par un *conflit*, que la raison engage avec elle-même en appliquant à des phénomènes son principe, qui consiste à supposer l'inconditionnel pour tout conditionnel. Mais la raison est forcée par là de rechercher d'où peut naître cette illusion et comment elle peut être dissipée, ce qu'on ne peut faire que par une critique complète de toute la raison pure ; en sorte que l'antinomie de la raison pure, qui se manifeste dans sa dialectique, est dans le fait l'erreur la plus utile où puisse tomber la raison humaine, car elle nous pousse en définitive à chercher un moyen de sortir de ce labyrinthe, et ce moyen, une fois trouvé, découvre encore ce qu'on ne cherchait pas et ce dont on a pourtant besoin, c'est-à-dire ouvre une vue sur un ordre de choses supérieur et immuable, dont nous faisons déjà partie, et où des préceptes déterminés peuvent nous instruire à maintenir notre existence, conformément à la destination suprême que nous assigne la raison.

On peut voir tout au long dans la critique de la raison pure comment, dans l'usage spéculatif de cette faculté, il est possible de résoudre cette dialectique naturelle et d'éviter l'erreur que cause une illusion, naturelle d'ailleurs. Mais la raison dans son usage pratique n'a pas un meilleur sort. Elle cherche aussi, comme raison pure pratique, pour le conditionnel pratique (qui repose sur des inclinations et des besoins de la nature) l'inconditionnel, et il ne s'agit pas ici du principe déterminant de la volonté, mais, puisque ce principe est donné dans la loi morale, l'absolue totalité de l'*objet* de la raison pure pratique ; c'est là ce qu'elle recherche sous le nom de *souverain bien*.

Déterminer cette idée pratiquement, c'est-à-dire en vue des maximes sur lesquelles doit se fonder notre conduite pour être raisonnable, voilà, au point de vue *scientifique*, le but de la *philosophie*[1] dans le sens où les anciens entendaient ce mot, car pour eux le but de la philosophie était d'indiquer le concept dans le quel il faut placer le souverain bien et la conduite à suivre pour l'acquérir. Il serait bon de conserver à ce mot son ancienne signification, c'est-à-dire d'entendre par là une doctrine du souverain bien, que la raison s'efforce d'élever à la hauteur d'une science. En effet d'une part, le sens restreint de l'expression grecque (qui signifie amour de la sagesse), outre son exactitude, n'empêcherait pas de comprendre sous le nom de philosophie l'amour de la science, et, par conséquent, de toute connaissance spéculative de la raison, en tant qu'elle peut nous être utile dans la recherche de ce concept, comme aussi du principe pratique qui doit déterminer notre

---

[1] Avant d'arriver au mot *philosophie*, Kant emploie une expression *Weisheitslehre*, qui a, dans la langue allemande, une étymologie analogue à celle qu'a ce mot dans la langue grecque La langue française, privée de la faculté de former des mots avec ses propres racines, n'a que le mot philosophie. Je n'ai donc pu traduire expression allemande *Weisheitslehre*, faute d'un mot français équivalent, autre que celui de philosophie. Cette expression et celle de *Weisheitslehrer*, en reproduisant dans la langue allemande les mots d'origine étrangère philosophie et philosophe, ont l'avantage de mettre en lumière leur sens primitif, ou d'y pouvoir être aisément ramenés, tandis que la langue française, qui n'a que ces mots, est privée de cet avantage. Aussi la traduction du passage qui suit doit elle se ressentir de ce défaut. J. B.

volonté, mais il aurait l'avantage de ne pas nous laisser perdre de vue le but suprême qui seul a valu à la philosophie[2] son nom. D'autre part, il ne serait pas mal de confondre la présomption de celui qui ose s'arroger le titre de philosophe[3], en lui présentant par la définition même de ce mot une mesure d'estimation de soi-même, qui rabattrait fort ses prétentions. Car être philosophe[4] dans ce sens, ce serait être quelque chose de plus qu'un simple disciple qui n'est pas allé encore assez loin pour être en état de se conduire lui-même, et bien moins encore de conduire les autres, avec la certitude d'atteindre un but si élevé ; ce serait être *maître dans la connaissance de la sagesse*, ce qui signifie plus que ce qu'un homme modeste n'en doit dire de lui-même. La philosophie resterait alors, comme la sagesse, un idéal, qui, objectivement n'est représenté complètement que dans la raison, mais qui, subjectivement, par rapport à la personne, n'est autre chose que le but de ses constants efforts. Celui-là seul aurait le droit de se croire en possession de cet idéal et de s'arroger en conséquence le titre de philosophe, qui pourrait en montrer, comme exemple, l'effet infaillible en sa personne (dans l'empire qu'il exercerait sur lui-même et dans l'intérêt évident qu'il prendrait au bien général), et telle était aussi la condition qu'il fallait remplir chez les anciens pour mériter ce noble titre.

Pour revenir à la dialectique de la raison pure pratique (qui, si la solution en est aussi heureuse que celle de la raison théorique, nous fait espérer le résultat le plus favorable, en nous forçant par le spectacle des contradictions de la raison pure pratique avec elle-même, qu'elle ne nous cache pas, mais nous dé couvre franchement, à entreprendre une critique complète de cette faculté), j'ai encore, sur la détermination du concept du *souverain bien*, une observation à présenter.

La loi morale est l'unique principe de détermination de la volonté pure. Mais, comme cette loi est simplement formelle (c'est-à-dire n'exige autre chose que la forme universellement législative des maximes), elle fait abstraction, comme principe de détermination, de toute matière, par conséquent, de tout objet de la volonté. C'est pourquoi le souverain bien a beau être tout l'*objet* d'une raison pure pratique, c'est-à-dire d'une volonté pure, il ne faut pas pour cela le regarder comme le *principe déterminant* de cette volonté, et la loi morale doit seule être considérée comme le principe

---

[2] *Weisheitslehre*. Voyez la note précédente.
[3] Ici Kant se sert du mot *philosophe*.
[4] Précisément pour rappeler la définition du mot philosophe, Kant emploie ici l'expression *Weisheitslehrer* ; mais, comme la langue française n'a que ce mot, je suis forcé de le répéter. *J. B.*

qui la détermine à s'en faire un objet, qu'elle se propose de réaliser ou de poursuivre. Cette remarque, en une matière aussi délicate que la détermination des principes moraux, où la plus légère confusion peut corrompre la pureté des idées, a de l'importance. Car on a vu par l'analytique que, quand, avant d'avoir établi la loi morale, on prend un objet, sous le nom de bien, pour principe déterminant de la volonté, et qu'on en dérive ensuite le principe pratique suprême, il en résulte toujours une hétéronomie et l'exclusion du principe moral.

Mais si la loi morale se trouve déjà comprise, comme condition suprême, dans le concept du souverain bien, il est bien clair qu'alors le souverain bien n'est pas seulement objet, mais que le concept du souverain bien et la représentation de son existence, possible par notre raison pratique, est aussi le *principe déterminant* de la volonté pure ; car alors c'est en réalité la loi morale, déjà comprise dans ce concept, et non pas quelque autre objet, qui détermine la volonté suivant le principe de l'autonomie. Il ne faut pas perdre de vue cet ordre des concepts de la détermination de la volonté, parce qu'autrement on ne s'entend plus, et l'on croit trouver des contradictions là où tout est dans la plus parfaite harmonie.

Chapitre II
De la dialectique de la raison pure dans la détermination du concept du souverain bien.

Le concept de l'attribut *souverain* contient déjà une équivoque, qui, si l'on n'y faisait pas attention, pourrait donner lieu à des disputes inutiles. Souverain peut signifier suprême (*supremum*) ou complet (*consummatum*). Dans le premier cas, il désigne une condition qui est elle-même inconditionnelle, c'est-à-dire qui n'est subordonnée à aucune autre (*originarium*) dans le second, un tout qui n'est point une partie d'un tout plus grand encore de la même espèce (*perfectissimum*). Il a été démontré dans l'analytique que la vertu (en tant qu'elle nous rend dignes d'être heureux) est la *condition suprême* de tout ce qui peut nous paraître désirable, et, par conséquent, de toute recherche du *bonheur*, c'est-à-dire le bien suprême. Mais elle n'est pas pour cela le bien tout entier, le bien complet, comme objet de la faculté de désirer d'êtres raisonnables finis car, pour avoir ce caractère, il faut qu'elle soit accompagnée du *bonheur*, et cela, non-seulement aux yeux intéressés de la personne, qui se prend elle-même pour but, mais suivant l'impartial jugement de la raison, qui considère la vertu en général dans le monde comme une fin en soi. En effet qu'un être ait besoin du bonheur, et qu'il en soit digne, sans pourtant y participer, c'est ce que nous ne pouvons regarder comme conforme à la volonté parfaite d'un être raisonnable tout-puissant, lorsque nous essayons de concevoir un tel être. Le bonheur et la vertu constituent donc ensemble la possession du souverain bien dans une personne, mais avec cette condition que le bonheur soit exactement *proportionné* à la moralité (celle-ci faisant la valeur de la personne et la rendant digne d'être heureuse). Le *souverain bien* d'un monde possible, constitué par ces deux éléments, représente le bien tout entier, le bien complet ; mais la vertu y est toujours, comme condition, le bien suprême, parce qu'il n'y a pas de condition au-dessus d'elle, tandis que le bonheur, qui est sans doute toujours quelque chose d'agréable pour celui qui le possède, n'est pas par lui-même bon absolument et à tous égards, et suppose toujours, comme condition, une conduite moralement bonne.

Deux déterminations *nécessairement* liées dans un concept y doivent être dans le rapport de principe à conséquence, et cela peut avoir lieu de deux façons : cette *unité* est considérée ou bien comme *analytique* (comme une liaison logique), ou bien comme *synthétique* (comme une liaison réelle) ; dans le premier cas, on suit là loi de l'identité ; dans le second, celle de la causalité. D'après cela on peut comprendre l'union de la vertu avec le bonheur de deux manières : ou bien la pratique de la vertu et la recherche raisonnable du bonheur ne sont pas deux choses différentes, mais tout à fait identiques, en sorte qu'on n'a pas besoin de donner à la première d'autres maximes qu'à la seconde ; ou bien la vertu produit le bonheur comme quelque chose de tout à fait distinct de là conscience de la vertu, comme la cause son effet.

Parmi les anciennes écoles de la Grèce, il y en eut deux qui suivirent la même méthode dans la détermination du concept du souverain bien, c'est-à-dire ne regardèrent point la vertu et le bonheur comme deux éléments distincts du souverain bien, et, par conséquent, cherchèrent l'unité du principe suivant la règle de l'identité, mais elles se distinguèrent par le choix du concept qu'elles prirent pour fondement. Les *épicuriens* disaient : avoir conscience de suivre des maximes qui conduisent au bonheur, voilà la vertu ; les *stoïciens* : avoir conscience de sa vertu, voilà le bonheur. Pour les premiers *prudence* signifiait moralité ; pour les seconds, qui donnaient à la vertu une signification plus élevée, la *moralité* était seule la vraie sagesse.

On doit regretter que la pénétration de ces hommes (qui n'en sont pas moins admirables pour avoir tenté dans ces temps reculés toutes les routes possibles du domaine philosophique), se soit malheureusement appliquée à chercher de l'identité entre des concepts entièrement distincts, celui de la vertu et celui du bon heur. Mais il était conforme à l'esprit dialectique de ces temps, et maintenant encore cela séduit parfois des esprits subtils, de supprimer dans les principes des différences essentielles et qu'il est impossible de ramener à l'identité, pour n'y voir qu'une querelle de mots, et établir ainsi, en apparence, l'unité du concept, dans lequel on ne reconnaît plus que des distinctions nominales. C'est ce qui arrive ordinairement dans les cas où la liaison de principes hétérogènes est si profondément cachée, ou exigerait un si complet changement de doctrine dans le système philosophique déjà admis, qu'on a peur de pénétrer un peu avant dans la différence réelle, et qu'on aime mieux n'y voir qu'une différence toute formelle.

Tout en cherchant également à montrer l'identité des principes pratiques de la vertu et du bonheur, ces deux écoles ne s'accordaient pas sur la manière de l'établir, mais elles différaient infiniment : l'une prenait le côté esthétique, l'autre le côté logique ; celle-là plaçait son principe dans la conscience des besoins de la sensibilité, celle-ci dans la conscience d'une raison pratique indépendante de tous les principes sensibles de détermination. Le concept de la vertu, suivant les *épicuriens*, est déjà contenu dans la maxime qui prescrit de rechercher son propre bonheur ; suivant les stoïciens au contraire, c'est le sentiment du bonheur qui est déjà contenu dans la conscience de la vertu. Mais ce qui est contenu dans un autre concept est à la vérité identique avec une partie du contenant, mais non pas avec le tout, et, alors même que deux tous sont formés des mêmes parties, ils peuvent encore être spécifiquement distincts, si les parties qui les constituent sont unies dans chacun d'une manière différente. Les stoïciens soutenaient que la vertu est *tout le souverain bien*, et que le bonheur n'est que la conscience de la possession de la vertu, en tant qu'elle fait partie de l'état du sujet. Les épicuriens soutenaient que le bonheur est *tout le souverain bien*, et que la vertu n'est que la forme des maximes à suivre pour l'obtenir, c'est-à-dire consiste uniquement dans l'emploi raisonnable des moyens d'y arriver.

Or l'analytique a clairement établi que les maximes de la vertu et celles du bonheur individuel sont, quant à leur principe pratique suprême, entièrement différentes, et que ces deux choses, loin de s'accorder, quoiqu'elles appartiennent toutes deux au souverain bien, qu'elles concourent également à rendre possible, se limitent et se combattent dans le même sujet. Ainsi la question de savoir *comment le souverain bien est pratiquement possible* est encore un problème à résoudre, malgré tous les essais de conciliation tentés jusqu'ici. Mais l'analytique nous a indiqué ce qui en rend la solution difficile : c'est que le bonheur et la moralité sont deux *éléments* du souverain bien spécifique ment *distincts*, et, que, par conséquent, leur union *ne peut pas* être *connue analytiquement* (comme si celui qui cherche son bonheur se trouvait vertueux par cela même qu'il aurait conscience d'agir conformément à cette idée, ou comme si celui qui pratique la vertu se trouvait déjà heureux *ipso facto* par la conscience même de sa conduite), mais qu'elle forme une *synthèse*. Et, puisqu'elle est regardée comme nécessaire *à priori*, c'est-à-dire pratiquement, et, par conséquent, comme ne dérivant pas de l'expérience et qu'ainsi la possibilité du souverain bien ne repose pas sur des principes empiriques, la *déduction* de ce concept doit être *transcendentale*. Il est nécessaire *à priori* (moralement) de *produire le souverain bien par la liberté de la volonté* ; par conséquent, la condition de la possibilité du souverain bien ne doit reposer que sur des principes *à priori* de la connaissance.

1 -
Antinomie de la raison pratique.

Dans le souverain bien qui est pratique pour nous, c'est-à-dire qui doit être réalisé par notre volonté, la vertu et le bonheur sont conçus comme nécessairement liés, de telle sorte que l'une de ces choses ne peut être admise par la raison pure pratique sans que l'autre ne s'ensuive aussi. Or cette liaison comme toute liaison en général, est ou *analytique* ou *synthétique*. Mais, comme elle ne peut être analytique, ainsi qu'on vient de le voir, elle doit être conçue synthétiquement et comme un rapport de cause à effet, puisqu'elle concerne un bien pratique, c'est-à-dire un bien possible par des actions. Par conséquent, ou le désir du bonheur sera le mobile des maximes de la vertu, ou les maximes de la vertu seront la cause efficiente du bonheur. La première de ces choses est absolument impossible, parce que (comme on l'a montré dans l'analytique des maximes qui placent le principe déterminant de la volonté dans le désir du bonheur personnel ne sont nullement morales et ne peuvent fonder aucune vertu. Mais la seconde est *impossible aussi*, car la liaison pratique des causes et des effets dans le monde, comme conséquence de la détermination de la volonté, ne se règle pas sur les intentions morales de celle-ci, mais sur les lois de la nature, dont nous avons la connaissance, et que nous avons le pouvoir physique d'appliquer à nos desseins, et, par conséquent, on ne peut attendre dans le monde, de la plus exacte observation des lois morales, une liaison nécessaire, telle que l'exige le souverain bien, entre le bonheur et la vertu. Or, comme la réalisation du souverain bien, dont le concept implique cette liaison, est un objet de notre volonté nécessaire *à priori*, et est inséparablement liée à la loi morale, l'impossibilité de cette réalisation doit entraîner aussi la fausseté de cette loi. Si le souverain bien est impossible suivant des règles pratiques, la loi morale, qui nous ordonne d'y tendre et nous propose ainsi un but vain et imaginaire, doit être aussi quelque chose de fantastique et de faux.

2 -
Solution critique de l'antinomie de la raison pratique.

L'antinomie de la raison pure spéculative présente un conflit semblable entre la nécessité physique et la liberté dans la causalité des événements du monde. Il a suffi pour y mettre fin de montrer qu'on ne trouve pas là de véritable contradiction, dès que l'on considère les événements et le monde même où ils se produisent (ainsi qu'il le faut aussi) comme de simples phénomènes, puisqu'un seul et même être agissant, d'un côté, a, *comme phénomène* (même devant son propre sens intime) une causalité dans le monde sensible, laquelle est toujours conforme au mécanisme de la nature, et, d'un autre coté, relativement à la même action, en tant qu'il se considère comme *noumène* (comme pure intelligence, comme existant d'une existence supérieure aux conditions du temps), peut contenir un principe de détermination pour cette causalité agissant d'après des lois de la nature, qui lui-même soit indépendant de toute loi de la nature.

Il en est de même de cette antinomie de la raison pure pratique. La première des deux propositions contraires, à savoir que la recherche du bonheur produit la vertu, est *absolument fausse* ; mais la seconde, à savoir que la vertu produit nécessairement le bonheur, n'est pas fausse *absolument* : elle ne l'est qu'en tant que je considère la vertu comme une forme de la causalité dans le monde sensible, et que, par conséquent, je regarde mon existence dans le monde sensible comme le seul mode d'existence de l'être raisonnable ; elle n'est donc fausse que sous une certaine *condition*. Mais, puisque je n'ai pas seulement le droit de concevoir mon existence comme un noumène dans un monde intelligible, mais que je trouve dans la loi morale un principe purement intellectuel de détermination pour ma causalité (dans le monde sensible), il n'est pas impossible que la moralité de l'intention ait, comme cause, avec le bonheur, comme effet dans le monde sensible, une connexion nécessaire, sinon immédiate, du moins médiate (par le moyen d'un auteur intelligible du monde), tandis que, dans une nature qui serait purement sensible, cette connexion ne pourrait être qu'accidentelle, et, par conséquent, ne pourrait suffire au souverain bien.

Ainsi, malgré l'apparente contradiction de la raison pratique avec elle-même, le souverain bien, ce but nécessaire et suprême d'une volonté moralement déterminée, est un véritable objet de la volonté ; car il est pratiquement possible, et les maximes de la volonté, qui y trouvent leur matière, ont de la réalité objective. Cette réalité semblait d'abord compromise par l'antinomie qu'on trouvait dans la connexion qui existerait entre le bonheur et la moralité suivant une loi universelle ; mais celte antinomie résultait d'une simple méprise, qui consistait à prendre un rapport de phénomènes pour un rapport des choses en soi à ces phénomènes.

S'il est nécessaire de chercher de cette manière, c'est-à-dire en remontant à un monde intelligible, la possibilité du souverain bien, de ce but proposé par la raison à tous les êtres raisonnables comme l'objet de tous leurs désirs moraux, on doit s'étonner que les philosophes de l'antiquité, comme ceux des temps modernes, aient pu trouver dans *cette vie* même (dans le monde sensible) une exacte proportion entre le bonheur et la vertu, ou se persuader qu'ils en avaient conscience. Épicure et les stoïciens élevaient par-dessus tout le bonheur qui résulte dans la vie de la conscience de la vertu, et le premier ne montrait point, dans ses préceptes pratiques, des sentiments aussi grossiers qu'on pourrait le croire d'après les principes de sa théorie, qu'il appliquait plutôt à l'explication des choses qu'à la conduite, ou que beaucoup le crurent en effet, trompés par l'expression de volupté qu'il substituait à celle de contentement. Il plaçait au contraire la pratique la plus désintéressée du bien au nombre des jouissances les plus intimes, et, dans sa morale du plaisir (il entendait par le plaisir une constante sérénité de cœur), il recommandait la tempérance et la domination des penchants, comme peut le faire le moraliste le plus sévère. Seulement il se séparait des stoïciens en plaçant dans le plaisir le principe de nos déterminations morales, ce que ceux-ci ne voulaient pas faire, et avec raison. En effet le vertueux Épicure, comme font encore aujourd'hui beaucoup d'hommes dont les intentions morales sont excellentes, mais qui ne réfléchissent pas assez profondément sur les principes, commit la faute de supposer déjà une *intention* vertueuse dans les personnes, à qui il voulait donner un mobile propre à les déterminer à la vertu (et, dans le fait, l'honnête homme ne peut se trouver heureux, s'il n'a d'abord conscience de son honnêteté, puisque les reproches que sa propre conscience le forcerait à s'adresser, toutes les fois qu'il manquerait à son devoir, et la condamnation morale qu'il porterait contre lui-même, l'empêcheraient de jouir de tout ce que son état pourrait d'ailleurs avoir d'agréable). Mais la question est de savoir comment cette intention, cette manière d'estimer la valeur de son existence est d'abord possible, puisque l'on ne peut trouver antérieurement dans le sujet aucun sentiment d'une valeur morale. Sans doute l'homme vertueux ne sera jamais content de la vie, quelque favorablement que le sort le traite dans son état physique, si en chacune de ses actions il n'a conscience de son honnêteté, mais, pour commencer à le rendre vertueux, et, par conséquent, avant qu'il n'estime si haut la valeur morale de son existence, peut-on lui vanter la paix de l'âme, qui résultera de la conscience d'une honnêteté dont il n'a encore aucun sentiment ?

Mais, il faut en convenir, nous sommes réellement exposés ici à tomber dans cette faute qu'on appelle *vitium snbreptionis*, et le plus habile ne peut entière ment éviter cette sorte d'illusion d'optique qui nous fait confondre dans la conscience de nous-mêmes ce que nous faisons avec ce que nous sentons. L'intention morale est nécessairement liée à la conscience d'une volonté *déterminée immédiatement par la loi*. Or la conscience d'une détermination de la faculté de désirer est toujours le principe d'une satisfaction attachée à l'action qui en résulte ; mais ce n'est pas ce plaisir, cette satisfaction en elle-même qui est le principe déterminant de l'action ; c'est au contraire la détermination de la volonté qui est immédiatement, par la raison seule, le principe du sentiment du plaisir, et celle-ci est une détermination pratique pure, et non pas esthétique, de la faculté de désirer. Mais, comme cette détermination produit intérieurement le même effet, la même tendance à l'activité, que le sentiment du plaisir qu'on attend de l'action désirée, on voit qu'il est aisé de prendre ce que nous faisons nous mêmes pour quelque chose que nous ne faisons que sentir et où nous sommes passifs, et le mobile moral pour l'attrait sensible, et de tomber ici dans une illusion (du sens intime) semblable à celles des sens extérieurs. C'est quelque chose de tout à fait sublime que cette propriété qu'a la nature humaine de pouvoir être immédiatement déterminée à agir par une loi purement rationnelle, et même que cette illusion qui nous fait prendre ce qu'il y a de subjectif dans cette propriété intellectuelle de la volonté pour quelque chose d'esthétique et pour l'effet d'un sentiment particulier de la sensibilité (car un sentiment intellectuel serait une contradiction). Aussi est-il fort important de donner la plus grande attention à cette propriété de notre personnalité, et de cultiver le mieux possible l'effet de la raison sur ce sentiment. Mais il faut bien prendre garde aussi de rabaisser et de défigurer, comme par une sorte de fausse folie, le véritable mobile, la loi même, en lui donnant pour principe le sentiment de certains plaisirs particuliers (qui n'en sont que la conséquence), et en la vantant faussement à ce titre. Le respect, je ne dis pas la jouissance du bonheur, est donc quelque chose à quoi l'on ne peut supposer de sentiment ' *antérieur*, qui servirait de principe à la raison (puisque ce sentiment serait toujours esthétique et pathologique) ; comme conscience de la contrainte immédiate exercée par la loi sur la volonté, il est à peine un analogue du sentiment du plaisir, quoique, dans son rap port avec la faculté de désirer, il produise ce même sentiment, mais d'une façon toute particulière. Telle est l'unique manière de voir qui permette d'obtenir ce que l'on cherche, c'est-à-dire dans laquelle les actions ne soient pas simplement conformes au devoir (à cause des sentiments agréables qu'elles nous promettent), mais faites par devoir, ce qui doit être le véritable but de toute culture morale.

Mais n'y a-t-il pas une expression qui désigne, non une jouissance, comme le mot bonheur, mais pourtant une satisfaction attachée à l'existence, un analogue du bonheur qui doit nécessairement accompagner la conscience de la vertu ? Oui, et cette expression est celle de *contentement de soi-même*, qui dans son sens propre ne désigne jamais qu'une satisfaction négative qu'on trouve dans son existence, par cela seul qu'on a conscience de n'avoir besoin de rien. La liberté, ou la faculté que nous avons de nous résoudre invinciblement à suivre la loi morale, nous rend *indépendants des penchants*, au moins comme causes déterminantes de notre désir (sinon comme causes *affectives*), et la conscience que nous avons de cette indépendance dans la pratique de nos maximes morales est l'unique source d'un contentement inaltérable qui y est nécessairement lié, et qui ne repose sur aucun sentiment particulier. Ce contentement peut être appelé intellectuel. Le contentement esthétique (expression impropre), celui qui repose sur la satisfaction des penchants, si délicats qu'on les imagine, ne peut jamais être adéquat à ce que l'on en conçoit. En effet les inclinations changent, ou croissent en raison même de la faveur qu'on leur accorde, et laissent toujours après elles un vide plus grand que celui qu'on avait voulu combler. C'est pourquoi elles sont toujours *à charge* à un être raisonnable, et, quoiqu'il ne puisse en secouer le joug, elles le forcent à souhaiter d'en être délivré. Un penchant même à quelque chose de conforme au devoir (par exemple à la bienfaisance) peut sans doute concourir à l'efficacité des maximes *morales*, mais elle n'en peut produire aucune. En effet, pour que l'action ait un caractère *moral*, et non pas seulement un caractère *légal*, il faut que tout repose sur la représentation de la loi comme principe de détermination. Les penchants, bienveillants ou non, sont aveugles et serviles, et la raison, quand il s'agit de moralité, ne doit pas se borner à jouer le rôle de tuteur, mais elle doit, sans s'occuper des penchants, songer uniquement à son propre intérêt, comme raison pure pratique. Ce sentiment même de compassion et de tendre sympathie, quand il précède la considération du devoir et qu'il sert de principe de détermination, est à charge aux personnes bien intentionnées ; il porte le trouble dans leurs calmes maximes, et leur fait souhaiter d'être délivrées de ce joug et de n'être soumises qu'à la loi de la raison.

On peut comprendre par là comment la conscience de cette faculté d'une raison pure pratique peut produire par le fait (par la vertu) la conscience de notre empire sur nos penchants, et, par conséquent, de notre indépendance à leur égard, et partant aussi à l'égard du mécontentement qui les accompagne toujours, et par là attacher à notre état une satisfaction négative, ou un *contentement*, qui a sa source dans notre personne. La liberté même est de cette manière (c'est-à-dire indirectement) capable d'une jouissance qui ne peut s'appeler bonheur, parce qu'elle ne dépend pas de l'intervention positive d'un sentiment, et qui, à parler exactement, n'est pas non plus de la *béatitude*, parce qu'elle n'est pas absolument indépendante des penchants et des besoins, mais qui ressemble à la béatitude, en ce sens que la détermination de notre volonté peut du moins s'affranchir de leur influence, et qu'ainsi cette jouissance, du moins par son origine, est quelque chose d'analogue à ce sentiment de sa suffisance qu'on ne peut attribuer qu'à l'être suprême.

Il suit de cette solution de l'antinomie de la raison pure pratique que dans les principes pratiques on peut (sinon connaître et apercevoir) du moins concevoir comme possible une liaison naturelle et nécessaire entre la conscience de la moralité et l'attente d'un bonheur proportionné à la moralité dont il serait la conséquence, tandis qu'il est impossible de tirer la moralité des principes de la recherche du bonheur ; et que, par conséquent, la moralité constitue le bien *suprême* (comme première condition du souverain bien), et le bonheur, le second élément du souverain bien, celui-ci subordonné à celui-là, mais en étant la conséquence nécessaire. C'est dans cet ordre seulement que le *souverain bien* est l'objet tout entier de la raison pure pratique, qui doit nécessairement se le représenter comme possible, puisqu'elle nous ordonne de travailler autant qu'il est en nous à le réaliser. Mais, comme la possibilité de cette liaison du conditionnel avec sa condition se fonde entièrement sur un rapport supra-sensible des choses, et ne peut être donnée suivant des lois du monde sensible, quoique les conséquences pratiqués de cette idée, c'est-à-dire les actions qui ont pour but de réaliser le souverain bien, appartiennent au monde sensible, nous chercherons à exposer les principes de cette possibilité, d'abord quant à ce qui est immédiatement en notre pouvoir, et ensuite quant à ce qui n'est pas en notre pouvoir, ou quant à ce que la raison nous montre comme le complément de notre impuissance à l'endroit de la possibilité du souverain bien (nécessaire suivant des lois pratiques).

3 -
*De la suprématie de la raison pure pratique
dans son union avec la spéculative.*

La suprématie entre deux ou plusieurs choses unies par la raison est l'avantage qu'a l'une de ces choses d'être le premier principe qui détermine l'union avec l'autre ou avec toutes les autres. Dans un sens pratique plus étroit, elle désigne la supériorité d'intérêt de l'une, en tant que l'intérêt de l'autre ou des autres doit être subordonné à celui là (qui lui-même ne peut être subordonné à aucun autre. On peut attribuer à chaque faculté de l'esprit un intérêt, c'est-à-dire un principe ou une condition qui provoque l'exercice de cette faculté. La raison, comme faculté des principes, détermine l'intérêt de toutes les facultés de l'esprit, mais elle se détermine à elle-même le sien. L'intérêt de son usage spéculatif réside dans la *connaissance* de l'objet poussée jusqu'aux principes *à priori* les plus élevés ; celui de son usage pratique, dans la détermination de la *volonté*, relativement à un but suprême et parfait. Quant à ce que suppose nécessairement la possibilité de tout usage de la raison en général à savoir que ses principes et ses assertions ne soient pas contradictoires, cela ne constitue pas une partie de l'intérêt de cette faculté, mais en général la condition de son existence ; on ne peut lui trouver un intérêt que dans son extension, et il ne suffit pas pour cela qu'elle s'accorde avec elle-même.

Si la raison pratique ne pouvait admettre et concevoir comme donné que ce que la raison spéculative pourrait lui offrir par elle-même, c'est à celle-ci que reviendrait lu suprématie. Mais, si elle a par elle-même des principes originaux *à priori*, avec lesquels soient inséparablement liées certaines propositions théoriques, places au-dessus de la portée de la raison spéculative (sans être pourtant en contradiction avec elle ; la question est alors de savoir du quel côté est le plus grand intérêt (je ne dis pas lequel doit céder à l'autre, car l'un n'est pas nécessairement contraire à l'autre. La raison spéculative, qui ne sait rien de ce que la raison pratique veut lui faire admettre, doit-elle accepter ces propositions, et, quoiqu'elles soient transcendantes pour elle chercher à les accorder avec ses propres concepts, comme un bien étranger qui lui est transmis ; ou bien a-t-elle le droit de suivre obstinément son intérêt particulier et, ainsi que le veut la canonique d'Epicure, tout ce qui ne peut trouver dans l'expérience des exemples évidents qui certifient sa réalité objective doit-elle le rejeter comme une vaine subtilité, quel qu'intéressée qu'y soit lu raison pratique pure ; et quand elle-même n'y trouverait rien de contradictoire uniquement parce que cela porte préjudice à son propre intérêt comme raison spéculative, en supprimant les limites qu'elle s'est posées elle-même, et en la livrant à tous les rêves et à toutes les folies de l'imagination ?

Assurément, si en prenant pour fondement la raison pratique, on la considérait comme dépendant de conditions pathologiques, c'est-à-dire comme ne faisant que gérer les intérêts des penchants sous le principe sensible du bonheur, on ne saurait exiger que la raison spéculative reconnût ses prétentions. Autrement on imposerait, chacun selon son goût, ses fantaisies à la raison, les uns le paradis de *Mahomet*, les autres, les *théosophes* et les *mystiques*, une ineffable union avec Dieu, et autant vaudrait n'avoir pas de raison que de la livrer ainsi à tous les songes. Mais, si la raison pure peut être pratique par elle-même et l'est réellement, comme l'atteste la conscience de la loi morale, il n'y a toujours qu'une seule et même raison, qui, sous le rapport théorique ou sous le rapport pratique, juge d'après des principes *à priori*, et il est clair alors que, si, sous le premier rapport, elle ne va pas jusqu'à pouvoir établir dogmatiquement certaines propositions, qui pourtant ne lui sont pas contradictoires, dès que ces mêmes propositions sont *inséparablement liées à son intérêt pratique*, elle doit les admettre, il est vrai, comme quelque chose d'étranger ou qui n'est pas né sur son propre terrain, mais qui pourtant est suffisamment prouvé, et chercher à les comparer et à les enchaîner avec tout ce qu'elle possède comme raison spéculative. Seulement qu'elle n'oublie pas qu'il ne s'agit pas ici pour elle d'une vue plus pénétrante, mais d'une extension de son usage sous un autre rapport, sous le rapport pratique et que c'est la seule chose qui ne soit pas contraire & son intérêt, lequel consiste dans la répression de la témérité spéculative.

Ainsi dans l'union de la raison pure spéculative avec la raison pure pratique relativement à une connaissance, c'est à la dernière qu'appartient la *suprématie* mais à condition que cette union ne soit pas *contingente* et arbitraire mais fondée *à priori* sur la raison même, par conséquent, *nécessaire*. Sans cette subordination il y aurait conflit de la raison avec elle-même. En effet, si elles étaient simplement coordonnées, la première aurait soin de bien s'enfermer dans ses limites et de ne rien admettre de la seconde en son domaine et celle-ci à son tour étendrait les siennes sur tout et toutes les fois que ses besoins l'exigeraient, chercherait à y faire rentrer la première. Quant à l'idée de subordonner la raison pure pratique à la raison spéculative eu renversant l'ordre indiqué, elle est inadmissible, car en définitive tout intérêt est pratique et celui même de la raison spéculative est conditionnel, et n'est complet que dans l'usage pratique.

4 -
L'immortalité de l'âme, comme postulat de la raison pure pratique.

La réalisation du souverain bien dans le monde est l'objet nécessaire d'une volonté qui peut être déterminée par la loi morale. Mais *la parfaite conformité* des intentions de la volonté à la loi morale est la condition suprême du souverain bien. Elle doit donc être possible aussi bien que son objet, puisqu'elle est contenue dans l'ordre même qui prescrit de le réaliser. Or la parfaite conformité de la volonté à la loi morale, ou la *sainteté* est une perfection dont aucun être raisonnable n'est capable dans le monde sensible, à aucun moment de son existence. Et puisqu'elle n'en est pas moins exigée comme pratiquement nécessaire, il faut donc la chercher uniquement dans un *progrès indéfiniment* continu vers cette parfaite conformité ; et, suivant les principes de la raison pure pratique, il est nécessaire d'admettre ce progrès pratique comme l'objet réel de notre volonté.

Or ce progrès indéfini n'est possible que dans la supposition d'une *existence* et d'une personnalité *indéfiniment* persistantes de l'être raisonnable (ou de ce qu'on nomme l'immortalité de l'âme). Donc le souverain bien n'est pratiquement possible que dans la supposition de l'immortalité de l'âme ; par conséquent, celle-ci, étant inséparablement liée à la loi morale, est un *postulat* de la raison pure pratique (par où j'entends une proposition *théorique*, mais qui comme telle ne peut être démontrée, en tant que cette proposition est inséparablement liée à une loi *pratique*, ayant *à priori* une valeur absolue).

Cette proposition touchant la destination morale de notre nature, à savoir que nous ne pouvons arriver à une parfaite conformité à la loi morale que par un {progrès indéfiniment continu, est de la plus grande importance, non seulement comme remède à l'impuissance de la raison spéculative, mais aussi par rapport à la religion. Sans elle, ou bien on dépouille la loi morale de sa *sainteté*, en se la figurant *indulgente* et pliée à notre commodité ; ou bien on espère en s'exaltant pouvoir dès cette vie atteindre le terme inaccessible, que notre destination est de poursuivre sans cesse, c'est-à-dire posséder pleinement la sainteté de la volonté, et l'on se perd ainsi en des rêves *théosophiques*, tout à fait contraires à la connaissance de soi même ; dans l'un et l'autre cas, on arrête cet *effort* par lequel nous devons tendre incessamment à l'observation parfaite et constante d'un ordre de la raison, sévère et inflexible, mais pourtant réel et non pas seulement idéal. Pour un être raisonnable, mais fini, la seule chose possible est un progrès indéfini qui va des degrés inférieurs aux degrés supérieurs de la perfection morale. L'*Infini*, pour qui la condition du temps n'est rien, voit dans cette série, sans fin pour nous, une entière conformité de la volonté à la loi morale ; et la sainteté qu'il exige inflexiblement par sa loi, pour être fidèle à sa justice dans la répartition du souverain bien, il la saisit en une seule intuition intellectuelle de l'existence des êtres raisonnables. Tout ce que peut espérer une créature relativement à cette répartition, c'est de pouvoir continuer sans interruption, autant que peut durer son existence, même au delà de cette vie, ce progrès par où elle s'est élevée jusqu'alors dans la moralité des degrés inférieurs à des degrés supérieurs, et où elle a puisé la conscience d'une intention éprouvée et d'une résolution immuable[5] ; et, par conséquent, elle ne peut espérer d'être jamais, ici bas ou dans quelque point de son existence à venir, parfaitement adéquate à la volonté de Dieu (qui commande sans indulgence et sans rémission, car autrement que deviendrait la justice ?) mais elle peut espérer de l'être dans l'infinité de sa durée (que Dieu seul peut

---

[5] La *conviction* de l'immutabilité de la résolution dans le progrès vers le bien semble pourtant chose impossible en soi à une créature. Aussi la doctrine chrétienne la fait-elle dériver uniquement du même esprit, qui opère la sanctification, par où elle entend justement cette ferme résolution et avec elle la conscience de la persévérance dans le progrès moral. Mais d'une manière naturelle aussi celui qui a conscience d'avoir été une grande partie de sa vie jusqu'à la fin en progrès vers le bien, sans y être poussé par d'autres mobiles que par des principes purement moraux, celui-là peut avoir la consolante espérance, sinon la certitude, de rester fermement attaché à ces principes, même dans une existence prolongée au delà de cette vie ; et, quoique ici bas il ne soit jamais entièrement juste à ses propres yeux, et qu'il ne puisse espérer de le devenir jamais, si loin qu'il espère pousser dans l'avenir le perfectionnement de sa nature et l'accomplissement de ses devoirs, cependant, dans ce progrès, qui, pour tendre à un but reculé jusque dans l'infini, n'en a pas moins pour Dieu la valeur d'une possession, il peut trouver la perspective d'un avenir de *béatitude*, car c'est l'expression dont la raison se sert pour désigner un bonheur (*Wohl.*) parfait, indépendant de toutes les causes contingentes du monde, lequel, comme la *sainteté*, est une idée qui suppose un progrès indéfini et la totalité de ce progrès, et, par conséquent, ne peut jamais être entièrement réalisée par une créature.

embrasser).

5 -
L'existence de Dieu, comme postulat de la raison pure pratique.

La loi morale nous a conduite dans la précédente analyse à un problème pratique, qui nous est prescrit uniquement par la raison pure, indépendamment de tout concours des mobiles sensibles, à savoir au problème de la perfection nécessaire de la première et principale partie du souverain bien, de la moralité, et, ce problème, ne pouvant être entièrement résolu que dans une éternité, an postulat de l'*immortalité*. Cette même loi doit nous conduire aussi, d'une manière tout aussi désintéressée que tout à l'heure, d'après le jugement d'une raison impartiale, à la possibilité du second élément du souverain bien, ou d'un *bonheur* proportionné à la moralité, à savoir à la supposition de l'existence d'une cause adéquate à cet effet ; c'est-à-dire qu'elle doit postuler l'*existence de Dieu*, comme condition nécessaire à la possibilité du souverain bien objet de notre volonté nécessairement lié à la législation morale de la raison pure. Nous allons rendre ce rapport évident.

Le *bonheur* est l'état où se trouve dans le monde un être raisonnable pour qui, dans toute son existence, *tout est selon son désir et sa volonté*, et il suppose, par conséquent, l'accord de la nature avec tout l'ensemble des fins de cet être, et en même temps avec le principe essentiel de sa volonté. Or la loi morale, comme loi de la liberté, commande par des principes de détermination, qui doivent être entièrement indépendants de la nature et de l'accord de la nature avec notre faculté de désirer (comme mobiles). D'un autre côté, l'être raisonnable agissant dans le monde n'est pas non plus cause du monde et de la nature même. La loi morale ne saurait donc fonder par elle-même un accord nécessaire et juste entre la moralité et le bonheur dans un être qui, faisant partie du monde, en dépend, et ne peut, par conséquent, être la cause de cette nature et la rendre par ses propres forces parfaitement conforme, en ce qui concerne son bonheur, à ses principes pratiques. Et pourtant, dans le problème pratique que nous prescrit la raison pure, c'est à-dire dans la poursuite nécessaire du souverain bien, cet accord est postulé comme nécessaire : nous devons chercher à réaliser le souverain bien (qui, par conséquent, doit être possible). Donc l'existence d'une cause de toute la nature, distincte de la nature même et servant de principe à cet accord, c'est-à-dire à la juste harmonie du bonheur et de la moralité, est aussi *postulée*. Mais cette cause suprême doit contenir le principe de l'accord de la nature, non pas simplement avec une loi de la volonté des êtres raisonnables, mais avec la représentation de cette loi, en tant qu'ils en font le *motif suprême de leur volonté*, et, par conséquent, non pas simplement avec la forme des mœurs, mais avec la moralité même comme principe déterminant, c'est-à-dire avec l'intention morale. Donc le souverain bien n'est possible dans le monde qu'autant qu'on admet une nature suprême douée d'une causalité conforme à l'intention morale. Or un être, qui est capable d'agir d'après la représentation de certaines lois est une *intelligence* (un être raisonnable), et la causalité de cet être, en tant qu'elle est déterminée par cette représentation, est une volonté. Donc la cause suprême de la nature, comme condition du souverain bien, est un être qui est cause de la nature, en tant qu'*intelligence* et *volonté* (par conséquent, auteur de la nature), c'est-à-dire qu'elle est Dieu. Par conséquent, le postulat de la possibilité du *souverain bien dérivé* (du meilleur monde) est en même temps le postulat de la réalité d'un *souverain bien primitif*, c'est-à-dire de l'existence de Dieu. Or, puisque c'est un devoir pour nous de travailler à la réalisation du souverain bien, ce n'est pas seulement un droit, mais une nécessité ou un besoin qui dérive de ce devoir, de supposer la possibilité de ce souverain bien, lequel, n'étant possible que sous la condition de l'existence de Dieu, lie inséparablement au devoir la supposition de cette existence, c'est-à-dire qu'il est moralement nécessaire d'admettre l'existence de Dieu.

Il faut bien remarquer ici que cette nécessité morale est *subjective*, c'est-à-dire qu'elle est un besoin, et non pas *objective*, c'est-à-dire qu'elle n'est pas un devoir ; car ce ne peut être un devoir d'admettre l'existence d'une chose (puisque cela ne concerne que l'usage théorique de la raison). Aussi bien ne faut-il pas entendre par là qu'il est nécessaire d'admettre l'existence de Dieu comme *le fondement de toute obligation en général* (car ce fondement n'est autre, comme nous l'avons suffisamment montré, que l'autonomie de la raison même). La seule chose ici qui soit un devoir, c'est de travailler à la réalisation du souverain bien dans le monde, dont, par conséquent, la possibilité peut être postulée ; mais, comme notre raison ne peut concevoir cette possibilité qu'en supposant une suprême intelligence, admettre l'existence de cette suprême intelligence est donc chose liée à la conscience de notre devoir. A la vérité ce fait même, d'admettre l'existence d'une intelligence suprême, est du ressort de la raison théorique, et, considéré comme un principe d'explication pour elle seule, il n'est qu'une *hypothèse* ; mais, relativement à la possibilité de concevoir[6] un objet

---

[6] *Verständlichkeit*. Proprement *intelligibilité*.

proposé par la loi morale (le souverain bien), et, par conséquent, un besoin au point de vue pratique, il est un acte de *foi*[7], mais de *foi purement rationnelle*, puisque la raison pure (considérée dans son usage théorique aussi bien que pratique) est l'unique source d'où il dérive.

On peut comprendre maintenant par cette *déduction* pourquoi les écoles *grecques* ne purent jamais arriver à la solution de leur problème de la possibilité pratique du souverain bien ; c'est qu'elles considéraient toujours la règle de l'usage que la volonté de l'homme fait de sa liberté comme le fondement unique et suffisant de cette possibilité, et croyaient n'avoir pas besoin en cela de l'existence de Dieu. Sans doute elles n'avaient pas tort d'établir le principe des mœurs en lui même, indépendamment de ce postulat, en le déduisant uniquement du rapport de la raison à la volonté, et d'en faire ainsi la condition pratique *suprême* du souverain bien, mais il ne fallait pas en faire pour cela *toute* la condition de la possibilité du souverain bien. Les *épicuriens* avaient pris, il est vrai, pour principe suprême des mœurs un principe entièrement faux, celui du bonheur, et ils avaient donné pour une loi une maxime que chacun peut suivre arbitrairement, suivant son inclination ; mais ils se montrèrent assez conséquents, en abaissant leur concept du souverain bien juste au niveau de leur principe, et en n'espérant point de plus grand bonheur que celui que peut procurer la prudence humaine (à laquelle il faut rattacher la tempérance et la modération), bonheur assez misérable, comme on sait, et variable suivant les circonstances ; je ne parle pas des exceptions que leurs maximes devaient incessamment souffrir et qui les rendaient impropres à servir de lois. Les *stoïciens* au contraire avaient parfaitement choisi leur principe pratique suprême, en faisant de la vertu la condition du souverain bien, mais, en se représentant le degré de vertu exigé par la loi comme quelque chose de tout à fait accessible en cette vie, non-seulement ils élevèrent, sous le nom de *sagesse*, la puissance morale de l'*homme* au-dessus de toutes les limites de notre nature, et admirent une chose que contredit entièrement la connaissance de nous-mêmes, mais ils ne voulurent pas faire du second *élément* du souverain bien, c'est-à-dire du bonheur, un objet particulier de notre faculté de désirer : leur *sage*, semblable à un Dieu, se rendait par la conscience de l'excellence de sa personne absolument indépendant de la nature (quant à sa satisfaction) ; exposé, il est vrai, aux maux de la vie, il n'y était point soumis (il était aussi exempt de fautes). Les stoïciens laissaient ainsi réellement de côté le second élément du souverain

---

[7] *Glaube*. Voyez la critique de la Raison pure, Méthodologie, et la critique du Jugement, §§ 89 et 90, traduct. franç., vol. II. *J. B.*

bien, notre bonheur personnel, en le plaçant exclusivement dans notre activité et dans la satisfaction liée à notre valeur personnelle, c'est-à-dire dans la conscience de notre moralité, en quoi ils auraient pu être suffisamment réfutés par la voix de leur propre nature.

La doctrine du Christianisme[8], quand même on ne l'envisagerait pas comme une doctrine religieuse, nous donne sur ce point un concept du souverain bien (du règne de Dieu) qui satisfait seul aux exigences les plus sévères de la raison pratique. La loi morale est sainte (inflexible), et exige la

---

[8] On pense généralement que la doctrine morale du Christianisme ne remporte pas en pureté sur le concept moral des stoïciens ; mais la différence est pourtant très-manifeste. Le système stoïcien faisait de la conscience des forces de l'âme comme le pivot de toutes les intentions morales, et, quoique les partisans de ce système parlassent de devoir, et même les déterminassent exactement, ils plaçaient néanmoins le mobile et le véritable principe déterminant de la volonté dans une certaine grandeur d'âme qui élève l'homme au-dessus des mobiles inférieurs de la sensibilité, lesquels ne sont puissants que par notre faiblesse. La vertu était ainsi pour eux une sorte d'héroïsme, par où le sage s'élève au dessus de la nature animale de l'homme, se suffit à lui-même, impose aux autres des devoirs, au-dessus desquels il se place lui-même, et n'a pas à craindre d'être désormais tenté de violer la loi morale. Mais ils n'eussent point pensé ainsi, s'ils s'étaient représenté cette loi dans toute sa pureté et toute sa sévérité, comme le fait l'Évangile en ses préceptes. Quoique j'appelle idée une perfection à laquelle rien dans l'expérience ne peut être adéquat, les idées morales ne sont pas pour cela, comme les idées de la raison spéculative, quelque chose de transcendant, c'est-à-dire quelque chose dont nous ne pouvons pas même déterminer suffisamment le concept, ou dont il est incertain s'il y a en général un objet correspondant ; mais, comme types de la perfection pratique, elles fournissent la règle indispensable à la moralité de la conduite et servent en même temps de *mesure de comparaison*. Si l'on considère la morale *chrétienne* par son côté philosophique, et qu'on la rapproche des écoles grecques, on peut les caractériser en disant que les idées des *cyniques*, des *épicuriens*, des *stoïciens* et des *chrétiens* sont la *simplicité de la nature*, la *prudence*, la *sagesse* et la *sainteté*. Quant au chemin à suivre pour y arriver, les écoles grecques se distinguaient entre elles, en ce que les cyniques se contentaient du sens commun, tandis que les deux autres ne croyaient pouvoir se passer de la science ; mais les uns et les autres trouvaient suffisant *l'usage des forces naturelles*. La morale chrétienne au contraire, par la pureté et la sévérité qu'elle donne à ses préceptes (comme il convient en effet), ôte à l'homme la confiance d'y être parfaitement adéquat, du moins dans cette vie, mais en revanche elle nous laisse espérer que, si nous agissons aussi bien qu'il est en notre pouvoir, ce qui n'est pas en notre *pouvoir* aura lieu d'une autre manière, que nous sachions ou non comment. Aristote et Platon ne se distinguent que relativement à l'*origine* de nos concepts moraux.

sainteté des mœurs, quoique toute la perfection morale à laquelle l'homme puisse arriver ne soit jamais que la vertu, c'est-à-dire la résolution d'agir conformément à la loi *par respect* pour elle. L'homme en effet a conscience d'être continuellement entraîné par ses penchants à violer cette loi, ou tout au moins voit-il que les principes qui le déterminent à la pratiquer ne sont pas purs, c'est-à-dire sont mêlés de beaucoup de mobiles étrangers (dépourvus du caractère moral), et, par conséquent, l'estime qu'il fait de lui-même ne va pas sans humilité. Relativement à la sainteté, qu'exige la loi chrétienne, la seule chose qui soit permise à la créature, c'est donc un progrès indéfini, et c'est précisément ce qui nous donne le juste espoir d'une durée qui s'étende à l'infini. La *valeur* d'une intention *entièrement* conforme à la loi morale est infinie, puisque, dans le jugement d'un sage et tout puissant distributeur du bonheur, toute la félicité dont les êtres raisonnables peuvent jouir n'est restreinte par rien autre chose que par le défaut de conformité entre leur conduite et leur devoir. Mais la loi morale ne promet point par elle-même le bonheur, car le bonheur n'est pas nécessairement lié à la pratique de cette loi, suivant les concepts d'un ordre naturel en général. Or la morale chrétienne répare ce défaut (du second élément indispensable du souverain bien), en présentant le monde, dans lequel les êtres raisonnables se consacrent de toute leur âme à la loi morale, comme un *règne de Dieu*, où, par la puissance d'un être saint, qui rend possible le souverain bien dérivé, la nature et les mœurs sont dans une harmonie, que chacun de ces deux éléments ne produirait pas par lui-même. La *sainteté* des mœurs nous est déjà présentée dans cette vie comme une règle, mais le bonheur proportionné à la sainteté, la *béatitude* ne nous est présentée comme accessible que dans une éternité. C'est que la sainteté doit toujours être en tout état le type de notre conduite, et que le progrès vers la sainteté est déjà possible et nécessaire dans cette vie, tandis qu'en ce monde le bonheur n'est pas possible (ou n'est pas en notre pouvoir), et ne peut être, par conséquent, qu'un objet d'espérance. Le principe chrétien de la *morale* même n'est pas pour cela théologique (par conséquent hétéronome), mais il exprime l'autonomie de la raison pure pratique par elle-même, car la morale chrétienne ne donne pas la connaissance de Dieu et de sa volonté pour fondement aux lois morales, mais seulement à l'espoir d'arriver au souverain bien sous la condition de suivre ces lois, et même elle ne place pas le véritable *mobile*, qui doit nous déterminer à les suivre, dans l'attente des conséquences qui résulteront de notre conduite, mais dans la seule idée du devoir, comme dans la seule chose dont la fidèle observation puisse nous rendre dignes du bonheur.

C'est de cette manière que la loi morale conduit par le concept du souverain bien, comme objet et but final de la raison pure pratique, à la *religion*, c'est-à-dire nous conduit à *regarder tous les devoirs comme des commandements de Dieu*. Je n'entends point par là des *sanctions*, *c'est-à-dire des ordres arbitraires et par eux-mêmes contingents d'une volonté étrangère*, mais des *lois essentielles* par elles-mêmes de toute volonté libre, que nous devons considérer comme des commandements du souverain être, parce que nous ne pouvons espérer d'arriver au souverain bien, que la loi morale nous fait un devoir de prendre pour objet de nos efforts, que par l'intermédiaire d'une volonté moralement parfaite (sainte et bonne) et en même temps toute-puissante, et, par conséquent, par notre conformité à cette volonté. Ainsi tout reste ici désintéressé, ou se fonde uniquement sur le devoir, et l'on ne prend point pour mobiles la crainte et l'espérance, lesquelles, érigées en principes, anéantissent toute la valeur morale des actions. La loi morale m'ordonne de faire du souverain bien possible dans un monde le suprême objet de toute ma conduite. Mais je ne puis espérer de le réaliser que par la conformité de ma volonté à celle d'un saint et bon auteur du monde, et, quoique mon *bonheur personnel* soit compris aussi dans le concept du souverain bien, comme dans celui d'un tout où l'on conçoit le plus grand bonheur possible uni, selon la plus juste proportion, au plus haut degré de perfection morale (possible pour les créatures), ce n'est point cette considération, mais la loi morale (laquelle au contraire soumet à d'étroites conditions mon désir illimité du bonheur) qui doit déterminer la volonté à travailler au souverain bien.

C'est pourquoi aussi la morale n'est pas proprement une doctrine qui nous apprenne à nous *rendre* heureux, mais seulement comment nous devons nous rendre *dignes* du bonheur. Or ce n'est qu'en ayant recours à la religion que nous pouvons espérer de participer au bonheur en proportion des efforts que nous aurons faits pour n'en pas être indignes.

On est *digne* de posséder une chose, ou un certain état, quand le fait même de cette possession s'accorde avec le souverain bien. On voit dès lors aisément que la seule chose qui nous rende dignes d'un objet, c'est la conduite morale, puisque dans le concept du souverain bien elle est la condition du reste (de ce qui se rapporte à l'état de la personne), c'est-à-dire de la participation au bonheur. Or il suit de là qu'il ne faut jamais traiter la morale comme une *doctrine du bonheur*, c'est-à-dire comme une doctrine qui nous enseignerait à être heureux, car elle ne doit s'occuper que de la condition rationnelle (*conditio sine qua non*) du bonheur, et non du moyen de l'acquérir. Mais, lorsque la morale (qui n'impose que des devoirs et ne fournit point de règles à des désirs intéressés) a rempli sa tâche, alors seulement ce désir moral de réaliser le souverain bien (d'attirer à nous le règne de Dieu), qui se fonde sur une loi, et qui auparavant ne pouvait être conçu par aucune âme désintéressée, s'éveillant, et la religion lui venant en aide, la doctrine des mœurs peut être appelée aussi une doctrine du bonheur, parce que l'*espoir* d'obtenir le bonheur ne commence qu'avec la religion.

On peut aussi comprendre par là comment *le dernier but de Dieu* dans la création du monde ne peut pas être le *bonheur* des créatures raisonnables, mais le *souverain bien*, lequel au désir du bonheur, inhérent à ces créatures, ajoute une condition, c'est qu'elles s'en rendent dignes, c'est-à-dire qu'elles aient de la *moralité*, car telle est la seule mesure d'après laquelle elles peuvent espérer de participer au bonheur, par la main d'un *sage* auteur du monde. En effet, comme la *sagesse* signifie, sous le rapport théorique, la *connaissance du souverain bien*, et, sous le rapport pratique, la *conformité de la volonté au souverain bien*, on ne peut pas attribuer à un être souverainement sage un but qui serait fondé uniquement sur la *bonté*. On ne peut concevoir l'action de cet être (relativement au bonheur des êtres raisonnables) que sous cette condition qu'elle s'accorde avec la *sainteté*[9] de sa volonté, comme avec le souverain bien en soi. C'est pourquoi ceux qui placent le but de la création dans la gloire de Dieu (je suppose qu'ils ne l'entendent pas dans un sens anthropomorphique, dans le sens d'amour de la louange) ont trouvé l'expression la plus convenable. Il n'y a rien en effet qui soit plus à la gloire de Dieu que la chose la plus précieuse du monde, le respect de ses commandements, l'observation du saint devoir que sa loi nous impose, s'il a en outre le noble dessein de couronner un si bel ordre par un bonheur proportionné. Si cette dernière considération nous le rend aimable pour parler d'une manière humaine, la *première* en fait un objet d'adoration, les hommes mêmes peuvent bien se faire aimer par des bienfaits, mais cela

---

[9] Je ferai encore remarquer ici, pour bien mettre en lumière la nature propre de ces concepts, que, tandis qu'on attribue à Dieu diverses qualités qu'on trouve aussi dans les créatures, appropriées à leur condition et que l'on conçoit en Dieu élevées au plus haut degré, par exemple, la puissance, la science, la présence, la bonté, etc., qui deviennent alors l'omnipotence, l'omniscience, l'omniprésence, la toute-bonté, etc., il y en a trois qui lui sont attribuées exclusivement et sans désignation de quantité, et qui toutes sont morales. Il est le *seul saint*, le *seul bienheureux* (*Der allein Selige*.), le *seul sage*, car ces concepts impliquent déjà l'infinitude (Unendlichkeit.). Suivant l'ordre de ces attributs, Dieu est donc aussi le *saint législateur* (et créateur), le bon maître (*der gute meister.*) (et conservateur), et le juge équitable. Trois attributs par lesquels Dieu est l'objet de la religion, et auxquels les perfections métaphysiques, qu'ils supposent, s'ajoutent d'elles-mêmes dans la raison.

ne suffit pas pour leur attirer l'estime et la plus grande bienfaisance ne leur fait honneur qu'autant qu'ils savent la mesurer en mérite.

Que dans l'ordre des fins l'homme et avec lui tout être raisonnable soit *fin en soi*, c'est-à-dire ne puisse jamais être employé comme un moyen par personne pas même par Dieu, sans être en même temps considéré comme une fin, que, par conséquent, l'*humanité* soit sainte en notre personne, c'est ce qui va de soi-même, puisque l'homme est le *sujet de la loi morale*, par conséquent de ce qui est saint en soi et de ce qui seul peut donner à quelque chose un caractère sain. La loi morale en effet se fonde sur l'autonomie de sa volonté, c'est-à-dire d'une volonté libre, qui doit nécessairement pouvoir s'accorder, en suivant des lois universelles, avec ce à quoi elle doit se soumettre.

6 -
Sur les postulats de la raison pure pratique en général.

Ils dérivent tous du principe fondamental de la moralité. Ce principe n'est pas lui-même un postulat. mais une loi par laquelle la raison détermine immédiatement la volonté, et celle-ci, par cela même qu'elle est ainsi déterminée, comme volonté pure, réclame les conditions nécessaires à l'accomplissement de son précepte. Ces postulats ne sont pas des dogmes théoriques, mais des *hypothèses* nécessaires au point de vue pratique ; ils n'étendent point, par conséquent, la connaissance spéculative, mais ils donnent en général de la réalité objective aux idées de la raison spéculative (au moyen de leur rapport avec la connaissance pratique), et en font des concepts légitimes, dont sans cela elle ne pourrait pas même s'arroger le droit d'affirmer la possibilité. Ces postulats sont ceux de l'immortalité, de la liberté, considérée positivement (comme causalité d'un être, en tant qu'il appartient au monde intelligible), et de l'existence de Dieu, Le premier dérive de la condition pratiquement nécessaire d'une durée appropriée au parfait accomplissement de la loi morale ; le second, de la supposition nécessaire de notre indépendance par rapport au monde sensible et au pouvoir de déterminer notre volonté conformément à la loi d'un monde intelligible, c'est-à-dire de la liberté ; le troisième, de la nécessité de supposer comme condition de la possibilité du souverain bien dans un monde intelligible l'existence d'un souverain bien absolu, c'est-à-dire l'existence de Dieu.

L'idée du souverain bien, dont le respect pour la loi morale nous fait nécessairement un but, et, par conséquent, la nécessité d'en supposer la réalité objective nous conduit donc, par des postulats de la raison pratique, à des concepts, que la raison spéculative pouvait bien nous proposer d'une manière problématique, mais qu'elle ne pouvait jamais résoudre. Ainsi :

1° elle conduit à un concept, sur lequel la raison spéculative ne pouvait produire que des *paralogismes* (à savoir le concept de l'immortalité), parce qu'elle ne pouvait affirmer le caractère de la persistance, pour compléter, de manière à en faire la représentation réelle d'une substance, le concept psychologique d'un dernier sujet, qui est nécessairement attribué à l'âme dans la conscience qu'elle a elle même, ce que fait la raison pratique par le postulat d'une durée nécessaire à cette conformité de la volonté avec la loi morale qu'exige le souverain bien, en tant qu'il constitue tout l'objet de la raison pratique.

2° Elle conduit à un concept, sur lequel la raison spéculative n'aboutissait qu'à une *antinomie* : celle-ci pouvait bien concevoir problématiquement un concept qui en contînt la solution, je veux parler de l'idée *cosmologique* d'un monde intelligible et de la conscience de notre existence dans ce monde, mais elle ne pouvait en démontrer et en déterminer la réalité objective ; la raison pratique nous conduit à cette idée au moyen du postulat de la liberté (dont elle prouve la réalité par la loi morale, c'est-à-dire par la loi d'un monde intelligible, que la raison spéculative pouvait bien nous indiquer, mais dont elle ne pouvait déterminer le concept).

3° Elle donne à un concept, que la raison spéculative pouvait, il est vrai concevoir, mais qu'elle laissait indéterminé, comme un *idéal* purement transcendental, elle donne au concept *théologique* de l'être suprême une signification (au point de vue pratique, c'est-à-dire en tant qu'il est la condition de la possibilité de l'objet d'une volonté déterminée par la loi morale), en nous le faisant concevoir comme le principe suprême du souverain bien dans un monde intelligible où la législation morale a tout son effet. Mais notre connaissance est-elle ainsi réellement étendue par la raison pure pratique, et ce qui était *transcendant* pour la raison spéculative est-il *immanent* pour la raison pratique ?

Sans doute, *mais seulement au point de vue pratique*. En effet nous ne connaissons par là ni la nature de notre âme, ni le monde intelligible, ni l'être suprême, comme ils sont en soi ; nous nous bornons à en lier les concepts au concept *pratique* du *souverain bien*, comme objet de notre volonté, procédant en cela tout à fait *à priori* et suivant la raison pure, mais seulement au moyen de la loi morale, et même ne considérant l'objet exigé par la loi que dans son rapport avec cette loi même. Comment la liberté est-elle possible, et comment peut-on se représenter théoriquement et positivement cette espèce de causalité ; c'est ce qu'on ne voit même point par là ; mais qu'il y ait une causalité de cette espèce, c'est ce qui est postulé par la loi morale et pour la loi morale. Il en est de même des autres idées : aucun entendement humain n'en découvrira jamais la possibilité, mais en revanche il n'y pas de sophisme qui puisse persuader, même aux hommes les plus vulgaires, que ce ne sont pas là de véritables concepts.

7 -
Comment est-il possible de concevoir une extension de la raison pure, au point de vue pratique, sans l'admettre en même temps au point de vue de la connaissance spéculative ?

Pour ne pas paraître trop abstrait, nous répondrons à cette question en l'appliquant immédiatement au cas dont il s'agit ici. – Pour étendre pratiquement une connaissance pure, il faut un *but* donné *à priori*, c'est-à-dire un objet de la volonté, proposé comme pratiquement nécessaire par un impératif catégorique déterminant la volonté immédiatement et indépendamment de tous les principes théologiques, et c'est ici le *souverain bien*. Ce but n'est pas possible, si l'on ne suppose trois concepts théoriques auxquels on ne peut trouver d'intuition correspondante, et, par conséquent, théoriquement, de réalité objective, parce que ce sont des concepts de la raison, à savoir la liberté, l'immortalité et Dieu. Par conséquent, la loi pratique, qui exige l'existence du souverain bien possible dans un monde, postule la possibilité de ces objets de la raison pure spéculative et la réalité objective que celle-ci ne pouvait leur assurer. Par là la connaissance théorique de la raison pure se trouve sans doute étendue, mais en cela seulement que ces concepts, par eux-mêmes problématiques simplement possibles sont maintenant assertoriquement reconnus pour des concepts auxquels se rapportent réellement des objets, parce que la raison pratique a indispensablement besoin de leur existence pour la possibilité de son objet, lequel est pratiquement et absolument nécessaire, c'est-à-dire pour la possibilité du souverain bien, et que la raison théorique est par là autorisée à la supposer. Cette extension de la raison théorique n'est pas une extension de la spéculation, c'est-à-dire qu'elle n'a aucun usage positif *au point de vue théorique*. En effet, comme la raison pratique ne nous apprend rien, sinon que ces concepts sont réels et que leurs objets (possibles) existent réellement, et que nous n'avons aucune intuition de ces objets (ce qui même ne peut être demandé), cette réalité qu'on leur accorde ne peut donner lieu à aucune proposition synthétique. Par conséquent, nous n'étendons point par là notre connaissance au point de vue de la spéculation, mais seulement par rapporta l'usage pratique de la raison pure. Les trois idées de la raison spéculative, dont il s'agit ici, ne sont pas par elles-mêmes des connaissances, mais des pensées (transcendantes), qui ne contiennent rien d'impossible. Elles reçoivent d'une loi pratique apodictique, comme conditions nécessaires de la possibilité de ce que cette loi nous ordonne de *prendre pour objet*, de la réalité objective, c'est-à-dire que nous apprenons de cette loi *qu'elles ont des objets*, mais sans pouvoir montrer comment leur concept se rapporte à un objet, et ce n'est pas encore là une connaissance *de ces objets*, car nous ne pouvons par là porter sur eux aucun jugement synthétique, ni en déterminer théoriquement l'application, et, par conséquent, en faire un usage rationnel théorique, comme il le faudrait pour en avoir une connaissance spéculative. Toutefois la connaissance théorique, *non pas à la vérité de ces objets*, mais de la raison en général est par là étendue, en ce sens que des objets sont donnés à ces idées par des postulats pratiques, et qu'une pensée purement problématique reçoit ainsi de la réalité objective. Si donc il n'y a pas là une extension de la connaissance relativement à *des objets supra sensibles donnés*, il y a pourtant une extension de la raison théorique et de sa connaissance relativement au supra-sensible en général, en tant qu'elle est forcée d'accorder *qu'il y a de tels objets*, quoiqu'elle ne puisse les déterminer autrement, et, par conséquent, étendre cette connaissance des objets (qui lui sont donnés par un principe pratique, et seulement pour un usage pratique), en sorte que la raison pure théorique, pour qui ces idées sont transcendantes et sans objet, ne doit cette extension qu'à sa faculté pure pratique.

Elles deviennent ici *immanentes* et *constitutives* par cela même qu'elles servent à nous faire concevoir comme possible la *réalisation de l'objet nécessaire* de la raison pure pratique (du souverain bien), tandis que sans cela elles sont des principes *transcendants* et purement *régulateurs* de la raison spéculative, qui ne lui font pas connaître un nouvel objet au delà de l'expérience, mais lui permettent seulement de donner plus de perfection à la connaissance dans l'expérience même. Mais, une fois que la raison a reçu cette extension, elle doit, comme raison spéculative, traiter ces idées négativement (dans l'intérêt même de son usage pratique), c'est-à-dire chercher, non pas à accroître sa connaissance, mais à l'épurer, de manière à écarter, d'une part, l'*anthropomorphisme*, cette source de la *superstition*, ou cette apparente extension de ces concepts tirée d'une prétendue expérience, et, d'autre part, le *fanatisme*, qui l'abuse par une intuition supra sensible ou par des sentiments de cette espèce. Ce sont là en effet des obstacles à l'usage pratique de la raison pure ; les écarter, c'est sans doute étendre notre con naissance au point de vue pratique, quoiqu'on puisse avouer sans contradiction qu'au point de vue spéculatif la raison ne fait pas ici le moindre pas.

Tout usage de la raison relatif à un objet exige des concepts purs de l'entendement (des *catégories*), car sans cette condition aucun objet ne peut être conçu. La raison ne peut faire de ces concepts un usage ou en tirer une connaissance théorique qu'autant qu'une intuition (laquelle est toujours sensible) leur est soumise, et, par conséquent, qu'autant qu'elle a pour but de se représenter par ce moyen un objet d'expérience possible. Or ici ce que je devrais concevoir par des catégories et connaître par ce moyen, ce sont des idées de la raison, lesquelles ne peuvent être données dans aucune expérience. Mais aussi ne s'agit-il pas de connaître théoriquement les objets de ces idées, mais seulement de savoir si ces idées ont des objets en général. La raison pure pratique leur procure cette réalité, et quant à la raison théorique, elle n'a ici autre chose à faire qu'à concevoir ces objets au moyen de catégories, ce qu'elle peut faire, comme nous l'avons montré clairement ailleurs, sans avoir besoin d'aucune intuition (soit sensible, soit supra-sensible), puisque les catégories ont leur siège et leur origine dans l'entendement pur, en tant que faculté de penser, indépendamment de toute intuition et antérieurement à toute intuition, et qu'elles désignent toujours un objet en général, *de quelque manière que cet objet puisse nous être donné*. Or, en tant que les catégories doivent être appliquées à ces idées, on ne peut leur trouver aucun objet dans l'intuition, mais *que cet objet existe réellement*, et que, par conséquent, la catégorie, comme pure forme de la pensée, ne soit pas vide ici, mais ait une signification, c'est ce que la raison pratique établit suffisamment par l'objet qu'elle nous présente indubitablement dans le concept du souverain bien, et c'est ainsi que nous sommes suffisamment fondés à admettre la *réalité des concepts* nécessaires à la possibilité du souverain bien, sans étendre par là le moins du monde la connaissance qui se fonde sur des principes théoriques.

Si en outre ces idées de Dieu, d'un monde intelligible (du règne de Dieu) et de l'immortalité sont déterminées par des prédicats tirés de notre propre nature, on ne peut considérer cette détermination ni comme l'exhibition sensible de ces idées pures de la raison (ce serait de l'anthropomorphisme), ni comme une connaissance d'objets *supra-sensibles* ; car ces prédicats ne sont autres que l'entendement et la volonté, considérés dans leur relation réciproque, tels qu'on doit les concevoir relativement à la loi morale, et, par conséquent, en tant qu'on en fait simplement un usage pratique pur. On fait alors abstraction de tout ce qui se rattache psychologiquement à ces concepts, c'est-à-dire de tout ce que nous observons par l'expérience dans l'*exercice* de ces facultés (comme, par exemple, que l'entendement de l'homme est discursif ; que, par conséquent, ses représentations sont des pensées et non des intuitions ; qu'elles se suivent dans le temps ; que sa volonté dépend toujours de la satisfaction qui résulte de l'existence de son objet, etc., toutes choses qui ne peuvent se rencontrer dans l'être suprême) ; et, par conséquent, des concepts, par lesquels nous concevons un être purement intelligible, il ne reste que tout juste ce qui est nécessaire pour pouvoir concevoir une loi morale. Si donc nous avons ainsi une connaissance de Dieu, ce n'est qu'au point de vue pratique, et nous tenterions vainement de la convertir en une connaissance théorique, car que trouverions-nous ? Un entendement qui n'est pas discursif, mais *intuitif*, une volonté qui va à des objets à l'existence desquels son contentement n'est point du tout attaché (je ne parle pas des prédicats transcendantaux, comme, par exemple, la grandeur de l'existence, c'est-à-dire la durée, mais une durée qui ne tombe pas dans le temps, lequel est pourtant le seul moyen possible pour nous de nous représenter l'existence sous le point de vue de la quantité). Or ce sont là des attributs dont nous ne pouvons nous faire aucun concept, propre à la *connaissance* de l'objet, et nous sommes avertis par là qu'ils ne peuvent servir à une *théorie* des êtres supra-sensibles, et qu'ainsi de ce côté nous ne pouvons fonder une connaissance spéculative, mais que nous devons en borner l'application à la pratique de la loi morale.

Ce que nous venons de dire est si manifeste et peut être si clairement prouvé par le fait que l'on peut *hardiment* défier tous les prétendus savants en théologie naturelle (expression singulière[10]) de nommer, pour déterminer l'objet de leur science (outre les prédicats purement ontologiques), une seule

---

[10] *Gelehrsamkeit* (Pour bien comprendre le sens de la parenthèse, à laquelle correspond cette note, il faut savoir que théologien se traduit en allemand par *Gottesgelehrter*, et connaître le sens propre de ces mots *Gelehrte, Gelehrsamkeit*. Or c'est précisément ce que Kant rappelle ici dans la note que je traduis en conservant les mots allemands sur lesquels elle roule. *J. B.*) n'est proprement que l'ensemble des sciences historiques. Par conséquent, on ne peut donner le nom de *Gottesgelehrter* qu'à un maître de théologie révélée. Que si l'on voulait donner aussi le nom de *Gelehrte* à celui qui est en possession des sciences rationnelles (des mathématiques et de la philosophie), quoique cela soit contraire au sens du mot (pulsqu'on n'entend par Gelehrsamkeit que ce dont il faut qu'on soit instruit, gelehrt, et ce que, par conséquent, on ne peut trouver de soi-même par la raison, alors le philosophe, avec sa connaissance de Dieu, comme science positive, ferait une trop triste figure pour mériter le titre de Gelehrte.

propriété, soit de l'entendement, soit de la volonté, dont on ne puisse prouver irréfutablement, qu'après en avoir abstrait tout élément anthromorphique, il ne nous reste plus que le mot, sans le moindre concept par lequel il soit possible d'espérer étendre la connaissance théorique. Mais, au point de vue pratique, des propriétés d'un entendement et d'une volonté, il nous reste encore le concept d'un rapport auquel la loi morale (qui précisément détermine *à priori* ce rapport de l'entendement à la volonté) donne de la réalité objective. Dès lors le concept de l'objet d'une volonté moralement déterminée (le concept du souverain bien), et avec lui les conditions de la possibilité de cet objet, les idées de Dieu, de la liberté et de l'immortalité reçoivent de la réalité, mais seulement relativement à la pratique de la loi morale (et non pour un ouvrage spéculatif).

Après ces observations il est aisé de répondre à l'importante question de savoir *si le concept de Bien appartient à la physique* (par conséquent aussi, à la métaphysique, en tant qu'elle contient seulement les principes purs *à priori* de la première en général), ou *s'il appartient à la morale*. Avoir recours à Dieu, comme à l'auteur de toutes choses, pour expliquer les dispositions de la nature ou ses changements, ce n'est pas du moins donner de ces dispositions ou de ces changements une explication physique, et c'est toujours avouer qu'on est au bout de sa philosophie, puisqu'on est forcé d'admettre quelque chose dont on n'a d'ailleurs aucun concept, pour pouvoir se faire un concept de la possibilité de ce qu'on a devant tes yeux.

Mais la métaphysique ne nous permet pas de nous élever *par des raisonnements sûrs* de la connaissance de ce monde au concept de Dieu et à la preuve de son existence ; car, pour dire que ce monde n'est possible que par un *Dieu* (par un être tel que celui que nous concevons sous le nom de Dieu, il faudrait que nous connussions ce monde comme le tout le plus parfait possible, et, pour cela, que nous connussions tous les mondes possibles, c'est-à-dire que nous eussions l'omniscience. Enfin il est absolument impossible de connaître l'existence de cet être par de simples concepts, parce que toute proposition relative à l'existence, c'est-à-dire toute proposition par laquelle j'affirme l'existence d'un être, dont je me fais un concept, est une proposition synthétique, c'est à-dire une proposition par laquelle je sors de ce concept et dis quelque chose de plus que ce qui est con tenu dans le concept même, à savoir que ce concept, qui est *dans l'entendement*, a un objet correspondant *hors de l'entendement*, ce qu'on ne peut évidemment conclure d'aucun raisonnement. Il ne reste donc à la raison qu'une seule manière de parvenir à cette connaissance : c'est de déterminer son objet, en partant du principe suprême de son usage pratique pur (puisque cet usage a d'ailleurs uniquement pour but l'existence de quelque chose, comme effet de la raison). Alors le problème qu'elle s'impose inévitablement, à savoir la nécessité de diriger la volonté vers le souverain bien, ne la force pas seulement à admettre un être suprême, comme condition de la possibilité de ce bien dans le monde ; mais, ce qu'il y a de plus remarquable, elle obtient ainsi quelque chose que la méthode naturelle ne pouvait lui fournir, c'est-à-dire *un concept exactement déterminé de cet être suprême*.

Comme nous ne pouvons connaître qu'une petite partie de ce monde, et comme à plus forte raison nous ne pouvons le comparer avec tous les mondes possibles, nous pouvons bien conclure de l'ordre, de la finalité et de la grandeur que nous y trouvons une cause *sage, bonne, puissante*, etc., mais non pas *souverainement sage*, *souverainement bonne souverainement puissante*, etc. On peut accorder aussi que nous avons bien le droit de combler cette inévitable lacune par une hypothèse tout à fait raisonnable et légitime, c'est-à-dire que, quand nous voyons dans toutes les choses, dont nous pouvons acquérir une connaissance approfondie, éclater la sagesse, la bonté, etc., nous pouvons bien supposer qu'il en est de même de toutes les autres, et que, par conséquent, il est raisonnable d'attribuer à l'auteur du monde toute perfection possible ; mais ce ne sont pas là des *conclusions* où nous puissions vanter nos lumières ; ce sont seulement des droits qu'on peut bien nous accorder, mais dont nous ne pouvons faire usage, sans chercher ailleurs un appui. Le concept de Dieu, dans les limites de la méthode empirique (de la physique), est donc un concept qui *n'est pas exactement déterminé* quant à la perfection de l'être premier, en sorte que nous ne pouvons le regarder comme adéquat au concept de la divinité (quant à la métaphysique transcendantale, il n'y a rien à en attendre ici).

Mais, si je cherche à rapprocher ce concept de l'objet de la raison pratique, je trouve que le principe moral ne m'en laisse admettre d'autre que celui d'un auteur du monde doué d'une *souveraine perfection*. Il doit être omniscient, afin de pénétrer jusqu'à mes plus secrètes intentions dans tous les cas possibles et dans tous les temps ; *omnipotent*, afin de départir à ma conduite les suites qu'elle mérite, et de même *omniprésent, éternel*, etc. C'est ainsi que la loi morale, par le concept du souverain bien, comme objet d'une raison pure pratique, détermine le concept de l'être premier, en tant que *souverain être*, ce qu'on ne pouvait faire avec la méthode physique, et, en remontant plus haut, avec la méthode métaphysique, c'est-à-dire avec toute la raison spéculative. Le concept de Dieu n'appartient donc pas originairement à la physique, c'est-à-dire à la raison spéculative, mais à la morale, et l'on en peut dire autant des autres concepts rationnels, dont nous avons parlé précédemment, comme de postulats de la raison pure pratique.

Si dans l'histoire de la philosophie grecque, *Anaxagore* excepté, on ne trouve aucune trace manifeste d'une théologie rationnelle pure, il ne faut pas croire que les anciens philosophes aient manqué d'intelligence et de pénétration pour s'élever jusque-là par le chemin de la spéculation, du moins au moyen d'une hypothèse entièrement raisonnable : quoi de plus facile, de plus naturel que cette pensée, qui se présente d'elle-même à chacun, d'admettre, au lieu de diverses causes du monde, ayant une perfection indéterminée, une cause unique et raisonnable, ayant toute perfection ? Mais l'existence du mal dans le monde leur paraissait une objection beaucoup trop forte, pour qu'ils se tinssent fondés à adopter cette hypothèse. Ils firent donc preuve au contraire d'intelligence et de pénétration, en ne se la permettant pas, et en cherchant plutôt s'ils ne trouveraient pas dans les causes naturelles les qualités et la puissance qu'exige l'être premier. Mais, lorsque ces esprits pénétrants eurent poussé leurs recherches jusqu'à traiter philosophiquement les objets moraux, sur lesquels d'autres peuples n'ont jamais fait que du verbiage, ils rencontrèrent aussitôt un nouveau besoin, à savoir un besoin pratique, qui ne manqua point de leur fournir un concept déterminé de l'être premier ; en quoi la raison spéculative ne joua d'autre rôle que celui de spectateur, ou n'eut tout au plus d'autre mérite que celui d'orner un concept né sur un terrain étranger, et de lui donner par un cortège de confirmations, qu'elle put tirer alors de la contemplation de la nature, je ne dirai pas son autorité (elle était déjà fondée), mais l'éclat d'une apparente connaissance rationnelle théorique.

Après ces observations le lecteur de la critique de la raison pure spéculative comprendra parfaitement combien cette pénible déduction des catégories était nécessaire, combien elle était utile pour la théologie et la morale. En effet c'est par là seulement qu'on peut éviter, quand on les place dans l'entendement pur, de les regarder, avec Platon, comme innées, et d'y fonder de transcendantes prétentions à des théories du supra-sensible, dont on ne voit pas la fin, faisant ainsi de la théologie une lanterne magique de conceptions fantastiques, ou, quand on les regarde comme acquises, d'en restreindre, avec Epicure, l'application, même sous le rapport pratique, aux objets et aux mobiles sensibles. Mais, lorsque la critique a prouvé par cette déduction :

1° qu'elles ne sont pas d'origine empirique, mais qu'elles ont *à priori* leur siège et leur source dans l'entendement pur ;

2° que, comme elles se rapportent à des *objets en général* indépendamment de l'intuition de ces objets, si elles ne constituent une *connaissance théorique* qu'en s'appliquant à des objets *empiriques*, elles servent aussi, appliquées à un objet donné par la raison pure pratique, à *concevoir le supra-sensible d'une manière déterminée*, mais en tant seulement que cette conception est déterminée par des prédicats nécessairement liés au but pratique pur, qui nous est donné *à priori*, et à la possibilité de ce but, alors la limitation spéculative de la raison pure et son extension pratique placent en définitive les deux emplois de la raison dans un *rapport d'égalité*, qui nous permet de faire de la raison en général un usage convenable, et cet exemple prouve, mieux que pas un, que le chemin de la sagesse, pour être praticable et sûr, doit inévitablement passer chez nous autres hommes par la science ; mais que celle-ci conduise à ce but, on ne peut s'en convaincre que quand elle est achevée.

8 -
De l'espèce d'adhésion qui dérive d'un besoin de la raison pure.

Un besoin de la raison pure spéculative ne nous conduit qu'à des *hypothèses*, tandis qu'un besoin de la raison pure pratique conduit à des *postulats*. En effet, dans le premier cas, je m'élève du dérivé aussi haut *que je le veux* dans la série des causes, et j'ai besoin d'une cause première, non pas pour donner à ce dérivé (par exemple, à la liaison causale des choses et des changements dans le monde) de la réalité objective, mais seulement pour satisfaire complètement ma raison dans ses investigations sur cette matière. Ainsi je vois de l'ordre et de la finalité dans la nature, et je n'ai pas besoin d'avoir recours à la spéculation pour m'assurer de la *réalité* de cet ordre et de sa finalité, mais j'ai besoin seulement pour me les *expliquer*, de *supposer une divinité* qui en soit la cause : et, comme la conclusion qui va d'un effet à une cause déterminée surtout à une cause si exactement et si complètement déterminée que celle que nous concevons sous le nom de Dieu, est toujours incertaine et douteuse, on ne peut regarder cette supposition que comme l'opinion la plus raisonnable pour nous autres hommes[11]. Au contraire un besoin de la raison pure *pratique* est fondé sur

---

[11] Mais nous ne pourrions pas même prétexter ici un besoin de la raison, si nous n'avions devant les yeux un concept de la raison, problématique quoiqu'inévitable, à savoir le concept d'un être absolument nécessaire. Or ce concept veut être déterminé, et voilà, si l'on ajoute la tendance à l'extension, le fondement objectif d'un besoin de la raison spéculative, c'est-à-dire du besoin de déterminer avec plus

un devoir, sur le devoir de prendre quelque chose (le souverain bien) pour objet de sa volonté et de travailler de toutes ses forces à le réaliser, et il faut bien alors que je suppose la possibilité de cet objet, et, par conséquent aussi, les conditions nécessaires à sa possibilité, à savoir Dieu, la liberté et l'immortalité, car, si je ne puis les réfuter, je ne puis non plus les prouver par ma raison spéculative. Ce devoir se fonde sur une loi entièrement indépendante de toute supposition de ce genre, sur une loi qui est par elle-même apodictiquement certaine, c'est-à-dire sur la loi morale, et il n'a pas besoin, par conséquent, de chercher un appui étranger dans l'opinion théorique que nous pouvons nous faire de la nature intérieure des choses, du but secret de l'ordre du monde, ou de l'intelligence qui le gouverne, pour nous obliger de la manière la plus parfaite à des actions absolument légitimes. Mais l'effet subjectif de cette loi, à savoir l'intention, conforme à cette loi et par elle aussi rendue nécessaire, de réaliser le souverain bien pratiquement *possible* suppose au moins que celui-ci est possible, car il serait pratiquement impossible de poursuivre l'objet d'un concept qui au fond serait vide et sans objet.

Or les postulats précédents ne concernent que les conditions physiques ou métaphysiques, d'un seul mot les conditions qui résident dans la nature des choses, de la *possibilité* du souverain bien : ils ne servent pas à un but arbitraire de la spéculation, mais à un but pratiquement nécessaire de la volonté rationnelle pure, laquelle ici ne *choisit* pas mais *obéit* à un ordre inflexible de la raison qui a son fondement *objectivement*, dans la nature des choses en tant qu'elles doivent être jugées universellement par la raison pure et non pas dans quelque inclination, car pour les choses que nous souhaitons par des raisons purement *subjectives*, notre inclination ne nous autorise nullement à admettre comme possibles les moyens de les obtenir ou ces choses mêmes comme réelles.

Il y donc là *un besoin absolument nécessaire*, et la supposition qui s'y fonde n'est pas seulement une hypothèse permise, mais un postulat pratique ; et, si l'on accorde que la lui morale pure est un ordre inflexible qui oblige tout homme non une règle de prudence, l'honnête homme peut dire : *je veux* qu'il y ait un Dieu, que mon existence en ce monde soit encore, outre son rapport avec la nature une existence dans un monde purement intelligible, enfin que ma durée suit infinie ; je m'attache à ces croyances et

---

de précision le concept d'un être nécessaire, qui doit servir de principe à tous les autres, et, par conséquent, de connaître cet être de quelque manière. Sans ces problèmes nécessaires et antérieurs, il n'y a pas de besoin, du moins de la raison pure : les autres sont des besoins de l'inclination.

ne les abandonnerai pas. car c'est ici le seul cas où mon intérêt, dont il ne m'est ici *permis* de rien rabattre détermine inévitablement mon jugement, sans avoir égard aux subtilités auxquelles on pourrait avoir recours, et auxquelles je ne saurais répondre d'ailleurs et en opposer les plus spécieuses[12].

Pour écarter tout malentendu dans l'emploi d'un concept aussi inusité que celui d'une croyance de la raison pure pratique, qu'il me soit permis d'ajouter encore une observation. — Il semblerait presque que cette croyance rationnelle se présente ici à nous comme un ordre, celui d'admettre le souverain bien comme possible. Mais une croyance ordonnée est un non sens. Qu'on se rappelle notre analyse des éléments que le concept du souverain bien exige qu'on admette, et l'on verra qu'il ne peut nous être ordonné d'admettre cette possibilité, et qu'il ne peut y avoir là aucune intention pratique exigée, mais que la raison spéculative doit l'accorder sans requête ; car personne ne peut soutenir qu'il est *impossible* en soi que les êtres raisonnables dans le monde jouissent de la somme de bonheur dont ils se rendent dignes par la conformité de leur conduite à la loi morale. Or quant au premier élément du souverain bien, c'est à dire quant à la moralité, la loi morale nous donne simplement un ordre, et douter de la possibilité de cet élément serait la même chose que douter de la loi morale elle-même. Mais quant au second élément, c'est-à-dire quant à l'harmonie parfaite du

---

[12] Dans un article du *Musée allemand*, fév. 1787, un homme d'un esprit fin et lucide, et dont la mort prématurée est bien regrettable, feu *Wizenmann*, conteste le droit de conclure d'un besoin à la réalité objective de son objet, et explique sa pensée par l'exemple d'un *amoureux*, qui, tout plein de l'idée d'une beauté qui n'existe que dans son imagination, en conclurait que cette beauté existe réellement. Je lui donne parfaitement raison dans tous les cas où le besoin est fondé sur l'*inclination* ; car celle-ci ne peut jamais postuler nécessairement pour celui qui l'éprouve l'existence de son objet, encore moins prétendre s'imposer à chacun, et, par conséquent, elle n'est qu'un principe subjectif du désir. Mais il s'agit ici d'un *besoin rationnel*, qui dérive d'un principe *objectif* de détermination de la volonté, c'est-à-dire de la loi morale, laquelle oblige nécessairement tous les êtres raisonnables, et, par conséquent, nous autorise à supposer *à priori* dans la nature les conditions qui s'y rapportent, et lie inséparablement ces conditions à l'usage pratique complet de la raison. C'est un devoir de travailler de tout notre pouvoir à réaliser le souverain bien ; il faut donc qu'il soit possible ; par conséquent, il est inévitable pour tout être raisonnable dans le monde de supposer ce qui est nécessaire à la possibilité objective du souverain bien. Cette supposition est aussi nécessaire que la loi morale, qui seule lui donne de la valeur.

bonheur et de la moralité, il est vrai qu'il n'y a pas besoin d'un ordre pour en admettre la possibilité en général, car la raison théorique elle-même n'a rien à y objecter, mais *la manière* dont nous devons concevoir cette harmonie des lois de la nature avec celles de la liberté a quelque chose qui tient d'un choix, puisque la raison théorique ne décide rien à cet égard avec une certitude apodictique, et qu'il peut y avoir un intérêt moral qui la détermine en ce sens.

J'ai dit plus haut que, si l'on s'en tient au cours de la nature, on ne peut attendre et regarder comme possible la parfaite harmonie du bonheur et de la moralité, et que, par conséquent, on ne peut admettre de ce côté la possibilité du souverain bien, qu'en supposant une cause morale du monde. Je me suis abstenu à dessein de restreindre ce jugement aux conditions *objectives* de notre raison, afin de ne faire usage de cette restriction que quand le mode d'adhésion qui con vient ici serait mieux déterminé. Dans le fait cette impossibilité est *purement subjective*, c'est-à-dire que notre raison trouve qu'il *lui est impossible* de concevoir, en s'en tenant au cours de la nature, une harmonie parfaite et continue entre des choses qui se produisent dans le monde suivant des lois si distinctes, quoiqu'ici, comme partout où la nature montre quelque finalité, elle ne puisse prouver que cette harmonie est impossible suivant des lois universelles de la nature, c'est-à-dire démontrer suffisamment cette impossibilité par des raisons objectives.

Mais voici maintenant en jeu un motif d'une autre espèce, qui met un terme à l'indécision de la raison spéculative. L'ordre de réaliser le souverain bien est fondé objectivement (dans la raison pratique), et la possibilité du souverain bien est aussi fondée en général objectivement (dans la raison théorique qui n'a rien à y objecter). Mais la raison ne peut décider objectivement de quelle manière nous devons-nous représenter cette possibilité, si nous pouvons la rapporter à des lois universelles delà nature, sans invoquer une cause sage qui y préside, ou si nous devons supposer une telle cause. Or ici se présente une condition *subjective* de la rai son : c'est à savoir la seule manière théoriquement possible pour elle, et il faut ajouter une manière qui rie sert qu'à la moralité (laquelle est soumise à une loi *objective* de la raison), de concevoir l'harmonie parfaite du règne de la nature et du règne des mœurs, comme condition de la possibilité du souverain bien. Puisque la réalisation du souverain bien, et, par conséquent, la supposition de sa possibilité est objectivement nécessaire (mais seulement suivant la raison pratique), et puisqu'en même temps la manière de concevoir cette possibilité est à notre choix, et qu'un libre intérêt de la raison pure pratique décide en faveur d'un sage auteur du monde, le principe qui détermine ici notre jugement est à la vérité subjectif comme besoin, mais aussi, comme moyen relativement à la réalisation de ce qui est objectivement (pratiquement) nécessaire, il fonde une maxime de croyance au point de vue moral, c'est-à-dire une foi rationnelle pure pratique. Cette foi n'est donc pas ordonnée, mais elle dérive de l'intention morale même, comme une libre détermination de notre jugement, qui est utile sous le rapport de la moralité (laquelle nous est ordonnée), et de plus conforme au besoin théorique de la raison, et qui consiste à admettre l'existence d'un sage auteur du monde, et à la prendre pour fondement de l'emploi de la raison ; par conséquent, si elle peut parfois chanceler même dans les âmes bien intentionnées, elle ne saurait jamais dégénérer en incrédulité.

9 -
Que les facultés de connaître de l'homme sont sagement proportionnées à sa destination pratique.

Si la nature humaine est destinée à tendre au souverain bien, il faut aussi admettre que la mesure de ses facultés du connaître et particulièrement que le rapport de ces facultés entre elles est approprié à ce but. Or la critique de la raison pure spéculative prouve l'extrême insuffisance de cette faculté pour résoudre, d'une manière conforme au but auquel nous devons tendre, les importants problèmes qui lui sont proposés. Sans méconnaître les indications naturelles et précieuses qu'elle reçoit de cette même faculté, ainsi que les grands pas que celle-ci a pu faire pour se rapprocher de ce haut but qui lui est assigné, elle montre que par elle-même cette faculté ne peut atteindre ce but, même avec le secours de la plus grande connaissance possible de la nature. Il semble donc que la nature nous ait traités *en marâtre*, en rendant en nous insuffisante une faculté nécessaire a notre but.

Mais supposez qu'elle nous ait ici servis à notre souhait, et qu'elle nous ait donné en partage cette puissance d'esprit et ces lumières que nous voudrions bien posséder, ou dont quelques-uns se *croient* réellement en possession, qu'en résulterait-il suivant toute apparence ?

A moins que toute notre nature ne fût changée en même temps, les *penchants*, qui ont toujours le premier mot réclameraient d'abord leur satisfaction, et, éclairé, par la réflexion, leur plus grande et leur plus durable satisfaction possible, ou ce qu'on appelle le *bonheur* ; la loi morale parlerait ensuite, afin de retenir ces penchants dans les bornes convenables, et même afin de les soumettre tous à une fin plus élevée, indépendante elle-même de tout penchant.

Mais, à la place de celte lutte que l'intention morale a maintenant à soutenir avec les penchants, et dans laquelle, après quelques défaites, l'âme acquiert peu à peu de la force momie, *Dieu et l'éternité*, avec leur *majesté redoutable*, seraient sans cesse devant nos yeux (car ce que nous pouvons parfaitement prouver a pour nous une certitude égale à celle des choses dont nous pouvons nous assurer par nos yeux. Nous éviterions sans doute de transgresser la loi, nous ferions ce qui est ordonné ; mais, comme l'*intention* d'après laquelle nous devons agir ne peut nous être inspirée par aucun ordre tandis qu'ici l'aiguillon de notre activité serait devant nous, qu'il serait *extérieur*, et que, par conséquent la raison ne chercherait plus seulement dans une vivante représentation de la dignité de la loi une force de résistance contre les penchants, la plupart des actions, extérieurement conforme à la loi, seraient dictées par la crainte, et presque aucune par le devoir, et elles perdraient cette valeur morale qui seule fait le prix de la personne et celui même du monde aux yeux de la suprême sagesse. La conduite de l'homme, tant que sa nature resterait comme elle est aujourd'hui, dégénérerait donc un pur mécanisme, où, comme dans un jeu de marionnettes, tout gesticulerait bien, mais où l'on chercherait en vain la vie sur les figures.

Or, comme il en est tout autrement, comme, malgré tous les efforts de notre raison, nous n'avons de l'avenir qu'une idée fort obscure et incertaine, comme le maître du monde nous laisse plutôt conjecturer qu'apercevoir et prouver clairement son existence et sa majesté, comme au contraire la loi morale, qui est en nous, sans nous faire aucune promesse ni aucune menace positive, exige de nous un respect désintéressé, sauf d'ailleurs à nous ouvrir, alors seulement que ce respect est devenu actif et dominant et par ce seul moyen, une perspective, bien obscure à la vérité, sur le monde suprasensible, il peut y avoir une intention véritablement morale, ayant immédiatement la loi pour objet, et la créature raisonnable peut se rendre digne de participer au souverain bien, qui convient à la valeur morale de sa personne et non pas seulement à ses actions.

Ainsi ce que l'étude de la nature et de l'homme nous montre d'ailleurs suffisamment pourrait bien ici encore se trouver exact, à savoir que la sagesse impénétrable, par laquelle nous existons, n'est pas moins digne de vénération pour ce qu'elle nous a refusé que pour ce qu'elle nous a donné en partage.

DEUXIÈME PARTIE
Méthodologie de la raison pure pratique

Par *méthodologie* de la raison pure *pratique* on ne peut entendre l'ensemble des procédés à suivre dans l'étude ou dans l'exposition des principes purs pratiques, pour en composer une connaissance *scientifique*, ou ce qu'ailleurs, dans la philosophie *théorique*, on désigne proprement sous le nom de méthode (car, si la connaissance populaire suppose une certaine manière de procéder, la science a besoin d'une *méthode*, c'est-à-dire d'un ensemble de procédés fondés *sur des principes* de la raison et destinés à réunir en un *système* les divers éléments d'une connaissance). Mais il faut entendre ici par méthodologie l'ensemble des moyens à employer pour ouvrir aux lois de la raison pure pratique un accès dans l'âme humaine et leur donner de l'*influence* sur ses maximes, c'est-à-dire pour rendre pratique *subjectivement* la raison objectivement pratique.

Or il est clair que les principes déterminants de la volonté, qui seuls peuvent rendre nos maximes véritablement morales et leur donner une valeur morale, à savoir la représentation immédiate de la loi et la nécessité objective d'obéir à cette loi, ou le devoir, doivent être regardés comme les véritables mobiles de nos actions, puisqu'autrement on pourrait bien donner de la légalité aux actions, mais non pas de la moralité aux intentions. Mais il n'est pas aussi clair, et même au premier coup d'œil il paraîtra fort invraisemblable à chacun que cette exhibition de la pure vertu puisse avoir plus de puissance sur l'âme humaine et lui fournir un mobile plus efficace, que ne le peut, pour produire cette légalité des actions, l'appât du plaisir et en général de tout ce qui se rapporte au bonheur, ou la crainte de la douleur et du mal, et que le premier mobile, c'est-à-dire le pur respect de la loi, soit plus capable que le second de nous déterminer à le préférer à toute autre considération. Et pourtant il en est réellement ainsi dans la nature humaine ; et, s'il en était autrement, la représentation de la loi ayant besoin de moyens détournés de recommandation, il n'y aurait jamais d'intention véritablement morale. Tout serait pure dissimulation ; la loi serait haïe ou même méprisée, et on ne la suivrait que par intérêt. On en pourrait bien trouver la lettre dans nos actions (la légalité), mais non l'esprit dans nos intentions (la moralité) ; et, comme, malgré tous nos efforts, nous ne parvenons jamais à nous dépouiller entièrement de notre raison dans nos jugements, nous nous regarderions inévitablement nous-mêmes comme des êtres sans valeur, tout en cherchant à compenser la peine que nous infligerait le tribunal intérieur par la jouissance des plaisirs qu'une loi naturelle ou divine, admise par nous, aurait liés, suivant notre opinion, à un mécanisme de police, réglé uniquement sur les actions mêmes et non sur les motifs pour lesquels on agit.

A la vérité on ne peut nier que, pour mettre dans la voie du bien moral une âme inculte ou dégradée, il ne soit nécessaire de la préparer en l'attirant par l'appât de l'avantage personnel ou en l'effrayant par la crainte de quelque danger ; mais, dès que ce moyen mécanique, dès que cette lisière a produit quelque effet, alors il faut montrer à l'âme le motif moral dans toute sa pureté, car non-seulement ce motif est le seul qui puisse fonder un caractère (une manière d'être conséquente, établie sur des maximes immuables), mais en outre il nous apprend à sentir notre dignité personnelle, et par là il nous donne une force inattendue pour nous dégager de tous les liens sensibles qui tendent à nous opprimer, et nous montre une riche compensation aux sacrifices qu'il nous impose dans l'indépendance de notre nature intelligible, et dans la grandeur d'âme à laquelle nous nous voyons destinés. Nous montrerons donc par des observations, que chacun peut faire de soi-même, que cette propriété de notre esprit, cet intérêt pur que nous sommes capables d'attacher à la moralité, par conséquent, la force d'impulsion que possède la pure représentation de la vertu est le mobile le plus puissant qu'on puisse présenter au cœur humain, pour le déterminer au bien, pourvu qu'on le lui présente convenablement, et le seul qui puisse rendre durable et ponctuelle l'observation des maximes morales. Mais il faut ajouter ici que, si ces observations ne font que prouver la réalité de ce sentiment, sans montrer que quelque amélioration morale a été produite par ce moyen, on n'en peut rien conclure contre cette méthode, la seule bonne, qui consiste à rendre subjectivement pratiques par la représentation pure du devoir les lois objectivement pratiques de la raison pure, et l'on n'est pas fondé à la traiter comme une vaine fantaisie. Car, comme jusqu'ici elle n'a jamais été mise en pratique, l'expérience ne peut rien dire encore de ses effets. Mais on peut exiger des preuves de notre aptitude à recevoir l'influence du mobile sur lequel elle repose. Ce sont ces preuves que je veux présenter ici brièvement ; en suite j'esquisserai rapidement la méthode à suivre pour fonder et cultiver les véritables dispositions morales.

Considérez le cours de la conversation dans une société mélangée, qui ne se compose pas seulement de savants et de disputeurs, mais de gens d'affaire et de femmes, vous remarquerez que, outre l'anecdote et la plaisanterie, le raisonnement a aussi sa place dans l'entretien, car l'anecdote, qui, pour avoir de l'intérêt, doit avoir quelque nouveauté, est bien vite épuisée, et la plaisanterie devient aisément insipide. Or il n'y a pas de raisonnements qui soient mieux accueillis des personnes, auxquelles d'ailleurs toute discussion subtile cause bientôt un profond ennui, et qui animent mieux une société que ceux qui portent sur la *valeur morale* de telle ou telle action, et ont pour but de décider du caractère de quelque personne. Ceux à qui d'ailleurs tout ce qui est subtil et raffiné dans les questions théoriques parait sec et rebutant se mêlent à la conversation, aussitôt qu'il s'agit de juger de la valeur morale d'une action, bonne ou mauvaise, que l'on raconte, et montrent, dans la recherche de tout ce qui peut diminuer, ou seulement rendre suspecte la pureté de l'intention, et, par conséquent, le degré de vertu de cette action, une exactitude, une subtilité, un raffinement d'esprit qu'on ne peut attendre d'eux en aucune matière de spéculation. On peut voir souvent se révéler, dans ces jugements portés sur autrui, le caractère des personnes : en exerçant leur critique sur les autres, principalement sur les morts, les uns paraissent surtout enclins à défendre le bien qu'on raconte de telle ou telle action contre toutes les insinuations qui peuvent porter atteinte à la pureté de l'intention, et enfin toute la valeur morale de la personne contre le reproche de dissimulation et de malice secrète, tandis que d'autres paraissent se plaire davantage à chercher des motifs de blâme et d'accusation. Il ne faut pas toujours attribuer à ces derniers le dessein de bannir la vertu de toutes les actions humaines qu'on peut citer comme exemples, afin de n'en plus faire qu'un vain mot ; c'est souvent une bonne intention qui les rend sévères dans l'appréciation de la valeur morale des actions : ils jugent d'après une loi qui ne compose point, et qui, prise elle même, à la place des exemples, pour terme de comparaison, rabaisse beaucoup notre présomption dans les choses morales et n'enseigne pas seulement la modestie, mais la fait sentir à quiconque s'examine sévèrement soi-même. Cependant les défenseurs de la pureté des intentions dans les exemples donnés montrent le plus souvent, que, s'ils se plaisent, par tout où il y a présomption en faveur de la droiture de l'intention, à la montrer pure de toute tache, même la plus légère, c'est de peur que, en rejetant tous les exemples comme faux et en niant la pureté de toute vertu humaine, on ne finisse par regarder celle-ci comme un fantôme, et par mépriser tout effort tenté en ce sens comme une vaine affectation et comme une présomption trompeuse.

Je ne sais pas pourquoi les instituteurs de la jeunesse n'ont pas depuis longtemps déjà mis à profit ce penchant de la raison qui nous fait trouver du plaisir à soumettre à l'examen le plus subtil les questions pratiques qu'on nous propose, et pourquoi, après avoir pris pour fondement un catéchisme purement moral, ils n'ont pas cherché dans les biographies des temps anciens et modernes des exemples de tous les devoirs prescrits par ce catéchisme, afin d'exercer par l'examen de ces exemples, et surtout par la comparaison d'actions semblables faites en des circonstances diverses, le jugement des enfants à discerner le plus ou moins de valeur morale des actions. C'est là en effet un exercice où la jeunesse montre beaucoup de pénétration, alors même qu'elle n'est encore mûre pour aucune espèce de spéculation, et où elle trouve un vif intérêt, car elle y sent le progrès de son jugement ; et, ce qu'il y a de plus important, on peut espérer que l'habitude de voir et d'estimer la bonne conduite dans toute sa pureté, ou de remarquer au contraire avec peine ou mépris tout ce qui s'en écarte le moins du monde, quoiqu'elle ne soit d'abord qu'un jeu d'esprit où les enfants peuvent rivaliser entre eux, laissera en eux une impression durable d'estime pour le bien et de mépris pour le mal, qui les préparera à vivre honnêtement. Seulement je souhaite qu'on leur épargne ces exemples d'actions prétendues nobles (plus que méritoires), dont nos écrits sentimentaux font tant de bruit, et qu'on rapporte tout au devoir et à la valeur qu'un homme peut et doit se donner à ses propres yeux par la con science de ne l'avoir point transgressé, car de vaines aspirations vers une perfection inaccessible font des héros de roman, qui, en cherchant une grandeur imaginaire, s'affranchissent de la pratique des devoirs ordinaires de la vie, lesquels leur paraissent alors insignifiants[13]. Que si l'on demande en quoi consiste proprement la pure moralité, qui doit nous servir comme d'une pierre de touche pour juger de la valeur morale de toute action, j'avoue qu'il n'y a que des philosophe qui puissent rendre douteuse la solution de cette question, car pour le sens commun elle est résolue de puis longtemps, non par des formules générales et abstraites, mais par un usage constant, comme la distinction de la main droite et de la main gauche. Nous montrerons donc d'abord dans un exemple le caractère distinctif de la pure vertu, et, en supposant cet exemple proposé au jugement d'un enfant de dix ans, nous verrons si cet enfant, de lui-même et sans le secours de son maître, devrait nécessairement juger ainsi.

---

[13] Il est bon de vanter des actions où brillent des sentiments d'humanité *grands*, *désintéressés*, *généreux*. Mais il faut moins appeler l'attention sur l'*exaltation de l'âme*, qui est fugitive et passagère, que sur la soumission du cœur au devoir, de laquelle on peut attendre une impression durable, car elle suppose des principes (tandis que l'autre ne suppose qu'une agitation momentanée * (* Aufscullungen. ? ? ?). Pour peu qu'on s'examine, on trouvera en soi quelque faute dont ou s'est rendu coupable à l'endroit du genre humain (ne fût-ce que celle de jouir, grâce à l'inégalité des hommes dans la constitution civile, de certains avantages pour lesquels d'autres doivent supporter des privations), et qui avertit de ne pas mettre l'idée présomptueuse du mérite à la place de la considération du devoir.

Racontez l'histoire d'un honnête homme qu'on veut déterminer à s'adjoindre aux diffamateurs d'une personne innocente, mais d'ailleurs sans crédit (comme, par exemple, Anne de Boleyn, accusée par Henri VIII, roi d'Angleterre). On lui offre de grands avantages, comme de riches présents ou un rang élevé ; il les refuse. Cette conduite excitera simplement l'assentiment et l'approbation dans l'âme de l'auditeur, car elle peut être avantageuse. Mais supposez maintenant qu'on en vienne aux dernières menaces. Au nombre des diffamateurs, sont ses meilleurs amis, qui lui refusent leur amitié, de proches parents qui veulent le déshériter (lui sans fortune), des puissants qui peuvent le poursuivre et le tourmenter en tout lieu et en tout temps, un prince qui menace de lui ôter la liberté et même la vie. Enfin, pour que la mesure du malheur soit comblée, et qu'il ressente la seule douleur qu'un cœur moralement bon puisse ressentir, représentez sa famille, menacée de la dernière misère, *le suppliant de céder*, et lui-même, dont le cœur, pour être honnête, n'est pas plus fermé au sentiment de la pitié qu'à celui de son propre malheur, réduit à souhaiter de n'avoir jamais vu le jour qui le soumet à une si rude épreuve, mais *persévérant* dans son honnêteté, sans hésiter, sans chanceler un seul instant : alors mon jeune auditeur pas sera successivement de la simple approbation à l'admiration, de l'admiration à l'étonnement, et enfin à la plus haute vénération, et il souhaitera vivement de ressembler à un tel homme (sans toutefois désirer le même sort). Et pourtant la vertu n'est ici estimée si haut, que parce qu'elle coûte si cher, et non parce qu'elle procure quelque avantage. Toute l'admiration que nous inspire ce caractère et l'effort même que nous pouvons faire pour lui ressembler reposent unique ment sur la pureté du principe moral, laquelle ne peut en quelque sorte sauter aux yeux que si l'on écarte des mobiles de l'action tout ce que les hommes peuvent rapporter au bonheur. Ainsi la moralité a d'autant plus de force sur le cœur humain, qu'on la lui montre plus pure. D'où il suit que, si la loi morale, si l'image de la sainteté et de la vertu doit exercer en général quelque influence sur notre âme, elle ne le peut qu'au tant qu'on nous la présente comme un mobile pur et dégagé de toute considération d'intérêt personnel, car c'est surtout dans le malheur qu'elle montre toute sa dignité. Ce dont l'absence augmente l'effet d'une force motrice doit être regardé comme un obstacle.

Par conséquent, toute addition des mobiles, tirés de la considération de notre bonheur personnel, est un obstacle à l'influence que la loi morale peut exercer sur le cœur humain. — Je soutiens en outre que, même dans cette admirable action, si l'on ne suppose d'autre motif que la considération du devoir, ce respect de la loi agira bien plus fortement sur l'âme de l'auditeur que ne pourrait faire une sorte de prétention à la grandeur d'âme, à des sentiments nobles et méritoires, et que, par conséquent, c'est le devoir, et non pas le mérite, qui produit sur l'âme, non seulement l'influence la plus déterminée, mais même, si l'on en montre bien toute la majesté, l'influence la plus puissante.

De nos jours, où l'on croit qu'avec des sentiments qui amollissent et gonflent le cœur, et qui l'affaiblissent au lieu de le fortifier, on dirigera mieux les esprits qu'avec la pure et sévère représentation du devoir, qui convient beaucoup mieux à l'imperfection de la nature humaine et à ses progrès dans la voie du bien, il est plus nécessaire que jamais d'enseigner cette méthode. Il est tout à fait absurde de proposer pour modèles aux enfants des actions qu'on leur présente comme nobles, magnanimes, méritoires, dans l'espoir de les pousser à des actions semblables par l'influence de l'enthousiasme ; car, en les rendant dédaigneux de la pratique des devoirs ordinaires, et incapables même de les apprécier exactement, on en fait bientôt des êtres fantasques. Et, dans la partie instruite et éclairée de l'humanité, si ce prétendu mobile n'est pas funeste, il n'a pas du moins sur le cœur cet effet véritablement moral qu'on en attend.

Il faut que tous les *sentiments*, particulièrement ceux à l'aide desquels on veut produire un effort extraordinaire, accomplissent leur effet au moment où ils sont dans toute leur ardeur et avant qu'ils ne se refroidissent, sinon tout est perdu ; car, comme on a bien pu séduire le cœur un instant, mais qu'on ne l'a pas fortifié, il reprend naturellement son assiette ordinaire, et retombe ainsi dans sa langueur accoutumée. Des *principes* ne peuvent être fondés que sur des concepts ; en s'appuyant sur tout autre fondement, on ne peut produire que des mouvements passagers, qui ne sauraient donner à la personne aucune valeur morale, et même aucune confiance en soi. Que devient dès lors la conscience de la moralité des intentions et du caractère, ou le souverain bien dans l'homme ? Or ces concepts, pour pouvoir être subjectivement pratiques, ne doivent pas nous représenter la loi objective de la moralité comme un objet d'admiration et de haute humanité, mais nous la montrer dans son rapport à l'homme et à son individualité ; car cette loi se montre à nous sous une figure qui sans doute est digne du plus profond respect, mais qui n'est pas aussi séduisante que si elle annonçait un de ces penchants auxquels nous sommes naturellement accoutumés : elle nous force souvent au contraire à faire le difficile sacrifice de ces penchants, et à nous élever à une hauteur où nous ne pouvons nous soutenir qu'avec peine et d'où nous devons constamment craindre de retomber. En un mot, la loi morale exige qu'on la pratique par devoir et non par amour, sentiment qu'on ne peut pas et qu'on ne doit pas supposer.

Voyons sur un exemple si, en présentant une action comme noble et magnanime, on donne au mobile une plus grande force d'impulsion intérieure que si on la présente simplement comme un devoir accompli en vue de la sévère loi de la moralité. L'action par laquelle un homme brave les plus grands dangers pour sauver des naufragés, et qui finit par lui coûter la vie, peut être d'un côté rapportée au devoir, et d'un autre côté considérée en grande partie comme une action méritoire, mais notre estime pour cette action est beaucoup affaiblie par le concept du devoir envers soi-même, qui semble ici recevoir quelque atteinte. Le sacrifice magnanime de sa vie pour le salut de la patrie est un exemple encore plus frappant, mais on peut avoir quelque scrupule sur la question de savoir si c'est un devoir parfait de se dévouer de soi même et sans ordre à ce but, et cette action n'a pas encore par elle-même toute la force nécessaire pour pouvoir nous servir de modèle et stimuler notre activité. Mais s'agit-il d'un devoir de rigueur, d'un devoir dont la transgression est une violation de la loi morale, considérée en elle-même et indépendamment de toute considération intéressée, une atteinte portée à la sainteté de cette loi (on appelle ordinairement les devoirs du ce genre des devoirs envers Dieu, parce que nous plaçons en lui la substance même de l'idéal du la sainteté), nous accordons la plus profonde estime à celui qui accomplit ce devoir au prix de tout ce qui peut avoir quelque valeur au regard de nos penchants, et nous trouvons notre âme fortifiée et élevée par cet exemple, car nous voyous par là combien l'âme humaine est capable de s'élever au-dessus de tous les mobiles que lui peut opposer la nature. *Juvénal* propose un exemple de ce genre suivant une gradation bien propre à faire vivement sentir au lecteur la puissance du mobile, qui consiste dans la pure loi du devoir, en tant que devoir :

> Este bonus miles, tutor bonus, arbiter idem
> Integer ; ambiguae si quando citabere testis
> Incertaeque rei, phalaris licet Imperet, ut sis
> Falsus, et admoto dictet perjuris tauro,
> Suminum erede nefas animam praeferre pudori,
> Et propter vitam vivendi perdere causas.

Introduire dans notre action ce que l'idée de mérite a de flatteur, c'est déjà mêler au mobile moral l'amour de soi, et lui chercher un appui du côté de la sensibilité. Mais tout subordonner à la sainteté du devoir, et avoir conscience que nous le *pouvons*, puisque notre propre raison nous en fait un ordre et nous dit que nous le *devons*, c'est comme s'élever absolument au-dessus du monde sensible même. Dans cette même conscience de la loi réside inséparablement le mobile d'une *faculté qui domine la sensibilité*, et, s'il n'a pas toujours son effet, un fréquent exercice et des essais réitérés, quoique faibles au commencement, nous donnent l'espérance qu'il produira peu à peu en nous le plus grand intérêt, je parle d'un intérêt purement moral.

    Voici donc quelle doit être la marche de la méthode. La première chose, c'est d'exercer le jugement moral et de s'attacher à en faire une sorte d'occupation naturelle et comme une habitude, qui accompagne toutes nos actions ainsi que celles d'autrui. Pour cela on demandera d'abord si l'action est objectivement *conforme à la loi morale* et à quelle loi. Par là le jugement apprendra à distinguer la loi qui nous fournit simplement un *principe* d'obligation d'avec celle qui est réellement *obligatoire* (*leges obligandi a legibus obligantibus*), comme par exemple la loi qui commande de soulager la *misère* d'autrui d'avec celle qui ordonne de respecter ses *droits* : celle-ci nous prescrivant des devoirs essentiels, celle-là des devoirs accidentels ; et il apprendra ainsi à distinguer les diverses espèces de devoirs auxquelles peut se rapporter une action. Le second point sur lequel il faut appeler l'attention est la question de savoir si en outre (subjectivement) l'action a été faite *en vue de la loi morale* et si, par conséquent elle n'est pas seulement, comme fait, moralement régulière, mais comme intention, dans sa maxime, moralement bonne. Or il n'y a pas de doute que cet exercice et la conscience des progrès qu'il fait faire à notre raison dans le jugement des choses pratiques ne produisent peu à peu un certain intérêt pour la loi même d'après laquelle nous jugeons, et, par conséquent, pour les actions moralement bonnes. Nous finissons par aimer les choses dans la contemplation desquelles nous sentons croître le développement de nos facultés de connaître ; et les choses morales ont surtout cet effet, car c'est seulement dans cet ordre du choses que la raison peut développer d'une manière tout à fait heureuse sa faculté de déterminer *à priori* suivant des principes ce qui doit être. Un observateur de la nature se prend à aimer certains objets, qui d'abord lui répugnaient, lorsqu'il découvre une merveilleuse finalité dans son organisation, et que sa raison s'applique à cette contemplation, et *Leibnitz*, après avoir soigneusement examiné un insecte avec un microscope, le replaça avec précaution sur la feuille où il l'avait pris, parce que ce spectacle l'avait instruit et lui avait été comme un bienfait.

    Mais cette occupation du jugement qui nous fait sentir le développement de nos facultés de connaître n'est pas encore l'intérêt qui s'attache aux actions et à leur moralité même. Elle fait seulement qu'on se plait dans cette sorte de jugements et qu'on donne à la vertu ou à l'intention morale une forme de beauté qu'on admire mais qu'on ne recherche pas pour cela (*laudatur et alget*). C'est ainsi que tout ce dont la contemplation produit subjectivement la conscience de l'harmonie de nos facultés représentatives, et nous fait sentir le développement de toutes les forces de notre faculté de connaître (l'entendement et l'imagination), détermine une satisfaction qui peut être partagée par d'autres, mais qui nous laisse indifférents à l'existence même de l'objet, celui-ci n'étant considéré que comme une occasion de découvrir en nous des dispositions qui nous élèvent au-dessus de la nature animale[14]. Il y aura donc un *second* exercice, qui aura pour but de montrer, par des exemples où l'intention morale apparaît d'une manière vivante, la pureté de la volonté, en la considérant d'abord seulement comme une perfection de cette faculté, c'est-à-dire en montrant que dans une action faite par devoir aucun penchant n'entre comme mobile. Par là on appelle l'attention de l'élève sur la conscience de sa *liberté* ; et, quoique cette répudiation des penchants de notre nature produit d'abord en lui un sentiment pénible comme elle le soustrait à la tyrannie des besoins, il se voit en même temps délivré de tous les ennuis qui en résultent, et son âme devient capable d'éprouver un sentiment de satisfaction d'un tout autre ordre. Notre cœur se sent délivré et soulagé d'un poids qui l'oppresse toujours secrètement lorsque les exemples de résolutions véritablement morales, qu'on lui propose, lui font découvrir une puissance intérieure, qui ne nous était pas encore bien connue, la *liberté intérieure*, c'est-à-dire le pouvoir de nous affranchir si bien du joug violent des penchants que pas un, pas même le plus cher, n'influe sur une résolution, qui ne doit émaner que de notre seule raison. Supposez un cas où *seul* je sache que le tort est de mon côté : quoique mon amour-propre, mon intérêt, et même le ressentiment d'ailleurs légitime, que j'éprouve contre celui au droit duquel j'ai attenté, doivent souffrir du libre aveu de ce tort et de la promesse d'une réparation, je puis pourtant me mettre au-dessus de toutes ce » considérations, et j'ai ainsi la conscience d'être indépendant des penchants et des circonstances, et de pouvoir me suffire à moi-même, chose qui m'est avantageuse en général, même sous un autre rapport. Or la loi du devoir, dont la pratique nous fait sentir une valeur positive, trouve en nous un accès plus facile grâce à ce respect de soi-même qui naît de la conscience de notre liberté. Si ce respect est bien établi, si l'homme ne craint rien plus que de se trouver, en s'examinant lui-même, méprisable et condamnable à ses propres yeux, on peut enter sur ce sentiment toutes les bonnes intentions morales car il n'y a

---

[14] Cette phrase, jetée ici en passant, contient en germe toute la théorie du beau exposée par Kant dans la *Critique du Jugement*. J. B.

pas de meilleur, pas d'autre moyen d'éloigner de l'âme l'influence des penchants honteux et funestes.

Je n'ai voulu indiquer ici que, les maximes les plus générales de la méthodologie de la culture morale. Comme la variété des devoirs exigerait encore des règles particulières pour chaque espèce, et demanderait ainsi un travail étendu, on m'excusera si, dans un ouvrage préliminaire comme celui-ci, je m'arrête à ces principes.

CONCLUSION

Deux choses remplissent l'âme d'une admiration et d'un respect toujours renaissants et qui s'accroissent à mesure que la pensée y revient plus souvent et s'y applique d'avantage : *le ciel étoilé au-dessus de nous, la loi morale au-dedans*. Je n'ai pas besoin de les chercher et de les deviner comme si elles étaient enveloppées de nuages ou placées, au delà de mon horizon, dans une région inaccessible ; je les vois devant moi et je les rattache immédiatement à la conscience de mon existence. La première part de la place que j'occupe dans le monde extérieur, et elle étend ce rapport de mon être avec les choses sensibles à tout cet immense espace où les mondes s'ajoutent aux mondes et les systèmes aux systèmes, et à toute la durée sans borne de leur mouvement périodique. La seconde part de mon invisible moi, de ma personnalité, et me place dans un monde qui possède la véritable infinitude, mais où l'entendement seul peut pénétrer, et auquel je me reconnais lié par un rapport non plus seulement contingent, mais universel et nécessaire (rapport que j'étends aussi à tous ces mondes visibles). Dans l'une, la vue d'une multitude innombrable de mondes anéantit presque mon importance en tant que je me considère comme une *créature animale*, qui, après avoir (on ne sait comment) joui de la vie pendant un court espace de temps, doit rendre la matière dont elle est formée à la planète, qu'elle habite (et qui n'est elle-même qu'un point dans l'univers). L'autre au contraire relève infiniment ma valeur, comme *intelligence*, par ma personnalité dans laquelle la loi morale me révèle une vie indépendante de l'animalité et même, de tout le monde sensible autant du moins qu'on en peut juger par la destination que cette loi assigne à mon existence, et qui, loin d'être bornée aux conditions et aux limites de cette vie, se tend à l'infini.

Mais si l'admiration et le respect peuvent nous pousser à l'étude de ces choses, ils ne peuvent en tenir lieu. Que faut-il donc faire pour entreprendre cette étude d'une manière utile et digne de la sublimité de son objet ? Il y a ici des exemples qui peuvent nous servir d'avertissement et il y en a aussi qui peuvent nous servir de modèle.

La contemplation du monde a commencé par le spectacle le plus magnifique que les sens de l'homme puissent se proposer, et que puisse embrasser notre entendement avec toute sa capacité, et a fini – par l'astrologie.

La morale, partie de l'attribut le plus noble de la nature humaine, d'un attribut, dont le développement et la culture ont des conséquences sans bornes, a fini – par le fanatisme et la superstition.

Tel est le sort de toutes les tentatives nouvelles, dont la meilleure partie suppose un emploi de la raison, qui ne résulte pas spontanément d'un fréquent exercice comme l'usage des pieds, surtout quand il s'agit de propriétés qu'on ne peut montrer immédiatement dans l'expérience commune. Mais lorsque, quoique tard, on se fût fait une maxime de commencer par bien examiner tous les pas que la raison doit faire, et de ne pas la laisser s'écarter de la ligne tracée par une méthode bien déterminée d'avance, alors la science du système du monde reçut une toute autre direction et, grâce à cette direction, aboutit à des résultats sans comparaison plus heureux. La chute d'une pierre, le mouvement d'une fronde décomposé dans ses éléments et dans les forces qui s'y manifestent, et mathématiquement étudié, produisit enfin cette connaissance, claire et désormais immuable, du système du monde, qu'on peut toujours espérer d'étendre par de nouvelles observations mais qu'on n'a pas à craindre de voir jamais renversée.

Or cet exemple doit nous engager à suivre la même voie dans l'étude des dispositions morales de notre nature, en nous y faisant espérer le même succès. Nous avons en quelque sorte sous la main des exemples de jugements moraux de la raison. En les décomposant dans leurs concepts élémentaires, et, puisque la méthode *mathématique* n'est pas ici applicable, en procédant à la manière du *chimiste*, c'est-à-dire en cherchant par des essais réitérés sur la raison commune, à obtenir la *séparation* de l'empirique et du rationnel, qui peuvent se trouver dans ces exemples, on pourra les montrer l'un et l'autre purs, et rendre manifeste ce que chacun d'eux peut faire séparément par là on préviendra d'une part les erreurs naturelles à un jugement encore *rude* et mal exercé et d'autre part (ce qui est beaucoup plus nécessaire) ces extravagances qui, semblables à celles des adeptes de la pierre philosophale, excluant toute investigation méthodique et toute connaissance de la nature promettent des trésors imaginaires et nous font perdre les véritables. En un mot, la science (entreprise critiquement et méthodiquement dirigée) est la porte étroite qui conduit a la *doctrine de la sagesse*, si par là on entend non seulement la connaissance de ce qu'on *doit* faire mais celle aussi des règles que doivent suivre les *maîtres* pour préparer et faire connaître aux autres le chemin de la sagesse et pour les préserver de l'erreur. La philosophie doit toujours rester la gardienne de cette science et, si le public ne prend aucun intérêt à ces subtiles recherches, il s'intéresse du moins aux *doctrines* qui grâce à ces travaux, peuvent enfin paraître à ses yeux dans tout leur jour.

FIN.

Table des matières

CRITIQUE DE LA RAISON PRATIQUE
précédée des fondements de la métaphysique des mœurs.

FONDEMENTS DE LA METAPHYSIQUE DES MŒURS 3
  Préface 5
    Première section Passage de la connaissance rationnelle commune de la moralité à la connaissance philosophique 11
    Deuxième section Passage de la philosophie morale populaire à la métaphysique des mœurs 23
      L'autonomie de la volonté comme principe suprême de la moralité. 54
      L'hétéronomie de la volonté comme source de tous les faux principes de la morale. 55
      Division de tous les principes de moralité qu'on peut admettre en partant du concept fondamental de l'hétéronomie 55
    Troisième section Passage de la métaphysique des mœurs à la critique de la raison pure pratique 60
      Le concept de la liberté est la clef qui donne l'explication de l'autonomie de la volonté. 60
      La liberté doit être supposée comme propriété de la volonté de tout être raisonnable. 61
      De l'intérêt qui s'attache ses idées de la moralité. 62
      Comment un impératif catégorique est-il possible ? 66
      Des dernières limites de toute philosophie pratique. 68
      Remarque finale 75

CRITIQUE DE LA RAISON PRATIQUE 77
  Préface 79
  Introduction De l'idée d'une critique de la raison pratique 89
  PREMIERE PARTIE Doctrine élémentaire de la raison pure pratique 91
    LIVRE PREMIER Analytique de la raison pure pratique 93
      Chapitre I *Des principes de la raison pure pratique* 93
        § I Définition 93

§ 2 Théorème I 95
§ 3 Théorème II 96
§ 4 Théorème III 101
§ 5 Problème I 103
§ 6 Problème II 103
§ 7 Loi fondamentale de la raison pure pratique 105
§ 8 Théorème IV 107
   1 - De la déduction des principes de la raison pure pratique. 115
   2 - Du droit qu'a la raison pure, dans son usage pratique, à une extension qui lui est absolument impossible dans son usage spéculatif. 123

Chapitre II *De l'analytique de la raison pure pratique* 130
   Du concept d'un objet de la raison pure pratique 130
   De la typique de la raison pure pratique 140

Chapitre III *De l'analytique de la raison pure pratique.* 144
   Des mobiles de la raison pure pratique 144
   EXAMEN CRITIQUE de l'analytique de la raison pure pratique 159

LIVRE SECOND Dialectique de la raison pure pratique 177
   Chapitre I 177
   Chapitre II *De la dialectique de la raison pure dans la détermination du concept du souverain bien.* 180
   1 - Antinomie de la raison pratique. 183
   2 - Solution critique de l'antinomie de la raison pratique. 184
   3 - *De la suprématie de la raison pure pratique dans son union avec la spéculative.* 189
   4 - *L'immortalité de l'âme, comme postulat de la raison pure pratique.* 191
   5 - *L'existence de Dieu, comme postulat de la raison pure pratique.* 193
   6 - *Sur les postulats de la raison pure pratique en général.* 200
   7 - *Comment est-il possible de concevoir une extension de la raison pure, au point de vue pratique, sans l'admettre en même temps au point de vue de la connaissance spéculative ?* 202
   8 - *De l'espèce d'adhésion qui dérive d'un besoin de la raison pure.* 209
   9 - *Que les facultés de connaître de l'homme sont sagement proportionnées à sa destination pratique.* 213

DEUXIÈME PARTIE Méthodologie de la raison pure pratique 215

CONCLUSION 227